教育部人文社会科学研究规划基金项目（项目编号：13YJA820066）

"以房养老"信托法律制度研究

张军建 著

中国财经出版传媒集团
中国财政经济出版社

图书在版编目（CIP）数据

"以房养老"信托法律制度研究/张军建著.—北京：中国财政经济出版社，2019.2

ISBN 978-7-5095-8743-0

Ⅰ.①以… Ⅱ.①张… Ⅲ.①住宅-抵押-信托法-研究-中国 Ⅳ.①D922.282.4

中国版本图书馆 CIP 数据核字（2018）第 291650 号

责任编辑：刘五书　林治滨　　　　责任校对：黄亚青

中国财政经济出版社出版
URL: http://www.cfeph.cn
E-mail: cfeph@cfeph.cn
（版权所有　翻印必究）
社址：北京市海淀区阜成路甲 28 号　邮政编码：100142
营销中心电话：010-88191537
北京财经印刷厂印刷　各地新华书店经销
787×1092 毫米　16 开　14.5 印张　280 000 字
2019 年 10 月第 1 版　2019 年 10 月北京第 1 次印刷
定价：59.00 元
ISBN 978-7-5095-8743-0
（图书出现印装问题，本社负责调换）
本社质量投诉电话：010-88190744
打击盗版举报热线：010-88191661　QQ：2242791300

写在前面的话

我国日趋严重的老龄化社会，与尚待完善的社会保障制度和远不能满足社会需求的养老保障体系建设形成了极大反差。而且，老龄化社会的发展速度之快和压力之大让人缓不过劲来。在我国，从"未富先老"下的老人，到上有老下有小的中年人，无不纠结于"养老"，以至于全社会谈"老"色变，人人自危。现实和历史的因素叠加一起，造成了从岗位上退休后的中国老人又接上了"孙奴"的岗位，等到真正迎来自己能做主的黄金时段恐怕已是 70 岁上下。

大部分的中国人把竭尽一生的积蓄都用于子女的抚养和教育，到子女结婚时又攒足劲为子女买婚房再拼上一把。等老人把这些完成之后，现金也就所剩无几，还有的就是自己的住房（价格不菲）。我们把这种人称作现金上的穷人，财产上的富人。由于现金上的不宽裕，老人们每每想起日后养老的巨额支出就揪心，加上又不情愿给儿女添麻烦，还想尽可能地多给子女留些身后财产。

针对这一现状，我国借鉴发达国家的经验，先是银行、后是保险公司相继推出了"以房养老"（反向抵押贷款）的模式，试图用以解决大部分老人的养老需求。然而，经过先后 8 年多的实践，这种舶来品并没有获得如期效果。究其原因，本书认为，银行以及保险公司都是以自身的利益为核心考虑风险与利益的，因此设计的产品对使用人来说一是成本过高，二是可利用金额不高（不超过 50% 的市场价来决定反向抵押贷款的最高值）。本书把这种金融产品叫做静态化资产管理下的"以房养老",是一种纯消费性的、资产递减性的财产管理模式。那么,如何避免资产递减,又能使用金额大和让资产保值升值呢?本书提出的将静态化资产管理转化成资产动态化管理就可解决这一问题。换言之,就是利用住房本身的价值,创造出不花钱或者少花钱就能住进中高档养老院的可能性。这种可能性就是通过信托的形式,实施资产动态化的管理来实现的,因为法律赋予了信托既可以投资又可以融资还可以财产管理的三大金融功能。

"以房养老"信托在金融中表现出来的5大优势,可以化解银行和保险公司等金融机构同"以房养老"当事人之间的诸多风险:(1)不受房地产市场变化的影响;(2)基于水涨船高的原理,即便采取浮动利率下的信托债务实质上受不到利率变化的影响;(3)不受反向抵押贷款之抵押物的房龄和贷款期限过长的影响;(4)不受老年人无能为力于抵押物的维修的影响;(5)不受老年人偿还贷款能力的影响。本书主张的"以房养老"信托将会实现为老年人或其继承人提供既能帮助老年人养老,又能不影响继承人的财产继承,还可实现金融产品创新的三大效果。

作者以近十年的所思所想奉献于社会,期望能给信托公司、银行和保险公司等金融机构在帮助老年人通过自力更生解决自身养老问题的同时,也在丰富和创新金融产品方面提供一些参考。

作者诚挚地感谢教育部人文社会科学研究规划基金将我们的课题批准为立项资助项目;感谢多年来为本课题研究提供过多方面大力帮助的相关政府机关、金融机构、研究机构、医院和养老机构的专家学者和各位朋友。

最后,请允许我向多年来在书籍出版上给予大力支持和关爱的中国财政经济出版社责任编辑刘五书博士、林治滨老师和责任校对黄亚青老师以及其他老师表示诚挚的感谢!

张军建于麓山书屋

2019年6月

目 录

绪 论 ·· (1)

第一章 "以房养老"信托概述 ·· (25)
第一节 "以房养老"信托的概念 ·· (25)
第二节 "以房养老"信托的特征 ·· (36)
第三节 "以房养老"信托的功能 ·· (40)
第四节 "以房养老"信托的可行性及其意义 ································ (55)

第二章 信托下的"以房养老"及其运营模式 ································ (64)
第一节 日本《信托法》环境下的"以房养老"信托 ······················ (64)
第二节 我国《信托法》下的"以房养老"信托 ···························· (70)

第三章 "以房养老"信托的关系人 ··· (87)
第一节 "以房养老"信托的关系人概述 ······································ (87)
第二节 "以房养老"信托委托人的适格与地位 ···························· (89)
第三节 "以房养老"信托的适格受托人 ······································ (98)
第四节 "以房养老"信托的受益人 ··· (108)
第五节 "以房养老"信托的管理人 ··· (110)

第四章 "以房养老"信托关系人的权利义务 ·································· (116)
第一节 "以房养老"信托委托人的权利义务 ································· (116)
第二节 "以房养老"信托受托人的权利义务 ································· (125)
第三节 "以房养老"信托受益人的权利义务 ································· (137)
第四节 信托管理人的权利义务 ·· (141)

第五章 "以房养老"信托的设立、变更与终止 …………（152）
    第一节 "以房养老"信托的设立 …………………………（152）
    第二节 "以房养老"信托合同的变更和终止 ……………（165）

第六章 "以房养老"信托税制的法务与实务 ……………（171）
    第一节 "以房养老"信托税制概述 ………………………（171）
    第二节 "以房养老"信托税制相关法务 …………………（178）
    第三节 "以房养老"信托连续受益人信托法概述 ………（183）
    第四节 信托税制的完善 …………………………………（190）

第七章 "以房养老"信托财产的管理与运用 ……………（193）
    第一节 信托财产的管理运用方向 ………………………（193）
    第二节 "以房养老"信托财产的管理与运用 ……………（205）

参考文献 ……………………………………………………（221）

后　　记 ……………………………………………………（225）

绪　　论

一、研究背景

在我国的社会保障制度、设施等养老的体系化建设都还没来得及作出深入细致的安排或尚未为此做好准备的今天，社会已提前进入了老龄化状态，而且这种老龄化的发展势头和程度必将在未来的几年或十几年内呈迅猛之状，日益加剧。未富先老的社会结构，或曰趋向老龄化的社会结构正悄无声息地广泛而深刻地影响着我们生活的方方面面。"万事孝为先"，老人不能安养天年，将会引发社会不安。

根据2016年7月12日发布的《2015年社会服务发展统计公报》的数据，截至2015年年底，全国60岁及以上老年人口为22200万人，占总人口的16.1%，其中65岁及以上人口为14386万人，占总人口的10.5%。如此背景下，学术界和实务界的专家学者们把研究的视线纷纷聚焦在养老产业上来。我国的养老产业才刚刚起步，甚至可以说尚在初创期，从数据上看，虽较几年前有很大的进步，但基本上仍处于低端养老的层面。一时间，包括银行、信托、保险、基金在内的金融机构相继推出了养老方面的金融产品，房地产开发商当仁不让地纷纷转行投资于养老地产，当然也少不了一些看准市场发展趋势而跻身到了养老产业的创业者。更可贵的是政府近几年来在养老领域里不断推出新的优惠政策和加大财政补贴的支持力度，并在此基础上把养老产业作为13个五年计划列入了重点发展规划之中。

老龄化社会的迅猛发展造就了我国养老产业快速发展的市场，下面一组数据就证明了我国养老业市场快速发展的现状。截至2015年12月底，全国各类养老服务机构和设施11.6万个，比上年增长23.4%；其中，注册登记的养老服务机构2.8万个，社区养老服务机构和设施2.6万个，互助型养老设施 6.2 万个；各类养老床位 672.7 万张，比上年增长 16.4%（每千名老年人拥有养老床位 30.3 张，比上年增长 11.4%），其中社区留宿和日间照料床位 298.1 万张。全国共有各类社区服务机构和设施 36.1 万个，覆盖率 52.9%，其中，社区服务指导中心 863 个，社区服务中心 2.4 万个，比上年增长 4.3%；社区服务站 12.8 万个，比上年增长 6.7%；社区养老服务机构和设施 2.6 万个，比上年增长 36.8%；互助型的养老设施 6.2 万个，比上年增长 55%；其他社区服务设施 12.0 万个，比上年增长 12.1%[①]。该组数据，虽然说明了我国"十一五"期间制定的养老产业 9073[②] 的战略布局有了实质性的发展，但客观事实是随着社会的发展，人民的经济生活的提高，在老龄化程度不断加深下，机构养老的压力不减反增，床位建设的任务依然沉重。面对商机无限的养老产业，各路资本蜂拥而至，新的养老概念、模式也层出不穷。

存在决定意识，社会之所以有此发展趋势，根源于人们的文化素养不断提高，对于生活质量的要求也在不断提高、家庭日益小型化必然导致的家庭养老功能弱化等新的社会现象。而这种新现象的背后，反映出的是人们逐渐认识到传统的"养儿防老"思想已经不适应社会的发展，而社会朝着高龄化的发展趋势，也导致越来越多的"失能老人"[③] 出现，亟需专业化的养老机构和护理服务。于此意义，我们在未来的养老业健康发展上也不能太拘泥于"9073"的模式，而应根据社会的实际需求适当调整战略格局。

业已退休或年龄上下相仿的人相聚在一起，共同的话题就是如何面对晚年的养老问题（当然，还有为数不少的中年人，他们上有养老需求的父母）。这一年龄段的人越来越多地关注退休后的生活品质、关注健康，也更加关注旅游文化娱乐。他们大都有文化，有自己的喜好，也有自己的追

---

① 参见《2015 年社会服务发展统计公报》。与 2015 年的数据相比，2010 年 11 月 1 日我国 60 岁以上老年人口已达到 177648705 人，占总人数的 13.26%，其中 65 岁以上老年人口达到 118831709 人，占到人口总数的 8.87%，与 2000 年第五次人口普查相比，60 岁及以上人口的比重上升 2.93 个百分点，65 岁及以上人口的比重上升 1.91 个百分点。结合上述两组数据来看，我国人口老龄化发展速度快，形势日益严峻。参见中华人民共和国国家统计局 2011 年 4 月 28 日发布的《第六次全国人口普查主要数据公报》。

② 所谓的"9073"，是指社区养老占整个养老业的 90%，居家养老占 7%，机构养老占 3%。"十一五"期间的以家庭养老为基础、社区养老为依托、机构养老为补充的"9073"养老服务体系。

③ 失能老年人是指生活完全不能自理，必须依赖他人照料的老年人。

求,越来越愿意为自己花钱。这一代人不再像自己的父辈束缚于养儿防老的沉重或浓厚的传统观念,而是从实际出发,考虑着怎样不给儿女添麻烦,盘算着如何在自己身体状况不佳时,委身于比较理想的养老机构安享晚年。在这种理念的驱使下,辛苦一辈子积攒下来的财产如何使用、如何分配成了人们首先考虑的内容。也就是说,留下自己养老所需的部分之后再将剩余部分传给子女。人们在不知不觉间将财产全部传承给下一代的思想发生了根本的改变。

在父母亲作出这样考虑的同时,特别是那些因历史原因造成的"421"家庭①结构下的子女也都为如何照护老人的晚年生活而倍感分身乏术,并为之纠结而发愁。因为他们大都处在工作的旺盛期,有不少人很可能和父母亲不在一地工作或生活,加之他们还有自己的小家庭需要照顾,对父母这种晚年委身于机构养老的想法,虽心有不甘,但无情的现实逼得他们不得不选择接受老人的观念。因为即便勉为其难地由自己亲自照料,也不可能优于专业机构,再者老人并不认为这种养老方法不好,反而普遍认为对两者都有利。从实质上来讲,作为为人之子者,还可将释放的巨大压力转换成新的形式从其他方面给老人以关爱。

这种养老和赡养老人的理念无形中形成了社会的主流理念、主流思想。在这一背景下,如何实现老人最大理想化的晚年养老,从国家层面上来说,首先是要不断完善国家的社会养老保障体系和医疗保障体系;其次是要根据社会的消费水准匹配老年人的退休金标准;再次是利用信托提高老人的养老生活的水平;最后是多渠道地提高和改善养老环境。

综上,笔者认为无论是社区养老也好,还是居家养老,甚至于机构养老,不管哪种养老形式,都需要有一定的养老资金的支持。没有充足的养老资金的储备,即便是居家养老,也解决不了实际上的养老问题。

面对这种情况,我国从各方面开展和加强了对老龄社会的前瞻性和战略性研究。

养老问题并不是单一存在的,我国人口众多、社会发展区域性差异大,不同地区不同知识结构的老人所面临的养老问题和所需要的养老服务并不完全相同,因此养老问题不能仅依赖于养老保障、社会保障制度层面"一锅烩"的方式来解决,更应结合国外先进经验,多渠道、多领域加以

---

① 指一对独生子女结婚后生育一个孩子,赡养双方父母4位老人。

探索。近年来,先是从金融机构开始,提出借鉴西方发达国家的成功经验,引进反向抵押贷款的金融业务,开辟养老需求的新渠道。2011年中信银行第一个推出反向抵押贷款产品,要求借款人名下至少要有两套自主产权的住房,养老按揭贷款最长期限为10年,接受养老人的年龄在55岁以上,并且贷款必须用于养老。该商品推出之后,响应者寥若晨星,并没引起社会的多大反响,以至于最后导致该项业务中断。后来,于2013年9月13日,中国政府网全文公布了由国务院印发的《关于加快发展养老服务业的若干意见》。该文件明确提出"开展老年人住房反向抵押养老保险试点"。2014年3月21日,中国保险监督管理委员会积极响应,向各家人寿保险公司下发征求意见稿,并宣布2014年7月1日起在北京、上海、广州、武汉开展住房反向抵押养老保险试点。于是中国第一款"保险版""以房养老"产品宣告问世。但是,也没有好过银行版的结果,截至2015年8月20日,1年多时间里仅有12户居民愿意成为"吃螃蟹"的人①。又根据最新统计数据,迄今为止,聚焦试点两年的"以房养老"迎来"大限"。这份沉甸甸的养老政策响应者也是寥寥无几。截至目前,北京、上海、广州、武汉等四大试点城市只有60户投保,并且仅有1家保险公司推出了相关产品②。这一现象难道折射了我国专家学者多年来研究的结果和我国政府采取的措施不适应中国国情吗?抑或在产品改造和制度建设上尚存缺陷?还是我国国民压根就不会接受这种模式?笔者认为,并非我国民众不愿意多一个补充养老的渠道选择,也并不是我国民众在养老问题上不缺资金,面对这种几乎纯粹照搬西方③的养老模式,国人难以接受也情有可原。当然,导致这一现象的根源无外乎以下几个方面:

---

① 参见"以房养老推出一年 全国仅签12户",《新华每日电讯》,2015年8月20日6版。
② 参见李志娟"'以房养老',为何应者寥寥",河北新闻网,2016年7月12日。
③ 中信银行的"以房养老"模式较西方模式有局部创新。表现在:借款人可每月还息,剩余本金贷款到期后再最终偿还。子女可以用自己的房为父母提供稳定的养老保障。如果借款人到期不能偿还贷款,则将按合同约定处置"抵押物"。这种良苦用心的区别于西方的反向抵押贷款型的养老年金,其目的就在于给房产传承上人们传统的固有理念留有存在的空间。另外,为了较少自身的风险,将以房养老的合同期限定为10年。这一点虽不符合通过反向抵押贷款实现终身养老的目的,但是缘于我国政府还没有着手抵押物资不抵债时的风险防范的制度建设。金融机构并非福利性组织,它首先考虑的是产品的安全性和利润,其次才是社会性。所以设定10年期限虽不能起到以房养老的最大效果,但是考虑到人们选择该产品时的年龄绝对不会是55岁,更大可能是70多岁,那么就中国人的平均寿命而言,也可以覆盖到临终关怀。就此意义而言,中信银行所做的以房养老三要素的产品设计也有其自身的道理。

(一) 市场风险

市场风险是对两方面而言的。即对"以房养老"实施贷款的银行或保险公司等其他金融机构和有"以房养老"需求的自然人。首先从金融机构的角度来考虑。无论是银行或是保险等其他金融机构都是以营利为目的的经营性企业,就"以房养老"的金融产品而言,当然是通过精算师的精准计算,既考虑房地产市场波动的各种情形,立足在盈利的前提下,又考虑客户是否可以接受等多种因素在内的精心设计。换言之,对实施贷款的金融机构而言,"以房养老"的顺利实现在于房地产市场(房价)的稳定或上涨,或者即便有下跌也是在其控制的风险系数以内。假如房价跌破抵押物的资产价值,那些以谋求盈利为主要目的的银行或保险公司断然不会有舍弃自身利益赔本做公益事业的道理。于是就将风险系数降到最低层面。相反,如果房地产价格保持稳步上涨的势头,虽然银行和保险公司等金融机构愿意受理反向抵押贷款申请,但是老年人会有吃亏的感觉。于是便造成了"以房养老"的需求者在对损益作出细致考量之后不与其为伍的结局。换言之,我国金融机构的这一金融产品可能就会陷入一厢情愿的局面。

(二) 制度上的风险

所谓制度上的风险,是指《中华人民共和国物权法》(以下简称《物权法》)规定的住宅建设用地使用权期满后的续期问题。我国《物权法》并没有就是否需要补交土地出让金作出明确的规定。于是房随地走还是地随房走的风险便构成了制度上的风险。它直接影响或决定着房屋的价格。作为"以房养老"的房产,一般都是老年人已经居住一定时间的房屋,与该房屋相应的土地使用权期限有着无可分割的关系。如果房随地走,加上房屋的折旧很难给出一个合理的价格评估,无论对金融机构还是对养老需求人来说都存在很大的不确定风险。这不但是我国金融机构对这种"以房养老"反向抵押贷款业务兴趣不大的一个主要原因,也是金融机构在制度风险下作出精算后给出的苛刻的"以房养老"条件导致的、即便有此需求的人也不愿问津的一大原因。因此,要想使该制度能真正成为民众养老的补充,还得从根本上解决问题。

(三) 政府尚未建立相应的保险机构

如市场风险所示,万一用于"以房养老"的抵押房产随着市场下行发生资不抵债时,我国政府并未像美国政府那样,为贷款人的金融机构之安全,建立有一个由政府为金融机构提供担保的保险机构。由此导致我国的金融机构设立此类产品时的高门槛，进一步影响了"以房养老"业务的展开。

（四）受传统养老观念的束缚

影响"以房养老"的还有受养老问题上传统观念的影响，即养儿防老和"财富传承"的传统观念。在一般人的思想深处还存在着"百善孝为先"的传统观念，子女本身也非常顾虑如把老人送进养老机构可能会引来"不孝"的议论。此外，还有不少老年人一是尽可能地想将财产传承给子女的想法；二是本身还存在着依赖子女养老的传统观念。如果将住宅进行反向抵押贷款，一旦还不起贷款，住宅就会被金融机构处分掉，子女们也就失去了财产的继承。两者的思想或观念汇合一起后，这种"以房养老"的模式注定很难接受。

就该模式所做的社会调查情况来看，相较于"养儿防老"的观念，老年人群"为子女传承财富"的观念更为强烈和牢固。而部分子女也因为自己经济困难，希望继承父母的房产，并不希望因为"以房养老"而影响到自己继承财产的权利。

（五）老人担心儿女远离自己产生孤独

一些老年人担心通过"以房养老"所获取的贷款是否会成为子女推卸抚养义务的借口。因为这种模式下的房屋处分权将在老年人死亡后归银行或保险公司等金融机构所有，很有可能导致某些子女推卸赡养义务，更有可能因此减少与老人在生活上的接触，最终导致老年人缺少子女的关爱。

通过对以上影响"以房养老"开展的障碍或曰原因所进行的分析，笔者认为要想真正有效开展"以房养老"的工作，就得在认真分析上述诸多原因基础上，找出一个妥善解决"以房养老"的有效模式。本书就是要顺着这一主线，研究开辟一条新的途径从根本上解决我国"以房养老"的需求。

本书在对国际上通行的反向抵押贷款模式进行分析对比之后，认为金融机构的这种做法过于单一，只是停留在一种静态资产管理的层面，而不是将用于养老的房产实施动态化管理。因为要实现财产管理上的静态与动态的结合，惟信托才是最合适不过的金融工具。也正因此，本书专注于"以房养老"信托法律问题研究。

二、研究意义

（一）"以房养老"信托研究的社会意义与经济意义

1. 增加老年人手中的可支配资金。由于老年人的养老资金基本来源于存款或每个月领到的退休金。于当今社会，老年人平均每个月手中的可支配资金并不足以维持高品质的养老生活，而"以房养老"信托则可为老年人弥补养老资金的不足，提高老年人的生活质量，同时也促进老年人的身心健康，对深层次营造和谐社会有积极意义。

2. 可减轻子女的养老负担，改善代际关系，促进家庭和睦。在我国，"421"家庭模式影响了起码两代人。第一代受影响的人已逐渐进入养老大军，随后就是他们的下一代——独生子女，也会在过上20多年之后加入养老大军。

我们所说的第一代独生子女家庭的结构指的就是俗称的"421"家庭模式。这一代独生子女承担的养老任务极其繁重。换言之，既上有老下有小，又处于工作的旺盛期，但面临的却是双方退休后（需要照护）的父母和需要抚养的孩子。由于我国的养老体制不完善，基本上要靠自己解决所有面临的问题。这种生活环境下的独生子女承受的是沉重的养老负担和极大的生活与经济压力。本书研究的"以房养老"信托不仅可以大大减轻子女的养老负担，还可减少子女之间以及子女与父母之间因为养老问题可能产生的多种隐患，从而有效改善代际关系与子女之间的关系，促进家庭和睦。

3. 减轻或减缓国家财政上在养老领域的巨大支出和压力。所谓减轻或减缓国家财政在养老领域的巨大支出，是指"以房养老"信托模式表现在将养老需求者的财产与银行（保险）结合产生的抵押贷款，通过信托予以管理运营，实现财产的动态化管理，以产生的收益补充老年人的养老需求，从而成为当下老年人自有养老的有益补充，减轻国家在养老领域里的巨大投资压力。

4. 有效的养老补充模式。笔者将"以房养老"信托模式比喻为不花钱或少花钱就能住进五星级养老院。该模式的问世，不但区别于西方的纯反向抵押贷款，而且规避了信托成立必须办理不动产登记的规定（因为我国的税制与信托法意义上的物权转移制度尚未实现制度对接，但考虑到信托生效的法律问题，只能做出迂回性的选择），让不动产实现货币性的流动化后再纳入信托机构的财产管理计划，在支持老年人养老的同时，还可为国家分忧，替子女尽孝心，为金融机构增添新的可操作性的业务品种。于此意义而言，"以房养老"信托可有效提高我国的社会保障水平，为老年人的养老生活提供更好的补助方式。

（二）"以房养老"信托研究的理论创新

理论意义上的创新。从信托法学研究的角度来讲，主要分为以下几个方面：

1. 从法理上论证了信托委托人为信托当事人。《中华人民共和国信托法》（以下简称《信托法》）虽赋予了信托委托人以信托当事人的法律地位，但学术界里一直在很大程度上还坚持委托人应该脱离信托关系的主张，认为委托人的权利可以在信托文件中作为任意约定予以保留。然而，社会的发展让我们不得不对委托人在信托中的法律地位予以认定。这源于美国人商事信托制度的创设带来的对传统信托法基础理论的颠覆，因为委托人不但赫然出现在信托当事人之列，而且还赋予了只要信托文件中没有对委托人约定不撤销信托或变更受益人，委托人就当然享有此项权利。

2. 在信托"三主体"理论下，提出信托受托人忠实义务的对象应是委托人的观点。迄今为止，包括日本的主流学派和我国的学者都在极力坚持受托人忠实义务的对象应该指向受益人。本课题在将自身前期研究成果进行进一步梳理下，提出这一观点将颠覆旧有的主流观点，并以此为基础提出受托人处理信托事务义务应分成两个板块，即忠实义务和善管义务，并主张两者的关系为纲举目张的关系，而非并列关系。

3. 主张引进信托连续受益人制度。我国老龄化发展速度令人瞠目结舌，在未富先老和财产传承的传统理念根深蒂固的社会背景下，纯粹照搬西方的反向抵押贷款显然无法让社会广泛认可。因此，首先在信托法层面，引进连续受益人制度（现行法无禁止），一是加强对受托人的监管；二是促使继承人作为受益人能更加主动关心呵护老人的晚年生活，给受益人接受信托受益附加条件和责任，另外从《信托法》层面利用信托财产的独立性，保障受益人的财产继承权不受来自任何一方的侵害。

本书对连续受益人制度的自身前期研究成果所作出的进一步系统性研究属于创新性研究，深信不但在丰富我国信托法制建设的同时，也为"以房养老"信托的实践提供了理论支持。

4. 为解决养老问题提供了新的思路。利用信托的制度化功能，作为一种高度灵活的财产管理制度，利用信托财产的独立性、连续受益人的设计和信托受托人的专业能力，既保证了养老财产的安全，又解决了老年人无力或不专业管理财产的问题，为老年人的养老保障提供制度上的支持。

5. 引进信托管理人。鉴于"以房养老"信托期限长，在自益信托下，作为委托人兼受益人，随着年龄的增加，各种能力上都会渐次减退，为了保护其权益不受侵害，根据我国的法律环境和借鉴域外的立法例及其经验，提出信托管理人制度建构的建议，并详细论述了管理人法律制度的功能和管理人的法律地位、权利义务等。在信托法的建设上当属创新之举。

6. 就商事信托与民事信托给出了准确的界定。在我国《信托法》学术界，一直没有就两者给出清楚的界定，在运用上也更是以商事信托概括所有，非常不利于信托的健康发展。本书将"以房养老"信托为切入点，论证了商事信托与民事信托的区别，并提出了信托的受托人多元化的观点，相信对信托业的健康发展和信托法的修改将有裨益。

7. 于信托实务，借鉴域外立法例，根据"以房养老"信托的情况，提出了不同委托人（受益人），不同信托财产，但相同目的下的信托合并之构想。我国《信托法》《信托公司管理办法》和《信托公司集合资金信托计划管理办法》均未涉及信托计划合并、分立，当然也无禁止之规定，而实务上又确实需要，属法律的缺失。参考公益信托的近似原则，相信信托计划合并的提出，一是可给"以房养老"信托等类似的信托运作提供理论依据；二是也便于实务上的操作，对《信托法》的修改将有裨益。

8. 依信托法理深入分析了《信托法》下的财产权转移与税制的关系，主张实质受益人课税或受益人课税信托，又以受益取得为基础，将连续受益人下的受益权性质分为优先级和劣后级两种，认为顺次在后的受益权具期待权的属性，对劣后收益受益人的课税应以是否获取了实质性收益为判定的基准。这种以实质受益人课税和实际发生主义为原则，于信托税法上把有顺位之分的连续受益人不同性质的受益权作出划分，是信托法理与信托税务的巧妙结合。相信这一前沿性研究成果必定对我国的信托税制建设和实务提供理论与实践支持。

三、国内外研究现状

（一）国外的研究现状

国外最普遍、最多的是就反向抵押贷款方面所做的研究，相较之下，从事反向抵押贷款信托研究的则是少之又少。反向抵押贷款信托，从字面上可以将其分拆为反向抵押贷款＋信托。从语法学的角度来说，前者为定语，后者为被修饰语。两者之间是修饰和被修饰、限制和被限制的关系，即表明了是什么性质的信托。换言之，作为被修饰语的"信托"表明的是信托财产的来源。因此，反向抵押贷款信托的语义解释为：老年人出于养老的需求，将以房屋设定抵押权获取的贷款设立资金信托，受托人按照委托人的意愿管理该部分财产，并以其收益支付委托人（受益人）在养老机构的费用。鉴于反向抵押贷款与信托的关系，笔者认为有必要对其源头做一梳理或了解，以便于更深层次地了解"以房养老"信托，探究如何将两者有机结合起来开发新的养老产品。

1. 反向抵押贷款的起源。以自己的住宅作担保，贷款人仍享有居住在自己的住宅里的权利，将来以处分抵押物的形式返还贷款部分的资金。这是反向抵押贷款的本质。就其本质来看，反向抵押贷款应该说是确立在一个具有不动产融资和金融商品的两面性的系统性金融产品。

发展至今的反向抵押贷款的发端地，众多学者都公推是荷兰。早在400多年前，荷兰社会上就出现了通过合同的形式与有养老需求者签订的"以房养老"的模式。该模式的主要内容是：买方投资购买老年人的住房，并允许他们在有生之年免费居住在原住宅内，投资者再于老年人去世后收回该住房。这种解决低收入老人养老问题的方法慢慢对欧美其他国家造成了影响。后来在不断的创新与实践中，美国的反向抵押贷款制度发展得最为成熟和完善。

除了荷兰以外，还有一个是起源较早的法国。在法国，存在一个被称之为 Viager 的独特方式[①]，后来在英国被作为不动产担保金融才一步步发展到了现在的反向抵押贷款制度。但是作为一项金融产品与补充养老制度的建设，应该说是美国政府功不可没。在美国政府强烈意识到了社会老龄化对此产品有着较大的需求时，就果断地、前瞻性地在推行这种金融产品的同时及时地做出了与此相关的制度建设。也就是说，只有这种立足于社会需求和制度建设下的、具有政府金融保障体系下的现代的反向抵押贷款制度，才有了长足发展的可能。于是，该项金融产品以及制度建设上的经验对有同样需求的国家产生了很大影响。第一次世界大战以后的英、美、韩、日的反向抵押贷款计划，都在各自不同的时代和社会制度下取得了各具特色的发展。笔者在该节中将就上述国家的反向抵押贷款的发展做出简要的梳理。

2. 反向抵押贷款的历史发展与其普遍性。

---

① 一种个人间的房屋买卖合约，因其以售房人的生命长短做赌注，因而又称"生命赌注"。

（1）历史起源与法国的反向抵押贷款。反向抵押贷款早在200多年前就存在于法国，其以罗马法为依据，发端于法国习惯法上的契约 Viager（个人终生年金）①。Viager 迄今为止均是以契约的形式通过用益，即年金方式予以应用的。该项产品的风险表现在人的寿命的不确定性和房地产市场的价格波动。这种个人间的行为，被政府视作降低人们对社会保障制度依赖性的一种有效方法而受到支持，并一直经久不衰地持续至今。

2006年随着担保法的修改，在民法的消费者法典中引进了付抵押权终身定期年金制度。这是一项与现在的反向抵押贷款较为类似的制度，固化于民法之中②。

Viager 与现代的反向抵押贷款非常相近，表现在一种终身定期年金契约下的私人间的住房买卖合约上。因为其以卖房人的生命长短做赌注，该合约带有一种对赌的性质，又被称之为"生命赌注"③。这种建立于民间个人行为的法律基础是法国《民法典》的第1964条，即"为了当事人，或为了一个当事人或复数当事人，因不确定的突发事件而所做出的利益或损失之效果的一项合议"。

Viager 合约签订的基础是房产的现价和对卖方生命长短的估计④。该契约之所以能够成立，有赖于以下几种情形：①为了赠与而转让大面积的房子；②为了妻子和友人；③为子女将来不过分依赖父母，拥有自主独立的人生；④为了单纯的财产让渡等。从合理性上考虑不依赖传统性的贷款（即正向抵押贷款）就能获得一种资金贷款。而上述几种情形，就是社会上存在对 Viager 合约的需求反射，因为该 Viager 合约能直接产生以下几方面的效果：

A. 有助于身体出现紧急状态时的急需。

B. 利于向子女或孙子辈的赠与。

C. 以即刻就能高价转让为基础而考虑的住宅改建上的融资。

D. 为消除晚年生活上的不安而进行消费上的融资安排等。

正是当时的这种社会需求和效果，才证明了 Viager 契约在法国长期延

---

① 过去人们是为了教会、修道院的利益通过转移土地或者金钱等财产予以利用的。
② 该制度与日本曾试图引进到公共团体和民营企业中的反向抵押贷款有些类似。参见［日］西泽俊雄：《中央大学经济研究所年报》第45号（2014年），第365页。
③ 参见范子文：《以房养老》，中国金融出版社2006年版，第66页。
④ 参见范子文：《以房养老》，中国金融出版社2006年版，第66页。

续下来的基础系得益于法国的社会背景。我们把这种背景描写为：法国迈入了老龄化社会，且老龄化程度越来越高；法国人最重要的财产基本上都表现在住宅方面；由于年金、医疗以及住宅的环境改善等对资金都会产生旺盛的需求。

人们从18世纪就习惯了这种传统意义上的私人间的交易模式，虽长期以来都受到法律保护，但在税制上并未有任何的优惠待遇。因为Viager不存在买卖契约精算时的差额精算，所以与其他国家的反向抵押贷款制度相比，在利用对象、标的物、分期现金支付、风险与制度的多样性等方面都是一种异质性的存在，即在一个住宅资产变换契约中既包含了不动产买卖契约，也包含了建筑物租赁契约的两种因素。

根据早期法国的Viager的表现，我们按其交易形态、内容、清算以及交易条件、风险承担等作一介绍。

A. 交易形态：为个人间交易（不动产买卖契约——所有权转移）。

B. 交易内容：卖方为老龄者，由其将自有住宅出让给个人受让人，但该受让人必须接受卖方对该住宅拥有终生居住权的条件。除此之外，作为交易对价，受让人还必须每个月在卖方生存期间（终身）定期向卖方支付约定的金额（用现在的话说，就是附条件的终身贷款）。

C. 交易计划。

a. 对卖方的要求。对利用者不作具体的年龄限制。但必须持有住宅（包括公寓）完整的产权（一般选择这种交易的多为没有继承人的老人）。

b. 对买方的要求。契约签订后，一次性向卖方支付约定价款的20%—30%，剩余价款以年金的方式定期向卖方支付一定的金额。

D. 不动产所有权的转移时间。

a. 契约订立后，卖方必须向买方转移所有权[①]。

b. 如买卖双方有特殊约定，也可以约定卖方不行使占有使用权，买方可以使用标的物之不动产，或者将其出租给第三方收取租金（其实这里已经不再是担保融资，而是不动产的买卖了）。

E. 清算：Viager不发生清算金。根据法国《民法》的规定，买方不向卖方返还利益。如卖方死亡早于预期，买方则可将标的物予以出售，高出

---

① 一般的反向抵押贷款制度的结构都是借款人死亡后才进行不动产所有权的转移，所以在借款人生存期间都不进行不动产所有权的转移。

支付给卖方金额的部分，其利益由买方享有。

F. 风险规避。本着保护卖方的权益，规定如果买方先于卖方去世，卖方就无法获取终身定期支付的金额。为了保证卖方的权益，法律要求买方有义务投保生命保险契约（保险金的受取人为卖方）。如果买方不能如约按期支付房款，房屋产权将被归还于卖方，卖方可以再出售给其他人。此外，双方还可以约定将剩余价款向卖方人的配偶完成终身支付（直到去世为止）。

G. Viager买卖规定的构成要件。因Viager对赌性的特质（又被称为"对赌契约"），所以法国《民法》就规定Viager交易必须具备"不确定性"这一必要的构成要素，即必须是以获取偶然之利为目的的契约。当确定性超过一定限度时则被视为违法（不存在对赌性）。换言之，只要存在不确定性[①]，就受《民法》的保护（法国《民法》1964条）。

H. 法国人的特质与Viager。法国人与英国人相比，内心酷爱储蓄，对贷款有着极强的不信任感。对他们来说，凡涉及对所有权有限制的，都不可能取得很大程度上的普及。在以消费为目的的付抵押权的贷款方面，法国与美国不存在相同的基础，所以因Viager而发生的出让，必然会伴随居住和继承方面的感情与文化的纠结，内心深处对该类交易存在抵触，所以一直以来也未形成规模。

（2）法国反向抵押贷款的现状。但是，如前述，因参与Viager交易的人多局限在无继承者的老人以及一些特殊情形者，所以虽有传统习惯的基础，但也没有发展起来。传统归传统，在全球一体化的时代，域外其他国家的反向抵押贷款对法国的Viager制度产生了很大影响。2004年，法国借鉴美国经验提出引进反向抵押贷款，2006年法国政府通过改革抵押贷款安全法，决定引入包括反向抵押贷款在内的一系列新的抵押贷款形式。在政府的推动下，2007年6月法国储蓄金库银行集团旗下公司——地产信贷银行率先在法国推出了名为"养老地产抵押贷款"[②]，从此开启了反向抵押贷款的序幕。法国引进反向抵押贷款制度后，将法国人熟悉的Viager由个人间的交易转变为了由抵押贷款机构为平台的集体交易。

法国的反向抵押贷款的特点表现在：地产贷款银行在对申请人的房屋

---

① 所谓不确定性的丧失是指契约订立后的20日之内，如果买方死亡，即便是在卖方已知自己的生命所剩不长的情形，该契约也规定为无效。

② 参见王小平著：《保险支持以房养老》，中国金融出版社2014年版，第96页。

作出价格评估后再办理抵押贷款手续,按期支付给申请人贷款金额。借款人死亡后,其继承人只要偿还贷款本息,就可解除已抵押的不动产,也可在生前选择适当时机出售房屋获得较高收益,同时清偿贷款本息。另外,这种反向抵押贷款的金融机构还对借款人提供无追索权保护,在万一房产价格低于还贷总额时,其差额损失由贷款银行承担。当房产售价高于贷款本息的,多余部分支付给借款人的继承人①。

因为法国人有对 Viager 的了解,所以现代社会的反向抵押贷款与传统的 Viager 相比更容易接受,相信法国的反向抵押贷款可以取得长足的发展。

3. 美国的反向抵押贷款制度。

(1) 美国反向抵押贷款的诞生与发展。研究反向抵押贷款,总会在溯源上涉及发生在 1961 年的一个美国的案例。当时出于解决一名中学足球老师遗孀的生活困难,由波特兰城的 Deering Saving & Loans 公司以住房抵押的形式与该遗孀签订了反向抵押贷款合同②。当时社会上只是将其作为个案看待,并没有对社会造成多大的影响,即并没有因此而引来多个合约的签订。但是,今天站在研究反向抵押贷款起源的角度再度重新审视该项个案时,就承载了相当重要的意义,以至于才有了"第一笔真正意义上的反向抵押贷款"的美称。

"存在决定意识",任何一个制度或商品都是诞生在社会发生需求的时候。反向抵押贷款亦是如此。第二次世界大战后,美国在 20 世纪五六十年代的经济高速发展和国民生活水平的不断提高,使美国人享受到了黄金硕果,国民的自有住房持有率到了 1965 年时达到了 62.9%③。而这个时候美国也开始进入了老龄化社会。一次次经济危机来袭,国民收入和贷款利率的涨跌对住房价值带来的巨大影响同时也波及了老年人退休后的生活。于

---

① 参见王小平著:《保险支持以房养老》,中国金融出版社 2014 年版,第 97 页。
② 参见王小平著:《保险支持以房养老》,中国金融出版社 2014 年版,第 31 页;范子文著:《以房养老:住房反向抵押贷款的国际经验与我国的现实选择》,中国金融出版社 2006 年版,第 54 页。
③ 1944 年,美政府为从战场返乡的老兵提供了慷慨的房贷补贴,促进了自有住房率的快速提升。1950 年,美国人的自有住房率从 10 年前的不到 50% 增长到了 55%。联邦政府的介入也为住房建设和房地产提供了大量资金,使其成为经济重要部门。自有住房率最高时为 2005 年,到达 69.2%。当时的政治家声称已进入"自有住房社会"。参见管克江:"美国——政府推动'住房梦'",载《人民日报》,2010 年 5 月 6 日;"管窥国外住房政策:引导与保障是重点",引自中国新闻网房产新闻,2016 年 11 月 9 日。

是，对退休后生活受到影响的拥有自主住房的老年人来说，反向抵押贷款发生了效用。这也是美国社会反向抵押贷款之所以能够大面积普及的重要社会因素。

到了20世纪80年代的后半期，随着美国的反向抵押贷款HECM（Home Equity Conversion Mortgage）制度上渐趋完善而获得了很大程度上的普及。这里应归于政府对反向抵押贷款可能出现的风险提供保险的缘故。于此意义而言，此种反向抵押贷款倒不如说是一种政府性的行为。该项制度诞生于1980年，在时代进入2000年以后，由于住宅价格的节节攀升导致该现象的急剧性爆发。以美国住宅城市开发部（HUD）主导的这种HUD—HECM的特色表现在以下几个方面：（1）付有反向抵押贷款的公共保险（FHA保险）；（2）在资产评估和心理咨询、管理等方面有HUD等政府机关的干预；（3）形成了由被称之为联邦住宅金融抵押机构（FNMA）的GSE（Government-Sponsored Enterprise）购买的反向抵押贷款债权的机制。

通过下面一组数据，我们可以了解到美国反向抵押贷款市场发展的基本情况。任何一个市场的形成，都离不开政策和制度上的支持。美国HECM的发展得益于1981年成立的第一个独立的非营利机构——"全国反向抵押贷款中心"。在此之前（1980年）民间机构订立的契约很少。为了支持这一新生事物的发展，1987年由国会根据《全国住房法案》设立了房产价值转换抵押贷款保险示范计划，规定所有由联邦住房管理局（FHA）批准认可的住房反向抵押贷款均有FHA提供担保。如果在贷款期限到期时，住房资产资不抵债，贷款人的损失将由保险示范计划承担。从而消除了贷款人的风险。也就是说在1989年开始引进附FHA保险的反向抵押贷款之后，1990年反向抵押贷款开始有了新的转机，当年就有100份问世，到1992年12月底发展到了1000份，在1993年更是出现井喷，仅8月份一个月就签订了2155份，发展速度非常可观，后来到了2006年，表现更是不俗，一年就超过76351份，2007年为112154份，2009年一年就有13万多份。在制度支持下的反向抵押贷款的发展速度以及普及程度越来越高。

在2007年次贷危机愈演愈烈，终于引爆了全球性的金融危机，民间的反向抵押贷款这一金融商品一时处于停止状态。当时，次级房贷者无力偿还债务，就连很多优良贷款者也因为房屋实际价值跌穿贷款总额而选择止赎。2008年一年里，美国共有100多万家庭失去了住房①。在市场暗淡，民间金融机构相继退出的情形下，带有政府提供风险保险的HEMC，一枝独秀愈发彰显了重要性②。为使这一好不容易发展起来的养老补充的金融产品能够继续生存下去，美国政府及时调整了金融政策。奥巴马政府2009年3月公布了名为"让住房负担得起"的住房救援计划。该计划主要有三项措施：一是通过降低房贷月供、允许再融资，使400万户至500万户陷入困境的房主缓解房贷压力；二是设立750亿美元的房主稳定基金，帮助约300万户至400万户房贷严重违约者保住即将失去的住房；三是美国财政将房利美和房地美的融资额度增加一倍，每家2000亿美元。据估计整个住房救援计划最高耗资可达2750亿美元。如此这番及时调整的金融政策稳定了美国的房地产市场，当然房地产价格也趋于一定程度上的回归。当然，这一结果对以反向抵押贷款作为养老补充的市场稳定作出了贡献。

综上，在美国，除有FHA保险的反向抵押贷款以外，还有一些金融机构也在受理反向抵押贷款。不过，比较起来，带有官方背景的HECM在此领域的业务占比，相较于民间金融机构则明显处于绝对优势，尤其是经过次贷危机之后的反向抵押贷款的市场，使得HECM在2009年时已占有90%以上的市场份额。

（2）美国的反向抵押贷款的特点。

①贷款（Loan Plans）种类。低息或无息贷款。以公共部门和民间部门为划分对象。无论是公共部门还是民间部门，都是依靠地方政府采取低息贷款（通常是无息）。

②公共部门。

A. 延期支付贷款 Deferred Payment Loan（DPL），用于住宅的修缮与改善；

B. 物业税延期 Property Tax Deferral（PTD），限定于固定资产税的

---

① 参见管克江："美国——政府推动'住房梦'"，载于《人民日报》，2010年5月6日；"管窥国外住房政策：引导与保障是重点"，引自中国新闻网房产新闻，2016年11月9日。

② 发明"美国梦"一词的历史学家詹姆斯·亚当斯所说："美国梦不仅仅意味着物质产品的堆积。住房应当成为一个家和一个生活的所在地……"大多数美国人把拥有一套自有住房看做实现美国梦的前提。最近几任美国总统也均将让民众拥有住房作为施政要点之一。克林顿总统在1995年宣布"全国房屋所有权日"时，把自有住房同公民责任联系起来。他呼吁巩固美国的家庭价值观、鼓励双亲家庭和让人们呆在家里。布什总统也承诺要建设一个"住房拥有者社会"，宣称将有比以往任何时候都多的美国人有能力打开房门，欢迎客人。

支付；

C. 一般用途贷款（General Purpose Loan，GPL），不限定贷款用途。

③民间部门。

A. 附带 FHA 保险的反向抵押贷款。是指债务余额超过资产价值时，该差额部分与金融机构无关，由联邦住房管理局（FHA）负担，这种贷款制度实际上为贷款人消除了风险；

B. 附带金融机构支持保险的反向抵押贷款；

C. 无保险的反向抵押贷款（Uninsured Reverse Mortgage）。

④销售情形。

因反向抵押贷款采取的方式不同而不同。

A. 售后返租。具体而言，首先是老龄者本人在卖掉自己的住宅的同时就从受让人处借住该住房。作为卖方的老龄者将会从买房人手中一次性得到一定金额的首次付款，剩余部分每月获取。

买方除承担支付余额部分的义务外，还需负担与住宅相关的税金、保险、维持修缮等责任。该种方式过去在 1980 年曾多次实践过，并非现今推广的形式。

B. 终生地产方式，基本上和廉售租赁差不多，卖掉住宅的老龄者一直可以居住到去世为止。

⑤HECM（反向抵押贷款）的结构。美国的 HECM 的结构包括以下内容：

A. 支付种类。

a. 定期支付（term）。所谓定期支付是指借款人只能在约定的时间内得到相应款项；

b. 终生支付（tenure）。所谓终生支付，是指借款人到去世为止都可获得约定款项的支付；

c. 信用支付（life of credit），所谓信用支付，是指借款人可以自主决定支付时间和金额。该方法灵活之处在于可对应于一次性的急需。除上述三种方法之外，还有三种互相组合起来的方法。其中 LOC 以及 LOC 与定期支付、LOC 与终生支付的组合方法占压倒性多数。

B. HECM 在税制方面的政策。因属借款，不构成所得，不予课税。但是会影响 HECM 的加入资格。所谓影响加入资格，是指享受补充保障收入在所得方面是有资产限制规定的。为此，只要在被认可的范围之内，

HECM 的支付同样不被认为是所得，也不在所得限制范围之内。关键是领取的给付金如不马上使用，反用于储蓄的话，就会影响到资产限制，SSI 给付将会因此在金额上被减少，最后也有可能导致资格丧失。

（3）反向抵押贷款的风险与 FHA 保险。反向抵押贷款本身存在特有的风险。其风险表现在：期间风险、担保物的资不抵债、利率风险。以上三种风险是影响反向抵押贷款普及的最大原因。该产品对卖方与买方双方来说都存在风险。这种与生俱来的风险，如果没有保险公司的保险承担资不抵债的责任，该项业务毫无疑问是无以为继的①。

正因如此，美国才于 1989 年为此专门创设了 FHA 保险。针对保险费的收取、资不抵债时的风险和贷方的破产风险，制定了由住宅城市开发部（HUD）下属的联邦住宅局（HHA）风险承担制度。其特征表现为：即便是定期支付，只要不迁出其住宅，就认为不会发生延缓还款②。

保险费，首先是在签订契约时就按照不动产价格的 2% 予以缴付，此外按照本金余额的年 0.5% 按月向 FHA 缴纳保险费。

创设 FHA 保险，旨在消除借贷双方的风险，因此决定融资额度主要表现在以下三个要素方面：住宅的评估价、借款人的年龄和利率标准。借款方的年龄越大，利率越低，就会推定到契约终止时所发生的利息相对较低，可以获得较多的融资。

该保险还有几个限制：即用于担保的住宅必须是实际上继续入住的。譬如，如果因生病住院长达一年以上的，就会出现可能丧失资格的问题。

（4）担保评价额与利用人的需求。HECM 的融资，取决于担保不动产的评估价。1992 年时为 67000 美元，但是美国各州给出的标准也不尽相同，如加利福尼亚州的为 124875 美元。也许对于富裕阶层的老龄人来说反向抵押贷款并没有多大的魅力，而且还存在一些禁止反向抵押贷的区域。

---

① 原中国保监会要求保险公司推广反向抵押贷款的业务，但是，如果没有一个像美国的 FHA 那样的机构提供担保的话，纯盈利机构的保险公司也会心有顾忌。

② 其实，住房反向抵押贷款的保障物系来自于拥有产权的住房本身，而不是在抵押物的住房里是否持续性的居住。所以，从反向贷款业务的安全性来说，美国的这项规定对是否会发生延缓还款并无实际价值。但是，在我国，原中国保监会要求保险公司推广反向抵押贷款的业务，并没有建立起一个像美国的 FHA 那样对开展该项业务的金融机构提供担保的机制，就会出现市场双方当事人的担心或顾虑。即有心开展该项业务的金融机构因本身系纯盈利机构，面对万一债大于实体抵押物价值下的顾虑重重、对有此愿望的养老需求者来说，推出该项业务的金融机构将会在最大限度内减少本身风险去设计该项产品，养老需求者将会面临较大的付出。笔者认为，这是导致我国住房反向抵押贷款业务开展缓慢的根本原因。

如得克萨斯州出于保护居住者的利益，根据历史发展的情况而禁止反向抵押贷款。

不过，在 2006 年以后，住宅评估额限定在 200160—362790 美元的范围之内，2008 年 11 月 6 日以后，FHA 根据现行法，全国统一提升为 417000 美元，到 2009 年根据 ARRA（美国再生、再投资法）又一次被提升到了 625500 美元。

（5）贷款偿还。在接受反向抵押贷款期间，借款人不需要定期偿还本息。但是，在借款人死亡或者永久搬离用于抵押贷款的住房的（这里对搬离该住房的时间也有一定规定：借款人因健康上的原因，需要暂时离开该抵押的住房或入住养老机构的，其离开的期限被规定为不得连续超过 12 个月。于此情形，借款人就会被认定为不会再返回所抵押的住房居住，必须立即清偿债务），或将该抵押房屋出售等合同规定的期满情形出现时，借款人应按照合同约定予以偿还本息。由于反向抵押贷款并不禁止借款人提前偿还部分贷款或者清偿全部贷款，借款人随时偿还贷款也不算是违约，不用支付任何提前还款的违约金。

关于这一待遇获得的条件规定，笔者认为有欠妥当之处。因为反向抵押的标的物是住房，而不是居住在里边的人；反向抵押贷款的标的物才是将来用于偿还贷款本息的保障。换言之，反向抵押贷款是以处分住房为前提的，因此人是否连续离开 12 个月（多于）居住的房子和在未来处分该房产并没有必然的联系，相关的只是房屋的产权是否还在借款人的名下。因此，这一规定从借款返还保障上来说，显得近乎不合逻辑。

美国人的财产传承和消费观念和中国人有很大程度上的不同，他们不指望养儿防老的观念是建立在社会保障措施齐全或者可称之为能够有所依靠的社会制度的前提。如果社会不能提供这方面足够的保障，不管是哪国人恐怕也不可能不会产生养儿防老的观念。

（6）次级贷款问题发生后的变化。2007 年夏天以后，伴随着次贷危机的发生，美国的反向抵押贷款市场也出现了很大变化。由于住宅价格的下跌导致担保资产的资不抵债风险高涨和很少人再在反向抵押贷款的二次市场上购买住宅资产证券化的商品，导致无交易情形的出现。如前述，带有政府背景的 HECM 相反则显示出了其强大的存在优势。但是，就反向抵押贷款这一金融商品来说，其市场需求性还是极其强大的。因为，HUD 认为今后美国的老龄者都是潜在的 HECM 的借款方，因为第二次世界大战后生育高峰的一代人现在正是出于有养老需求的时代，作为减轻政府在医疗介护方面投入的压力，作为一种激励机制，政府当然会进一步推进 HECM 制度的运用。由于这一存在的需要，从保障消费者的权益保护出发，注定了美国政府只会进一步培育和推进该市场的健康发展以及完善与此相对应的制度建设。

4. 韩国的反向抵押贷款。韩国的住宅年金反向抵押贷款制度，是由韩国住宅金融公社直接运营的。该制度引进的经纬是：2005 年以韩国中央银行为中心，推出了反向抵押贷款灵活性方案。

公社创设了"住宅担保老年后年金保证"业务，此外，收取保费，按税收优惠政策，扣除利息费用。老龄家庭几乎都有自己的住宅，该项制度便以公寓住宅为中心迅速铺展开来。

商品的特征集中表现为：利用人死亡后，以住宅处分后的价格一次性返还（不足部分不予请求。在税法上有免税和减税的待遇）。韩国引进该项制度虽时日尚浅，但在 2012 年 8 月就签订了 10000 多笔合同。

5. 日本的反向抵押贷款。日本最初的反向抵押贷款制度发端于 1981 年的武藏野市的福利型反向抵押贷款。20 世纪 80 年代末，信托银行推出了商品化的反向抵押贷款业务，后来许多机构开始跟进。但是，在泡沫经济时期，不动产价格急剧下滑带来的担保资产资不抵债越来越突出，几乎所有的反向类商品都销声匿迹。2002 年以后，政府机关和民间机构又开始重新推出反向抵押贷款的业务。

日本各机构受理的主要商品如下：

（1）政府部门。政府部门的商品：①除武藏野福祉公社的"福祉资金贷款服务"以外，还有各自治团体的福祉融资制度；②住宅金融支援机构（就住宅金融公库）的"高龄人返还特例制度"；③厚生劳动省（通过都道府县社会福祉协议会）的"长期生活支援资金贷款制度"（现在的不动产担保型生活资金）；④国土交通省（一般社团法人移住·重建支援机构）的"住宅整租制度"等。

（2）民间金融机构。民间金融机构受理的商品：①三井住友信托银行的"反向抵押贷款"；②东京明星银行的"充实人生"；③群马银行的反向抵押贷款等。

（3）房地产开发商。房地产开发商为了从住宅持有人获得客户，致力于客户的维护与扩大而受理反向抵押贷款业务。这里面有积水房地产、旭化成房产、丰田房产等。

　　日本的反向抵押贷款制度的主要特征是，老年人知悉制度和商品的内容，在商谈时并不存在心理咨询的情形。特别是在上述的民间机构方面，如三井住友信托银行的商品里就把客户对象限定到79岁，期限较短（类似于美国的住宅抵押贷款）。除此之外还限定利用区域必须是主要城市，且公寓被排除在对象之外。融资对象的不动产，评估价格不得低于8000万日元。这些商品只适应于富裕层的老年人。作为长寿风险的应对之策，还有80岁以后依靠个人年金保险的预扣公积金的对策。

　　6. 日本开启"以房养老"信托的早期模式。综上可见，无论是美国还是其他国家，所谓的"以房养老"基本上都表现在住房反向抵押贷款方面。也就是说，该住房反向抵押贷款都是单纯地以住房设立抵押，实现从金融机构获得养老所需之生活费用的贷款。通过反向抵押贷款获得的资金并没有得到整体运用。然而，该业务到了日本以后，由于反向抵押贷款推进缓慢，给信托实务界提供了较好的参与空间。

　　日本作为与我国社会传统相似的国家，在应对老龄化方面所做的研究值得我们特别关注。日本于1981年在武藏野市导入反向抵押担保贷款制度，逐步发展出了公法下自治体模式和公法下由国土交通省及厚生劳动省推动模式以及民间计划等，规模也逐步形成。就信托机制介入而言，出现了"资产活用型银行贷款"或"信托型反向抵押"等一系列的信托产品。

　　该类业务一般由信托银行运作，形成了以信托银行作为受托人，老龄者作为委托人兼受益人。资产证券化同时联系住宅市场、金融市场和流通市场形成了其基本运作架构。但是在资产评估，风险控制，特别是权利义务分配以及由受益权衍生出的继承相关问题方面，日本学者并未能找出更好的方式加以解决，加之近年来的市场低迷，日本信托实务界对此项目均报以较为悲观的看法。随着日本信托法的修改，广大的日本学者和业界人士都希望在制度建设上有新的发展，永田俊一在《信托改革——金融业的变化》[①]一书中建议根据市场情况区分出针对不同阶层的信托产品，未来可以考虑以中坚资产阶层为设计与行销导向，为此类信托产品找到更为准确的定位；在权利义务方面，更多地考虑房产继承所可能产生的法律问

---

　　① ［日］永田俊一：《信託改革——金融ビジネスはこう變わる》，日本經濟新聞社，2005年，第173页。

题。纵观我国，大多数学者都认为房地产市场已处在泡沫化前沿，导致政府近期不断出台新的政策加以规制，整个市场的走向并不明确，政策风险与日俱增，与日本早年现象有相似之处，但老龄化社会的现实又使得政府与市场不得不重视此类金融产品的发展，因此，如何在产品运作中克服房地产泡沫化冲击和加强风险控制能力，日本学者的思考是值得我们有所借鉴的。

（二）国内研究现状

"以房养老"一词最早出现于2003年，系时任中房集团董事长孟晓苏先生最早提出来。后来"以房养老"这一词语便走进了中国百姓的视野，也引起了业界和学界许多专家学者的研究兴趣，并就"以房养老"的理论和模式不断展开了探讨与研究。最早（2006年）就"以房养老"作出系统性研究的应该是范子文教授。其专著的名称就是"以房养老"，副标题是"住房反向抵押贷款的国际经验与我国的现实选择"。该书从金融学、经济学出发，全面而详细地介绍了域外主要国家的反向抵押贷款的起源和制度建设，并就我国推行住房反向抵押贷款的可行性做了深入细致的论述，同时也毫不回避地就我国推行反向抵押贷款的制度障碍和传统养老理念的束缚作出了深入剖析，提出了由银行、保险、信托、社保等机构联合起来，通过利益共享机制的建立，实现优势互补风险共担，达到多赢的目的。还建议借鉴域外的无赎回权的住房反向抵押贷款制度，通过保险精准计算方法建立产品定价模型。认为我国推行反向抵押贷款的基础已基本成熟，是经济社会发展的必然产物，必然形成今后的发展趋势。但是，该书自始至终都是围绕反向抵押贷款展开的静态管理下的资产证券化的处理模式，并没把研究的触觉深入到反向抵押贷款与信托的结合上来。换言之，范子文教授的著作并没涉及"以房养老"信托的概念，当然也不可能将"反向抵押贷款"作为定语词，展开以"反向抵押贷款信托"为目的的研究。但可喜的是，2008年由浙江大学的柴效武教授和潘惠红教授率先在《以房养老模式》一书中以"老年住宅信托在以房养老模式中的运用"[①]为文，第一次提出和分析了开展养老信托的可行性和必要性，并简单介绍了养老信托的几种业务模式。但遗憾的是并没有深入地就该类业务的法律结构、法律规制、具体运作等作出系统性的研究。即便如此，也是在全国

---

① 柴效武、潘惠红：《以房养老模式》，浙江大学出版社2008年版，第243—253页。

首次提出"以房养老"信托研究的学者。此后在 2010 年的《中国信托业发展报告 2010》[①] 的第四章中比较全面地介绍了银色产业信托[②]发展的理论基础和社会意义以及发展现状等。虽对该领域的市场发展与需求做了较深入的分析，也在此基础上就信托如何介入养老市场以及介入模式等提出了业务开展的基本设想，但其仍然止步于较为宏观的层面上。时间进入 2011 年，中泰信托以应对人口老龄化的挑战为出发点，从中国信托业的发展格局上提出了信托介入"以房养老"的具体设想，主张在参与养老产业发展上面，通过构建房地产投资养老基金直接投入我国养老产业的实体项目。认为我国已经具备了一定的优势条件：其一，老龄实体项目具有稳定的收入来源，老年公寓与老年社区作为满足老年人综合服务需求的保障基地，在项目投入运营后，可获得比一般不动产租金高得多的多元化业务收入；其二，引入该基金可为养老产业实体项目提供可靠的资金保障，实现老年房产项目的重复使用和价值最大化。在以股权投资实体养老产业建设以外，还提出可以债权投资的形式向特定的养老机构实施金融融资。[③] 除此以外，该书还提出了"以房养老"信托的几种形式。不过，分析所谓的几种形式，从实质上来讲，基本上还都止于反向抵押贷款的形式或内容，即便是在信托公司参与老龄化产业建设的操作路径一节中还是过多地将视野拘束在了债权类的金融服务上。换言之，是将信托计划所募集的资金用于养老产业的开发建设方面等，实质上并没有和有养老需求的老年人形成信托关系。提出的"以房养老"的方式，还是局限在反向抵押贷款的运作方法上，即将担任贷款人的银行或保险公司换作信托公司来阐述罢了[④]。近两年，相继于中信银行的反向抵押贷款业务受阻之后，原中国保监会提出来由保险公司在北、上、广、武四地试点推进反向抵押贷款的业务。"以房养老"的研究之火又重新被点燃，主要有王小平编著的《保险支持

---

① 中国人民大学信托与基金研究所：《中国信托业发展报告 2010》，中国经济出版社 2010 年版。
② 银色产业信托是指以养老产业为依托和主要标的，广泛运用信托的制度设计和法律关系安排，通过投资和融资手段促进和推动养老产业迅速健康的发展，并同时实现委托人、受托人和受益人的战略多赢。
③ 中国社会经济系统研究会、中泰信托有限责任公司：《中国信托业：应对人口老龄化挑战》，中国财政经济出版社 2011 年版，第 141—143 页。
④ 中国社会经济系统研究会、中泰信托有限责任公司：《中国信托业：应对人口老龄化挑战》，中国财政经济出版社 2011 年版，第 152 页。

以房养老研究》和吴玉韶、党俊武主编的《中国老龄产业发展报告2014》。吴玉韶、党俊武在人口老龄化对信托行业环境和资本市场制度提出新要求一节中指出"信托模式相较于目前的社保和商业保险模式十分适合老年人养老"[①]。该书指出，"社保和商业保险的委托人只能享受固定收益，资金增值保值部分的收益权仅限金融企业或社保机构所有。而信托功能在于资产管理、并努力于资产保值增值和受益人保护制度、税收机制和破产隔离功能，这些特性都与养老需求相吻合。"但是该书只是宏观性地一笔带过，除提出相关制度（如税制）需要进一步完善的一些内容之外，并没有系统性地进行深入研究。

通过"以房养老"信托或曰反向抵押贷款信托的国内外研究现状的综述，笔者认为，"以房养老"理念根植于西方社会的消费和理财观念与我国传统的养老思想有所区别，但是反向抵押贷款作为一种有效的金融手段无论是养老保障还是资产增值方面都有其独特之处。随着我国老龄化社会的加速到来，实行这一模式的意义越发显得必要，借鉴域外的经验固然重要，实践证明，也不能人云亦云地单纯照搬其运用模式，因为迄今为止那些陆续推出的、基本都以失败告终的运营模式和探索的结果严肃地告诉我们必须将其加以改良，使其本土化。

在我国，财富传承于子女是上千年来根深蒂固的观念，而反向抵押贷款模式中的房产很大可能是归于贷款机构处分，这一点是国人不愿接受的。虽然许多专家学者主张应当引导国人克服这一传统观念，但笔者认为倒没这个必要，因为信托机制特有的功能就可以在不影响房屋继承权的基础上解决养老需求问题。虽然专门从事"以房养老"信托研究的成果为数不多，但笔者相信"以房养老"信托模式的推出，必将迎来新的研究高潮和得到实务界的高度关注与高度评价。

---

① 吴玉韶、党俊武主编：《中国老龄产业发展报告》，社会科学文献出版社2014年版，第67页。

第一章

"以房养老"信托概述

第一节 "以房养老"信托的概念

一、"以房养老"信托的前身：住房反向抵押贷款

发达国家在应对老龄化社会到来的时候，发现国家的福利制度在国民的养老问题上越来越无法提供足够的支撑，于是在国家需要、社会需要、个人需要的前提下，人们开始关注如何让"死钱变活钱"。用现在的话说，就是资产证券化，就是把具有财产价值的财产，通过金融机构的运作使其形成现金流，用以帮助有养老需求的人，在现金财产无法满足自己的养老需要时实现养老愿望。存在决定意识，这种社会的需求就是市场诞生的源泉。于是，一些金融机构开始处心积虑地研发怎样才能顺应社会的发展，使其业务创新，赢得更大的市场。

机会，往往形成于偶然性。也就是说，机会可能是人们在完全的不经意中的所思所想、所作所为中发现的。但是要形成市场上的普遍机会，则需要社会上存在广泛的、一般性的需求。住房反向抵押贷款就是在这种不经意下被人发现，并在不断总结、不断创新下形成了社会需求，发育成了市场。

20世纪的60年代初期,美国处于经济高速发展的黄金时代,房地产市场高歌猛进,持续发展,个人住房持有率居历史第二高位(1965年为62.9%)。而美国的老龄化社会也在这一时期拉开了序幕。经济的上升与低迷甚至下跌,都会反映在贷款利率上,当然对房地产市场的价格也将带来巨大的影响。一直以来,我们习惯于来自金融机构的按揭贷款,就是因为你有正常的、长期的收入来源,而这种正常的、长期的收入来源是计算发放按揭贷款的支撑基础。当时,没有哪个金融机构向只拥有金额不多的、短期(人均寿命期限)收入的人发放住房按揭贷款。但是,如绪论所述,1961年发生在美国的一个出于解决一名中学足球老师遗孀的生活困难,由波特兰城 Deering Saving & Loans 公司以住房抵押的形式与该遗孀签订了以其住房设定抵押权的抵押贷款开创了反其道而行之的贷款形式。于此意义,我们把前者之按揭贷款称为正向按揭贷款,而后者,就是对养老有需求且现金上短缺、又已进入退休年龄的人,实施以住房抵押(即基于以住房的价值作为将来还款保障)的按揭贷款。针对前者,人们又将其称之为住房反向抵押贷款,或住房反向按揭贷款。

在住房反向抵押贷款的发展过程中,对其影响最大的是一次次经济危机来袭时国民收入和贷款利率的涨跌。因为经济危机除了对住房价值带来巨大影响之外,当然对实施反向抵押贷款的金融机构会带来所贷款项的金额有可能超出房屋本身价值的风险。如果金融机构采取类似证券市场上的划定止损线,等到止损线时就自动终止该项反向抵押贷款计划,那么老人就会面临其后生活的无助。将此项业务作为养老有效补充的国策的美国,为了促进该项业务的健康发展,消除金融机构和老人双方可能面临的市场风险,建立了由联邦住房管理局(FHA)对接该项业务和负担机制。即当出现开展该项业务的金融机构对借款人的债务余额超过其资产价值时(即住房价值已资不抵债),发放贷款的金融机构也不得擅自撤销或终止该计划,该差额部分与贷款机构无关,由联邦住房管理局(FHA)承担。贷款机构不但要按照契约的约定按时给老人发放相应的养老款项(如果贷款机构无力支付贷款时,将由FHA按一定程序承担对借款人的支付贷款责任),而且还不得向借款人的相对关系人主张任何追溯权利。这种机制不但为贷款人消除了风险,而且也为有该项养老需求带来了业务平稳发展的市场基础。

受美国住房反向抵押贷款业务和配套机制建设的影响，其他一些老龄化社会比较严重的国家，如法国、英国、加拿大、新加坡、日本、韩国等，都先后不同地根据本国情况相继引进了该项业务模式，并做出了相应的制度建设。

二、住房反向抵押贷款的局限性及其必然结果

如上述，作为养老的有效补充手段，在以美国为首的住房反向抵押贷款业务和制度建设的影响下，虽然引起了很多国家的关注与效仿。但是，迄今为止，该项业务无论在美国或是在其他国家都没有获得大幅度的发展和普及。究其原因，在这种住房反向抵押贷款模式下，借款人所负担的债务总额会达到住房总价值的50%以上[1]。养老需求的借款人并没感受到住房的保值与升值的效果，而且最后还要面临远低于自身期望值的住房折价处分，影响子女的财产继承。这种局限于银行贷款理念下的反向抵押贷款的模式，其出发点和设计原理都是围绕着可充分排除或避免贷款机构的最大风险基线为宗旨而设计的，当然与之匹配的有诸多条条框框。换言之，该模式是以向房屋产权人提供晚年养老现金需求的便利和金融机构长期而稳定的贷款利息收入相结合的"完美"业务模式。如果笔者这种看法是客观的话，那么该业务模式就不可能成为补充养老的主流模式，其客户构成也必将被涂上被框框圈定了对象的色彩。因为房屋产权人的利益并不在贷款金融机构的主要考虑范围之内，其考虑最多的是如何消除自身风险和获取相应的经营利润，绝无可能积极利用资产证券化的原理，结合市场的变化，适时释放和增大住房本身的价值。如此而言，该项业务从本质上来讲仍属于银行等金融机构惯常的贷款性质业务。虽然各国引进住房反向抵押贷款的出发点很好，但因其本质所在，始终也未逃出"和者寡"的局面。关于这一点，单从这项业务开展的最成功的美国来说，虽然其作为一项国策，从1987年就开始有计划地推进住房反向抵押贷款业务的发展，还在当年的《全国住房法案》得第2章第25节就将美国住房反向抵押贷款政策的目标锁定在了以下三个方面：一是为了能够满足部分老年人的特殊需

---

[1] 以一个75岁拥有10万美元房产的老人为例，申请办理住房反向抵押贷款，其获得贷款净额最多不能超过4.1万美元。对于大多数老人来说，这显然不是一个合算的交易，往往只能作为万般无奈下的最后选择。引自王小平编著：《保险支持以房养老研究》，中国金融出版社2014年版，第59页。

要，增加贫困老人的收入；二是支持和鼓励私营公司参与住房反向抵押贷款业务；三是确定反向抵押贷款市场的需求规模，不断完善产品设计。但是，到 2013 年为止，全美共发行了 80.8 万份 HECM。占老年家庭数的比率不到 2%，其覆盖面非常有限①。究其原因，首先，美国政府虽然出于为了贫困的、单身的老年人而推进住房反向抵押贷款这项业务，但是由于交易成本过高，有此需求的老年人并不能从中得到多大实惠，也是该项业务的普及或推广受阻的主要原因。其次，该项产品的特点之一（也是限制自身发展的障碍）就是老年人不得因住进医院或其他原因连续离开原住房半年以上，否则该合约终止。也就是说，办理该项业务就等于不得入住专业的养老机构。显然这一规定（特点）是与现实需求相悖的。另外，影响该项业务发展的还有其他因素，如以房换养。所谓以房换养是指美国不少老年人退休后将自己的房子卖掉，住进养老公寓，用卖房的钱支付公寓所需，这种交易模式成本低，老年人所得要实惠得多。加之，身体不能自理后住进专业的养老公寓也让人放心。所以不少人更愿意做出这样的选择。一言以蔽之，利益和方便兼而有之的方法才是行之有效的方法。

话再回到我们中国。由于并没有对美国的该项业务作出本质和深入的研究，就囫囵吞枣式地将其引进过来，从 2011 年开始由中信银行率先响应民政部的号召在全国中信银行推进该项业务，历经 3 年并没有取得预想的效果（3 年苦苦推介也止步于 1 万份左右）。如前述，后来由原中国保监会牵头，在保险行业又再次积极推出该项业务，选定北京、上海、广州、武汉作为试点。据了解 4 地仅有 60 户投保，自"以房养老"试点以来，仅幸福人寿一家保险公司开展了该项业务。截至 2016 年 6 月 28 日，投保 60 户 78 人。从区域来看，一线城市（北、上、广）相较于二线城市（武汉）对该产品需求、认知度高。从家庭构成来看，无子女老人占到 40%，主要是孤寡、失独老人。从月领养老金来看，以月领养老金 5000—10000 元者居多。换言之，未能取得社会上普遍的认可，除一些传统理念和法律制度上的不确定因素以外，更重要的是其效果不遂人意。那么，有没有一种既利于金融机构的此项业务开展，又能解决"财产上的富人、现金上的穷人"的养老需求，同时还能缓解政府在养老领域的财政的巨大投入的方法呢？这一思想便成了笔者课题研究的终极目标。

---

① 参见王小平编著：《保险支持以房养老研究》，中国金融出版社 2014 年版，第 59—60 页。

三、"以房养老"信托产生的背景与概念

(一)"以房养老"信托产生的背景

从上述对美国住房反向抵押贷款业务开展情况所做的分析,不难看出日本开展此项业务的本质与美国并无多大差异,因此也注定了此项业务开展得并不像人们期待的那样。也就是说,住房反向抵押贷款无论在欧美,还在日本都没有达到普适的效果。但是,愈发严重的老龄化社会(在日本社会已经进入了高龄化)的日本,确实存在着仅依靠养老金是不能充分应对养老需求的现实问题。社会需求决定市场的导向。但光有需求而没有相应的应对机制和让几方都能共赢的业务模式,也注定不能实现共鸣性的市场。这里面对如何化解社会明明有需求却形不成市场的矛盾,反映出了一个道理,即欲推而广之必先合众人之利。一个仅为金融机构避免风险的静态的资产管理事务,必然不会被众人所接受。换言之,要解决社会养老上的需求,就要在不影响金融机构自身利益的同时,也要给养老需求人带来利益和方便。这样不但能实现金融机构的业务展开,而且也惠及了养老需求人,当然就会直接导致公益性的效果。在此社会背景下,人们便自然而然地把视线纷纷投向了素有财产管理制度美称的信托。人们之所以对信托充满希望,是因为:因信托而形成的法律关系是住房反向抵押贷款信托备受关注的核心。因为信托中的委托人、受益人与受托人之间凭借信托制度的约束,相互间的信任关系构筑了高度信赖社会的基础。尤其是信托中的受托人,它是信托存续的核心,不但要当好信托财产形式上的所有人,更要做好信托财产的管理人,还要当好为受益人享受信托财产收益的分配者,即所谓的身兼"三职"。做好这"三职",其实就是在信托行为中,严格履行了对委托人的忠实义务,即接受信托时完成对委托人所做的承诺,是"受人之托、忠人之事、代人理财"的中国版的行为准则。信托受托人处处考虑别人(信托的其他当事人),自律行事就自然而然构成了和谐的信托关系。信托就是基于这么一种彼此信赖和受托人的自律而发展到了现在。这是互信社会遗传因子的传承与作用,使得信托处于社会金字塔之巅。比如从个人到家族、从组织到社会进而到国际社会。《中华人民共和国宪法》明确规定,"国家的权力来自于人民",它弘扬的就是民意的体现,贯穿的是信托精神,实现的是对人民的承诺。日本国的《宪法》也就国民与国家的关系作出了明确的界定,"夫国政乃基于国民严肃之信托,

其权威来自国民,其权力由国民之代表者行使,其福利由国民享受之。"如此等等,信托成了无处不在的社会现实,它完成了从初始的个人财产到家族的财产管理。从个人到整体社会的管理权的结构性发展,成了构筑和谐社会的载体。住房反向抵押贷款信托在日本之所以能得以广泛推进,还有赖于信托法律制度的大幅度改进。所以,在住房反向抵押贷款关注度长期以来处于低迷的情形下,人们将希望倾注到信托制度上:一是顺应社会的发展;二是理所当然。

众所周知,2006年日本对沿用了80多年的信托法律进行了翻天覆地的修改。日本能顺利推进住房反向抵押贷款信托,应该说是得益于2006年为其提供了多方面支持的修改后的《信托法》。概括起来有以下几个方面:

1. 民事信托与商事信托的综合立法。首先该法的修改集中表现在民事信托和商事信托的综合立法上所给予的支持。所谓的信托与住房反向抵押贷款的关系,就是民事信托与商事信托在功能上的高度融合[1]。因为它诞生于现代社会发展的需要,在少子高龄化社会的急速发展下,高龄人的财产管理以及其财产继承都对住房反向抵押贷款信托寄予了一定的期望,这一现象普遍表现在各家银行在业务宣传上,它说明了社会对民事信托的需求[2]。日本的信托业界利用信托有别于银行的诸多功能优势,在全球率先推出了住房反向抵押贷款信托的模式,受到了人们的关注。该项业务以信托为手段,从财产管理的角度出发,通过以住房设定抵押,为有需求的老年人按照各自不同的意愿,提供量身定制的养老生活的保障。可以断言,住房反向抵押贷款信托在原来的住房反向抵押贷款的基础上将会成为未来市场发展的重要方向。

2. 受托人义务的合理化。在将信托引进住房反向抵押贷款中,日本《信托法》首先就受托人管理信托财产的义务作出了限定责任的规定。之前法律是对受托人向受益人给付信托利益时作出的以信托财产为限的限定

---

[1] 参见折原诚:"新信托法下的信托新发展:以住房反向抵押贷款信托为中心",《法与经济学研究》,法与经济学会2007年第3卷4号第5页。

[2] 参见折原诚:"新信托法下的信托新发展:以住房反向抵押贷款信托为中心",《法与经济学研究》,法与经济学会2007年第3卷4号第4页。

责任之规定①，我国的现行《中华人民共和国信托法》也借鉴了日本法的该项规定。但在针对第三人的责任方面，则因受托人为信托财产的所有权人，当然承担无限责任，不过，因为受托人处理信托事务导致的对第三人的责任（处理信托事务无不当之前提下），实质上最终结果应传导于委托人承担。也就是说，在这种暧昧的制度下，没有明确受托人在处理信托事务方面对第三人的责任是否可以适用限定责任。

信托讲究的是公平，因为受托人是为受益人的利益而审慎、恪尽职守地处理信托事务，还须没有任何不当或懈怠，且又禁止享有信托带来的任何利益，就应以信托财产为限对第三人承担有限责任，否则对受托人就会不公。对此，日本修改后的《信托法》第219条规定，"受托人作为限定责任信托的受托人，在进行交易时，不将该意思向对方作出明示的，则不得以此向交易对方提起主张。"换言之，在以信托财产和第三人进行交易时，必须向对方予以言明交易财产系信托财产，受托人就此所付的责任是以信托财产为限之责任。该条款被定性为对交易第三方的公示义务，笔者认为在此揭示的是对第三人的责任。从另外一个角度通过信托的债权债务，使受托人可以在管理信托财产方面积极处理信托事务，不受对第三方承担无限责任的影响而消极地管理信托财产，实现对受托人管理信托事务的公平对待。因为住房反向抵押贷款信托涉及信托财产或处分或租赁或以此为资产支持证券化实现资金的流动性等，虽是一项具有一定市场风险程度的信托业务，但只要受托人以其专业能力，在信托文件约定的范围内，恪尽职守、审慎地作出适当处理的，风险自当可以规避，所以明确住房反向抵押贷款信托受托人的有限责任是非常必要的。

3. 信托受益权流动化的实现。在明确信托财产管理上的限定责任的同时，日本《信托法》引进了受益权流动化制度。表现在对受益权作为有价证券的定性，规定受益权不但可以让渡而且还具备可质押性②。并在此基础上，建构了受益证券发行信托的制度，使信托财产通过证券化的手段彻底具备了流动化的可能③。

---

① 参见《中华人民共和国信托法》第三十四条："受托人以信托财产为限向受益人承担支付信托利益的义务。"日本旧《信托法》第19条："受托者的有限责任是指受托者因信托行为而对受益者所负担的债务，其履行的责任仅限于信托财产的限度"。但是在修改后的日本《信托法》的219条却从另外一个角度规定了受托人的限定责任。

② 参见日本《信托法》，第93—98条。

③ 参见日本《信托法》，第185—219条。

信托财产的流动化主要表现于信托受益权的流动化,是多年来主张商事信托立法的学界和实务界提出的重要内容,对住房反向抵押贷款信托的运用奠定了坚实的基础。因为住房反向抵押贷款信托本身会涉及住房的改建以及与改建相关的资金筹措、住房转让、租赁以及以住房为支持的抵押担保等养老计划实施等很多方面的事务。针对如何使住房反向抵押贷款信托的流动化更具可操作性,日本的信托实务界将受益权分割为利用受益权与价值受益权两种。分割为价值受益权的主要目的是基于将价值受益权证券化来实现筹集资金的目的①。

4. 受益人权利实现的制度建设。住房反向抵押贷款信托,一般是将自己设定为生前受益人,将自己的妻子儿女设定为身后的受益人,而这种受益人一般又被规定为一定的顺位性,呈现的是多数、连续受益人的情形。每一个受益人在信托中都拥有权利,如不为此事先作出制度设计,受托人就可能会陷入整天忙于报告请求与文件查阅请求的应付上。换言之,在受益人为多数时,为预防受益人意见不一致导致信托受托人不便于处理信托事务,在日本《信托法》中作出受益人代理人和信托监督人的相应制度建设。该项制度的建设,对高龄受益人的权利实现不但起到了支持的作用,而且一是便于对受托人进行监督;二是也给受托人处理信托事务带来了便利。就此,日本民法学专家佐久间先生从信托的原理出发,指出了这一制度建设的意义。所谓信托制度,就是为受益人获得信托利益而创设的制度。受益人享有信托上的各种权利,其中最为基本的权利就是因信托行为而发生的对受托人请求信托利益给付的权利。该权利又被称为受益债权。以该权利为中心,受益人还拥有监督受托人处理信托事务的权利。比如,有就信托事务处理的状况的报告请求权、有信托事务处理和信托财产相关文件的查阅请求权。除此之外,还有对受托人因其信托财产管理不善而导致的损失补偿请求权。如撤销受托人已经签订的合同,还可以与委托人合意解任受托人。上述权利的有效行使,需要相当高的能力。比如,事务处理状况的报告和文件的查阅,说起来很容易做起来难。因为报告书和文件的内容都是很专业的,要想明白其内容,正确判断受托人处理信托事务是

---

① 折原诚:"新信托法下的信托新发展:以住房反向抵押贷款信托为中心",《法与经济学研究》,法与经济学会 2007 年第 3 卷 4 号第 8 页。

否妥当,可不是一般普通人能够胜任的①。而且住房反向抵押贷款信托设立者的委托人,即第一顺位的受益人基本上都是高龄人,就是第二顺位的受益人(由于高龄化社会的缘故)其子女也差不多是近60岁的人了。受益人虽被赋予了各种权利,但在住房反向抵押贷款信托中,如果没有信托监督人或信托受益人代理人制度,其权利实现只能是画饼充饥的摆设。换言之,为了让受益人的该项权利可以落到实处,具有实质性作用,具有高度专业能力的人代受益人行使该项权利则显得尤为重要。日本法在老龄化社会下为保护受益人的权益而进行的制度建设,对我国《信托法》未来修改时极具借鉴意义。

5. 连续受益人制度的创立。修改前的日本《信托法》虽规定有遗嘱信托,但基本上都是以遗产的管理或分配为主要内容的。自从20世纪90年代后半期从美国引进了生前遗嘱代用信托后,连续受益人就出现在了实务操作方面。即委托人在生前设立以自己为受益人,死后由自己的妻子或子女为不同顺位的连续受益人的信托计划。十多年间,每年都以两位数发展速度的实践告诉人们需要在制度上对其予以明定。2006年日本在新修的《信托法》中为此专门增设了连续受益人制度。该法第91条对因受益人死亡,规定了其他人重新取得受益权之情形,并在此规定上解决了信托的存续期限的问题。该条规定的具体内容如下:"信托中有因受益人的死亡,该受益人享有的受益权消灭,其他人取得新的受益权(包括因受益人的死亡,其他人按照顺序取得受益权的规定)之规定的,在该信托设立已满30年之后,在现存受益人根据该规定已取得受益权之情形下,到该受益人死亡时为止,或到该受益权消灭为止的期限内,拥有效力。"如此一来,委托人完全不用受遗嘱信托生效(遗嘱人死亡信托方才生效)的限制,一改以往的遗嘱信托形式,将自己设定为有生之年的受益人,指定自己死后的信托受益人存在顺位之差。这种自益信托和他益信托相结合的、生前和死后的财产管理相结合的方式,创新了以往不曾有过的信托模式。后来学界与实务界的人士将其称为"生前遗嘱代用信托"。该制度的引进对住房反向抵押贷款信托提供了强有力的制度支持。

因为委托人设立住房反向抵押贷款信托,可以将自己设定为第一顺位

---

① 佐久间毅:"新信托法下的信托新发展:以住房反向抵押贷款信托为中心",《法与经济学研究》,法与经济学会2007年第3卷4号,第14页。

的受益人，自己死后妻子作为第二顺位的受益人，第二顺位的受益人死后，由第三顺位的受益人享受信托受益。即最后一个环节的受益人之前的信托受益人都是收益受益人，不是信托财产的最终权利归属人①。这一制度的创设非常优于之前创设的日本民法上的成年人任意监护制度②。

于是，日本的信托业界利用信托有别于银行的诸多功能优势，在全球率先推出了住房反向抵押贷款信托的模式，受到了人们的关注。该项业务以信托为手段，从财产管理的角度出发，通过以住房设定抵押，为有需求的老年人按照各自不同的意愿，提供量身定制的养老生活的保障。

（二）"以房养老"信托的概念

关于"以房养老"信托的概念，存在多种说法。中国社会经济系统分析研究会/中泰信托有限责任公司在《中国信托业：应对人口老龄化挑战》一书中，就"以房养老"信托的概念给出的界定是："反向抵押贷款信托是将反向抵押贷款以信托的形式进行设立。"采取的方式和银行以及保险机构相同，主张在反向抵押贷款信托中，信托受托人担任的是贷款人的角色。笔者认为，这种消极的贷款人角色的界定，漠视了信托的财产管理功能，而且还有可能出现借款人与贷款人利益上的冲突。这种定义下的做法只是银行或保险机构的角色性转换，并没有发挥信托结构上的优势③。其具体的做法是，老年人将自己的房屋产权抵押给信托公司，信托公司根据老人的寿命预期、房屋的现值、将来增值及折损情况的综合评估值来确定贷款额度。贷款本金和利息总额随分期放贷，时间延长而逐步增长④。在实务层面上，日本朝日信托银行认为，"以房养老"信托就是"高龄者以所有权的住宅设定信托，由信托机构通过其指定的金融机构进行审查，并设定抵押权和确定融资额度（最大融资额度）。信托机构在融资额度内向

---

① 2000 年日本引入介护保险制度和成年人任意监护制度。在日本处于高龄化社会的时候，两制度的引进被高调解为支持高龄化社会的两套马车。当年信托业法和信托法尚未修改，能够解一时之难的两个制度确实为高龄化社会，尤其是介护保险制度发挥巨大作用。但是，随着 2004 年和 2006 年《信托法》两次的修改，在连续受益人制度下的生前遗嘱代用信托给高龄化社会的老人在养老和财产管理上带来了更高的期盼和更大的空间。

② 植田淳："高龄社会的到来与信托的活用"，《神户外国语大学论丛》2005 年第 56 卷第 3 号，第 9 页。

③ 中国社会经济系统分析研究会/中泰信托有限责任公司：《中国信托业：应对人口老龄化挑战》，中国财政经济出版社 2011 年版，第 121 页。

④ 同上，第 121 页。

老人提供用于生活、医疗和护理等方面的贷款①。在生命存续期内只归还利息，本金可在去世后通过处分住房或由子女一次性地归还本金。"这是日本信托银行的一般性做法。日本的信托银行也是从借贷关系上运用"以房养老"的。在信托存续期间（即养老需求人在世期间）并不存在信托财产积极性的管理和运用。换言之，也是消极地看着信托财产一点一点地减少，而没有从动态化管理上追求信托财产的增值或者保值。学者们从信托的原理出发，就"以房养老"信托也给出了概念上的界定。"以房养老"信托是指老年人基于对受托人的信任，将其拥有的所有权的房屋转移给受托人，并指定自己为受益人，由受托人按照养老保障的目的管理和处分信托的房屋，并以该房屋所产生的收益，为老年人提供养老保障服务②。

为厘清"以房养老"信托的概念，笔者认为有必要从信托财产的种类上作进一步的考察。关于"以房养老"信托的概念，笔者认为因用于设立信托的信托财产种类的不同而具有不同的特点。换言之，即表现为以金钱设定的信托和以不动产设定的信托，以及两个混搭在一起的信托。这里需要说明的是，在信托税制和信托制度互相衔接的国家，因受产权的信托性转让不予课税的信托税制的支持，可灵活地选用任意一种形式。在给"以房养老"信托作出概念界定前，不妨就上述三种"以房养老"信托的结构作一简单说明。

1. 委托人（养老需求人）将自己的房产权向金融机构设定抵押，以一次性获得的贷款设立信托。受托人按照委托人的意愿，管理运用信托财产，将所产生的收益除支付金融机构的贷款利息外，再减去应支付的其他费用后全部用于养老需求人的养老支出。

2. 委托人将自己的房产权设立信托，将该产权转移至受托人名下，受托人以信托财产所有权人的名义向其他金融机构（银行或保险机构）设定抵押权，从享有抵押权的金融机构处一次性或每月固定型地获得抵押性贷款，用来支持老年人的养老支出。在信托结束或老年人去世后，受托人通过其继承人对本息的偿还或以处分信托财产所获得收益偿还金融机构的贷款本息，解除抵押权，将剩余的信托财产返还给委托人的继承人③。

3. 委托人和金融机构（银行）签订房产权抵押合同，将附抵押权的住

---

① 株式会社朝日信託：http://www.a-t.jp/reverse_mortgage，2017年6月15日。
② 苏丽蓉："试论以房养老信托与反向抵押贷款的比较"，《时代金融》2014年第21期。
③ 荒井俊行：信托法概观（1），（日本）《土地综合研究》2016年夏号，第109页。

房设立信托，并将该房产权转移至受托人名下，由受托人承接委托人对金融机构的债务偿还义务；受托人通过抵押获得的贷款，就像养老金一样每月以固定金额支付给委托人（受益人）支持其养老。在信托结束或老年人去世后，受托人以处分住房所得偿还金融机构的本息，解除抵押权，再扣除处理信托事务发生的其他费用，将剩余财产返还给信托财产的最终权利归属人。

通过对上述"以房养老"信托三模式的特点所作出的归纳，结合我国《信托法》第二条就信托的定义和相关理论，笔者认为所谓"以房养老"信托，是指委托人基于对受托人的信任，将其房产权或以其抵押获得的贷款设立信托，受托人作为该信托财产的所有人，按照为受益人的养老生活提供一定的保障以及为委托人指定的受益人的利益或其他特定目的，恪尽职守地管理和处分信托财产的行为。

第二节 "以房养老"信托的特征

一、"以房养老"信托的法律特征

依上述"以房养老"信托的定义，"以房养老"信托应具以下特征：

（一）委托人是拥有合法房产权的、具有完全民事行为能力人

以社会上的普遍做法，均将有"以房养老"需求的利用人限定于老年人本人。但笔者认为应该取消这一限制，将设立"以房养老"信托的委托人的范围拓展至其子女（或为他人养老的意愿者）。老年人的子女可以自己的合法房产权为其父母设立"以房养老"信托。换言之，既可以是持有合法房产权的老年人本人，也可以是持有合法房产权的第三人为特定的有养老需求的老年人设立信托。依照各国对"以房养老"或"以房养老"信托的设立者都规定有60—65岁年龄上的限制，考虑到退休后的老人身体状况普遍较好的情况，笔者认为凡以自己的合法房产权设立信托的老年人应有65岁的年龄限制；若设立"以房养老"信托的系第三人（如受益人的子女等），应要求受益人为65岁以上的老人。

(二) 受益人与连续受益人

受益人可以是委托人本人，也可以不是委托人本人，还可以是委托人和委托人以外的第三人同为受益人的。即"以房养老"信托可以是自益信托，也可以是他益信托，还可以是自益信托与他益信托的两者结合。另外，老年人为信托设立者时，涉及其身后的财产继承，老年人可利用信托制度设立生前遗嘱信托，将自己设定为生前收益受益人，自己去世后，妻子为第二顺位的收益受益人，妻子去世后，子女为第三顺位的收益受益人，最后在财产继承方面可以将子女或者孙子辈的人设定为信托财产的最终权利归属人。

(三) 信托目的用于养老

委托人通过"以房养老"信托，解决信托设立者因自身不能提供充足的养老资金来满足养老需求人的养老需求，或提高养老需求人的养老生活质量为目的。在信托存续期间，受托人必须严格遵守委托人指定的信托目的。

(四) 信托财产

信托财产的形态既可以是金钱，即来源于抵押人通过与相关金融机构签订住房所有权的抵押合同而获得的抵押贷款，也可以是合法的房产权。

(五) 信托财产的独立性

信托一经设立生效，则独立于委托人未设立信托的财产和受托人、受益人的财产，具有破产隔离和对抗第三人的法律效力。

(六) 受托人不得享有信托财产的利益

各国信托法均规定，受托人是信托财产的管理人，信托财产必须与受托人的固有财产相区别，必须为受益人的利益恪尽职守地管理信托财产。

(七) 受托人为信托财产的所有人

承担管理信托财产上的法律责任。

（八）"以房养老"信托的信托管理人

设立以房养老信托的委托人（老年人），在身体状况不便于对受托人行使监管权利时，为保护其权益，委托人可以在信托文件中指定信托管理人，约定其在信托存续期间以信托管理人的身份对信托受托人行使监督权。信托管理人可以从老年人的近亲中选定其信任的人来担任，亦可从其他的信任之人中选定。我国《信托法》中虽无信托管理人的规定，但是在现行法下亦可作为任意约定予以设定。

二、"以房养老"信托实务上的特征

（一）对象上的要求

1. 对象一般是独立住房的拥有者。"以房养老"信托要求设立信托的老年人或其子女，甚至于（愿意为某一个老年人的养老而设立养老信托的）第三人，必须具备彼此分开居住，且有独立房产权者。即便因其他原因下的同居，但老年人（养老需求者）或子女（或第三人）须另有住房。

但是，实施住房抵押贷款的多数国家是把住房反向抵押贷款的对象锁定在 60 岁以上拥有独立产权的老年人，并没有把其子女或愿意为某一个老年人以自己的房产权设立住房反向抵押贷款的第三人。受此影响，在我国研究"以房养老"信托的，也将对象锁定在了老年人身上，并没有将"以房养老"信托的对象涉及老年人以外的人。

然而，在我国，有不少中年人事业有所成就，但其父母不见得就是财产上的富人，为其父母养老所需，笔者认为作为子女者也是可作为"以房养老"信托的委托人。出于特殊原因，根据信托原理，笔者认为也不宜将愿意为某位老年人的养老之需而以自己的住房设立信托的第三人排除在外。

2. 对象一般是家境适中者。家庭经济条件适中，既无雄厚的经济基础，也非经济收入来源很差，只是通过"以房养老"信托来增加养老资金，提高老年生活水平。这种方式不但适用于那些养老资金不足的老人，也适合于为使自己的老年生活更加体面、更有尊严而需要较为丰富的养老资金的老年人以及愿为长辈提供上述条件的子女或第三人。因为对于老年人来说，未来的需求并不只是给付货币的多少，更多的是需要一些护理服务，人越高龄，医养护理的需求就越多，这方面的开支就会越大。市场上的这类群体多表现在城市中等收入或中等偏下的收入人群。

(二) 作为信托财产的住房一般具有较高的市场价值

设立"以房养老"信托的委托人所拥有的住房因多在市内（尤其是经济快速增长的城市），因其市场价值高，非常适于参加"以房养老"信托。鉴于此，"以房养老"信托和住房反向抵押贷款一样不适用于农村的住房（一是因为现今农村住房是一户一宅基地；二是有非农村人口不得拥有农村宅基地和住房的规定，缺乏流动性）。

(三) 受益人的居住选择权

设立"以房养老"信托后，作为信托受益人（委托人）的老年人，可根据自己的身体状况，要么选择继续住在自己的住宅里，要么选择入住养老机构。于此意义而言，"以房养老"信托的受益人在居住地方面享有绝对的选择权。从信托财产管理方面来看，委托人（受益人）在信托存续期间，既可选择继续居住在住房内（信托财产内）也可搬离，甚至还可以选择提前终止信托，请求受托人通过处分信托财产来清偿之前所发生的本息和费用，也可通过其他方式清偿各项本息和费用后要求受托人返还信托财产。

(四) 受益人房屋租赁的收益权

在老人选择入住养老机构期间，依信托文件约定，受托人可将住房对外租赁，并将租赁收益给付受益人，当收益大于养老需求人的开支又暂时用不着时，亦可并入信托财产。信托财产不但用于受益人的养老需求，还可在信托文件中约定当住房需要修缮时，受托人可以用于修缮。

(五) 委托人可以在信托文件中约定信托收益的分配标准或对象

受托人管理信托财产，以其产生的收益，扣除按期代信托委托人（受益人）偿还银行的借款利息和信托受托人的报酬外，将其余收益支付给养老需求人用于养老支出。

(六) 受托人的信托财产的动态化管理

受托人可按照信托文件的约定，对信托财产实施动态化管理，即可以通过将抵押给金融机构所获得的一次性贷款用于无风险或低风险且又风险可控的市场融资，还可以在信托财产为房屋时，通过受托人实施抵押权设定，将因此获得的相应贷款用于无风险或低风险且又可控的项目融资，争取信托财产的收益最大化。我们把这种管理信托财产的方式称作信托财产的动态化管理。其目的就是为受益人的养老生活提供充足的保障。

"以房养老"信托使老年人的房子由"死钱"变成"活钱"，满足了老年人"居家或机构养老"以及"增加养老收入"的两大核心养老需求。在有效提高老年人的可支配收入的同时，显著改善退休生活质量。

第三节 "以房养老"信托的功能

众所周知，信托为他人的财产管理提供了强大而灵活的制度支持。该制度上的所有权与受益权的分离功能、受托人（也包括委托人和受益人在内）的破产隔离功能、财产的长期管理功能、与遗产继承相结合的连续受益人的功能、委托人的意思冻结功能等等，这些特殊功能都是民法中委托、代理、寄托等无法与之相提并论的。也正因如此，人们才在"以房养老"上对信托给予了厚望。

"以房养老"信托，顾名思义，是以住房或以住房设定抵押后获取的贷款来设立信托的，因取其用途是故，才图其方便采用"以房养老"信托，或"住房反向抵押贷款"信托的称谓。"以房养老"信托的特点在于其作为房产的信托财产的管理运用，和一般信托并无二致，除具备信托的基本属性外，当然也具有信托的各项功能。关于信托的功能，笔者作了两大种类的划分，即制度上的功能和实务上的功能。

一、"以房养老"信托的制度功能

（一）所有权与受益权相分离的功能

在英美法系中，信托的权利分为普通法上的权利和衡平法上的权利。就此而言，大陆法系的学者们将其称之为双重所有权。即信托财产的受托人享有普通法上的所有权，即名义上的所有权，不享有信托财产的收益。

信托财产的利益由衡平法上的权利人，即受益人享有①。这种所有权与受益权的分离构成了信托的根本特征。

然而，对大陆法系来说，其法律思维是从一般到特殊，习惯于将各种权利划分为非物权则债权的两大类分。因此，在引进信托制度时，如何将英美法系与大陆法系巧妙地融合在一起，是对立法者的智慧的考验。我国《信托法》在立法之初，考虑到两大法系的差异，在引进信托制度时，并没按照大陆法系就权利性质予以划分，而是巧妙地采取了直接明确信托当事人的各方权利义务关系②，并在此基础上，就信托财产的独立性作出了制度上的安排，从而避开了信托究竟是物权还是债权的立法方式。实践证明，我国《信托法》虽就信托的性质未予以明确，但却在信托的概念里通过信托的七大特征的描述，明确了信托财产的归属和受益权的性质。加之，立法者有意无意中将委托人纳入了信托当事人，使传统的信托"两主体"说演变成了"三主体说"，从制度上对信托法学基础理论研究作出了划时代的贡献。

信托制度给我们揭示了信托在信托财产的所有权与受益权相分离的根本特征。我国《信托法》明确规定，信托的当事人为三个，即信托的设立者、信托的承受者和信托的受益者。一般都将上述三人称之为信托的委托人、受托人和受益人。信托的设立一是需要委托人将自己的财产权转移至受托人名下；二是在信托行为中必须明确受益人，受益人是在信托中享有信托受益权的人，因为没有受益人的信托是不被承认的。《信托法》规定转移至受托人名下的财产被称作信托财产。受托人根据信托行为的约定只是信托财产管理意义上的所有人，不但不能享有信托财产的收益，而且还必须将信托财产与自己的固有财产相区别、分别管理、分别记账；信托的收益不得归入受托人的固有财产或者成为固有财产的一部分；受托人死亡或者依法解散、被依法撤销、被宣告破产而终止，信托财产不属于其遗产或者清算财产③。

换言之，"以房养老"信托的设立者，即委托人无论是以房产权设立信托，还是以住房反向抵押贷款设立信托，其信托财产虽名义上转移至受托人名下，但受托人只是该信托财产形式上的所有人，并非信托财产的受

---

① ［日］吴文炳：《信托论》，日本评论社1935年，第59—63页。
② 何宝玉：《信托法原理研究》，中国政法大学出版社2005年版，第52—53页。
③ 参见《中华人民共和国信托法》第十五条、第十六条、第二十九条。

益人。承受信托的受托人必须严格按照信托行为约定的事项恪尽职守地管理信托财产,使信托财产保值增值,并有义务将信托财产产生的收益给付于受益人。因此,意欲设立"以房养老"信托的委托人,完全不必担心设立信托后财产的安全性。因为该财产已经从委托人的一般财产通过信托行为转化成了信托财产。信托制度给设立"以房养老"信托的受益人(委托人)提供了强大的制度支持,受托人的行为一旦给信托财产带来损失,或不向受益人给付信托收益,将面临法律的制裁。此外,"以房养老"信托如果因受益人(委托人)死亡而导致信托计划结束,受托人则应按照信托行为的约定,向委托人指定的享受信托财产最终权利归属的受益人返还信托财产,其法律效果和普通的财产继承相同。因此,采用"以房养老"信托对设立信托的委托人和受益人而言是安全可靠的。因为谁是信托财产的最终归属权利人,在信托文件中是有明确指定的。换言之,在信托文件中没被指定为信托财产的最终权利归属人的,是没有资格成为信托财产最终权利归属受益人的,当然这里也包括信托存续期间只享有信托收益的收益受益人。这种在生前就通过信托方式将自己的财产进行安排的,被称之为生前遗嘱代用信托。该类信托的特点表现在将自己作为信托存续期间的收益受益人,自己去世后,妻子作为第二顺位的收益受益人,之后子女作为第三顺位的收益受益人,第三代的孙子辈的人或符合信托文件中规定的某种条件的人为将来信托财产的最终权利归属人,即信托财产本金受益人。也就是说,将信托融入"以房养老"中,委托人可以通过信托实现自己的意愿。从遗产继承上来说,民法上的遗嘱继承只能局限于下一代人的继承,即仅限于一次性的财产转移。遗嘱人不能约束遗产继承人对其继承的财产以后如何分配,但是信托制度下的财产继承就完全不同,可以不受民法的法定继承概念的制约。在继承人方面,不但可灵活指定,还可以代继指定。换言之,可以设置若干个不同顺位的继承人,而这种继承人在信托上反映的是受益人。

而在信托的长期存续期间,受托人只是信托财产的管理者,并不享有信托财产的任何收益。而作为信托受托人只有在完成信托计划,或无法完成信托计划时,将信托本金交付到信托财产的最终权利归属人名下(信托的本金受益人),并在办理信托结束的各种手续后,信托受托人才算圆满地履行了受托人的义务,信托才可称之为结束。所以说,信托以其制度的优势,给人们提供了财产的灵活管理方式,而支撑这种灵活管理模式的就是信托财产所有权与受益权相分离的信托制度的功能。因此说,该项功能为"以房养老"信托奠定了坚实的基础。

(二) 委托人的意思冻结功能

所谓信托者,就是受托人严格按照委托人制定的信托目的,并为实现该目的长期管理信托财产的行为。委托人在信托文件中制定的信托目的,就是委托人设立信托的意愿,就是受托人处理信托事务正确与错误的判断标准。设立"以房养老"信托的目的很明显,是为补充养老需求人的养老生活上的需求。也就说,该项信托绝对不是一个短期的行为。养老需求人(这里假定是老年人本身)设立"以房养老"信托时,无论从身体的健康方面,还是从事务的判断能力等方面都处于良好的状态,是具有完全的民事行为能力人。但是,客观来讲,随着时间一天一天地过去,人都会慢慢变老,无论是身体还是智力都会衰退。为了保证养老需求人设立"以房养老"信托的目的能得到圆满实现,当初所约定的各种管理事项和方法,只要不妨碍信托目的的实现,受托人就不得变更。这些受托人不得随意变更的内容,就是委托人处于具有完全民事行为能力人时设立"以房养老"信托当初的意思真实表示。这种意思的真实表示,对应的就是信托目的的实现,就是对抗于委托人的意思能力的丧失和死亡等主观情形的变化[①]。

导致信托的终止或结束的,有两种情形:一是信托行为约定的信托目的业已实现;二是由于客观情况,信托即便持续下去,也无法实现信托的目的。其实,这两种情形自始至终反映的都是为实现委托人设立信托当初的目的。除了上述两种情形以外,信托不因委托人或者受托人的死亡、丧失民事行为能力、依法解散、被依法撤销或者被宣告破产而终止,也不因受托人的辞任而终止。也就是说,即便发生了除上述两种情形以外的任何情形,都不会致使信托的终止或结束[②]。

委托人在信托文件中所做的意思表示,以实现信托目的为判断的前提,信托的任何当事人都不得在信托结束前随意变更。于此意义,我们将信托这种不得随意变更委托人在信托中的真实意思表示的功能,称之为信

---

① 新井诚:《信托法》第四版,[日] 有斐阁 2014 年版,第 86 页。
② 参见《中华人民共和国信托法》第五十二条。

托长期维持委托人意思之功能,也称之为委托人的意思冻结功能①。

信托的这种委托人的意思冻结功能,就像一只看不见的手,几百年来严格地约束着受托人的一言一行。信托也正因为受托人忠实并严格按照委托人设立信托的意愿管理信托财产,而使得信托延续至今,成了被世人赞誉的一项高尚的财产管理制度。概言之,信托发展至今,一是因为信托受托人的美誉道德;二是因为以后不断发展完善的信托制度。因为各国信托法律都规定了信托不因委托人的死亡或意思能力的丧失而终止;受托人在严守信托目的(信托宗旨)下,也不会因委托人在意思能力衰退的情形下受他人影响或左右要求受托人变更信托目的或管理事项,从而做出违背信托目的的事。

一言以蔽之,这里所说的委托人的意思冻结,其实反映的就是信托的特质,即安全性、确实性、持续性。这种意思功能的冻结,尤其是在老龄化程度越来越高的今天,作为财产管理制度越发凸显它的优越性。因为这种意思冻结功能可从两个方面反映出来它的法律效果:(1)因为信托法律是为保护受益人的利益而规制受托人的法律,所以即便是委托人和受益人丧失了对受托人的控制能力,从安全角度出发,信托法律明文规定了种种安全保护条款。(2)受托人必须尽到忠实义务和善良管理人的注意义务、自我管理义务、分别管理义务、违反信托时造成信托财产损失的损失赔偿以及信托财产的原状恢复义务、不得享受信托利益、不得将信托财产转为自己的固有财产等。这些在信托法中都是强制性规定,即便委托人或受益人不对其行为实施监督,法律上的强制性规定也使得损害其利益的危险性变得越来越小。

为进一步保护受益人(委托人)的权利,我们可借鉴日本《信托法》的立法经验,引进信托管理人制度。委托人在信托文件中设定信托管理人(类似于公益信托的监察人)用来监督受托人,使其更好地尽到信托受托人的职责。我国《信托法》虽没有信托管理人制度,但是在信托文件中,可以任意性约定管理人,从而加强对受托人的监督。

在老龄化社会发展愈演愈烈的今天,信托管理人制度通过日本《信托法》长达80多年的实践,在老年人的财产管理方面显得愈发重要。2006

---

① 日本新井诚教授在2002年版的《信托法》中就根据信托的特点,首次提出了信托其中的一个功能就是委托人的意思冻结功能。参见[日]新井诚:《信托法》2002年版,[日]有斐阁2002年版,第69页。

年日本《信托法》修改,详细地完善了信托管理人制度,相信这一立法上的经验必然对我国《信托法》的修改提供良好的参考作用。

(三) 受益人连续功能和突破民法遗嘱继承的障碍

所谓信托连续受益人是指"在享受信托利益方面,由信托设立者在信托文件中规定的存在两个以上、并在信托利益享受上附有前后顺序的受益人[①]。"我们把信托的这种连续设定受益人的功能称之为信托的连续受益人功能。该功能的效果表现在将委托人设立信托目的的长期化和固定化,并根据其目的将信托受益权连续但有顺位地归属于数个受益人。我国《信托法》中虽没有连续受益人的规定,但也并无禁止设定连续受益人的规定。也就是说,在我国现行《信托法》下可以任意性约定的形式设定连续受益人(见图1-1)[②]。

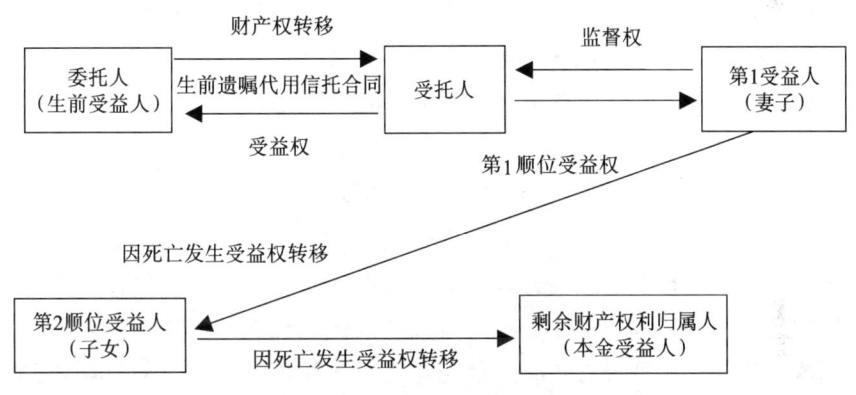

图1-1 连续受益人结构图

如图1-1所示,委托人为生前遗嘱信托的设立者,在信托文件中约定自己为该信托的生前收益受益人,自己死后,指定自己的妻子为第一顺位收益受益人,其妻子死后,其子女作为第二顺位的收益受益人,其子女死

[①] 张军建:"信托连续受益人制度",《湖南大学学报社会科学版》2011年第4期。

[②] 美国人发明的生前代用遗嘱信托,后来于20世纪90年代传入日本,并开始迅速蔓延,拉开了民事信托在日本长足发展的序幕。该类信托是委托人在生前作为受益人,享受信托利益(自益),死后由其家人享受信托利益(他益)。在一个信托行为中按照时间的顺次设定了两个或两个以上的受益人。这种连续受益人的信托在日本新修改的《信托法》中已被制度化。参见日本《信托法》第91条。

后，其孙子辈为剩余信托财产的最终权利归属人①。这种信托法上的受益人的连续性，明确了一次受益人和二次乃至三次受益人的关系，突破了民法上的难点（民法在承认对继承人的遗赠时，较难说明第一次受遗人的法律地位，因为作为第一次的受遗人，虽然其拥有使用、收益的地位，但又是第二次受遗人的管理权人，出于利益相反之地位，民法中并不存在规范该地位的规定。而且，民法意义上的所有权是完整性、综合性、恒久性的权利，是一种始期不定但终期是以自己死亡为止的附期限的所有权。无论是遗嘱继承还是遗赠继承，都是财产继承性的分配，处于后顺位的受遗人从前顺位的受遗人处获得受遗在民法上是不被承认的②。再因为有顺位的继承性遗嘱的受遗人的前位受益人获得的是财产的所有权，是由其进行占有管理和处分的，与后顺位的受益人存在天然的利益相反的关系。能否按照遗嘱给未来的受遗人分配遗嘱上规定的部分，将是很大的不确定性，且法律对此无强制性规定。因此，民法上的这种附期限的所有权一般是不承认有顺位的遗嘱继承，或认定该种有顺位的遗嘱继承是无效的。

然而，相对民法的财产继承分配而言，信托法注重的是通过信托对信托财产的管理和运用，正是信托的这一多样性、灵活性设计和重在财产管理的制度特点，才奠定了信托法承认一个信托中存在有不同顺位的多个连续受益人的基础。这种连续受益人信托不但可具备生前信托和遗嘱信托的双重跨越性，还具备自益信托和他益信托的双重跨越性。在民法还在讨论如何定义继承性遗嘱的第一顺位受遗人和其他顺位在后的受遗人之间的关系或这种法律行为是否有效时，信托在其诞生初期就发生过前后顺位的双重受益人的制度设计，即17世纪以后英国人民创造的双重Use（Use upon Use）。衡平法院1634年承认了该行为在衡平法上的救济和双重Use的合法性。美国人在20世纪创造出来的生前遗嘱代用信托并逐渐发展至现在的信托连续受益人制度且影响到其他国家（该项制度非常明确地反映在了日本2006年修改的《信托法》中），本身就是缘于信托的财产长期管理的基本特性和社会发展之需。

信托法下的连续受益人信托制度性设计，还可巧妙地化解自古以来社

---

① 委托人在信托文件中指定信托的连续受益人决定于委托人自身的意愿。当委托人认为有必要更换某个受益人时，为尽量避免一些不必要的麻烦，可在信托文件中预设变更受益人内容的条款。因为我国不像美国统一信托法典赋予了委托人可不与任何人商定随时变更受益人的权利。

② 参见［日］能见善久：《现代信托法》，［日］有斐阁2004年版，第187页以下。

会上流传的"久病床前无孝子"的担心。子女孝顺除了出于为人之子的孝道观念和为顾及周围人们的舆论以外，还有不少是看中了老人身后的财产。这些话听起来难以入耳，但却是实情。一般而论，想借"以房养老"之老年人，其家庭经济状况（现金）一般不太富裕，作为老人的重要财产象征的房产便是子女比较关注的对象。当老人通过设立信托，在信托文件中把必须恪尽孝道作为"以房养老"信托受益人的必备要件时，委托人则可以对违反了这一必备要件的受益人随时进行更换（即便委托人，即第一受益人由于健康等原因不能准确地作出意思表示，但是作为信托受托人和管理人却可按照信托宗旨，按照信托合同和法律赋予的权力行使自由裁量权，剥夺不合格受益人的受益权）。这样就从形式上起到了震慑或约束作用，在经济利益驱使和百事孝为先的传统理念的双重制约下，迫使子女自觉不自觉地成为恪尽孝道的合格信托受益人。

（四）避免因继承而发生遗产碎片化的功能

继承法保护继承人在遗产继承上的权利，遗产也因继承被分割，再也不是一个整体。于此意义，遗产因继承而发生碎片化。当一个家族中有两个或两个以上的继承人时，父母谢世留下的财产就会被按照遗嘱或者法定继承对遗产进行处置性分割后再作出分配。一般而论，当遗产表现为金钱或有价证券时，比较容易作出分割性分配，但当遗产为一处房地产而且该房地产还处于对外租赁之情形时，伴随着处分的分割性分配，势必对遗产的财产价值带来影响，不但使其失去自身应有的财产价值，而且还由于分配的需要不得不予以处分。从遗产的角度上来讲，该遗产呈现的碎片化确实严重影响了财产本身的价值。为使遗产继承既不影响其本身的价值，又不影响继承人的利益，信托是最好可供选择的工具。如上述处于对外租赁情形的房地产，当将其作为信托财产时，只要将其产生的收益按遗嘱人（委托人）的意愿作出比例性的分配，就不会涉及信托财产的分割。再如公司的股权，如将其设定为信托财产，由受托人为继承人持有该部分股权，代表受益人行使股东权利，就既不影响享受股权收益，又不因继承而导致股权分散，使公司支配权的行使受到影响。

（五）信托财产的破产隔离功能

设立"以房养老"信托，将自己一生中最重要的财产交付信托，由受托人占有并管理。姑且设立信托的委托人相信受托人会严格按照自己的意愿，为受益人的利益，恪尽职守地管理信托财产，但是万一受托人出现了其他一些状况，如发生倒闭或信托财产被其债权人追及，以及生病或年迈或死亡导致受托人的法定继承人会不会继承信托财产等情形时，委托人担心受托人无法再像从前那样管理好信托财产，担心信托财产的安全，担心自己设立信托的美好愿望得不到实现。不过，人们一旦对信托制度有所了解后，这种担心自然就可以消除。

因为，信托财产在信托制度下对受托人具有风险阻隔作用。我国《信托法》明文规定，"受托人因承诺信托而取得的财产是信托财产"。而"信托财产与属于受托人所有的财产（也称固有财产）相区别，不得归入受托人的固有财产或者成为固有财产的一部分。"而且"受托人处理信托事务，应就信托财产单独记账，分别管理；任何人和组织均不得强制执行信托财产"①。除此之外，还就受托人不得享受信托收益作出了细致而明确的规定，指出受托人在信托期限内，因信托财产的管理运用、处分或者其他情形而取得的财产也明确规定应归入信托财产②。在明确了受托人与信托财产的关系的同时，进一步规定了"受托人死亡或依法解散、被依法撤销、被宣告破产，信托财产不属于其遗产或者清算财产"（参见《中华人民共和国信托法》第十六条）。另外，法律还固定受托人持有的信托财产不得强制执行。于此意义而言，信托制度也同样为信托财产提供了阻隔受托人风险的作用。与此有同样阻隔作用的还表现在信托受益人方面。受益人可以以信托受益权清偿债务（信托文件中约定受益人不得以信托收益偿还债务的除外），但其债权人不得向信托财产主张权利。

上面是就受托人而言，即便就委托人本身而言，设立"以房养老"信托也是非常有益的。因为信托一经有效成立，委托人设立信托的财产便交付信托，转移至受托人的名下。这时的财产在属性上已经发生了质的变化，即已经不属于委托人的固有财产，成了独立于委托人固有财产的信托财产。我国《信托法》第十五条规定，"信托财产与委托人未设立信托的其他财产相区别"。换言之，委托人即便存在债务，即便发生破产，其债权人也无权追及信托财产。因为我国《信托法》规定一般情形下不得对信

---

① 参见《中华人民共和国信托法》第十四条、第十六条、第二十九条、第十七条。
② 参见《中华人民共和国信托法》第十四条第二款。

托财产强制执行①。换言之，信托制度将信托财产阻隔在了委托人的债权人可能追及的财产范围之外，为信托财产提供了制度保护的安全地带。因为每个人谁也难以预料自己将来会不会有预想不到的经济风险（如炒股、如因贷款而抵押住房等），所以在人生顺风顺水之时，进行财产信托计划，当然不会影响第三人的利益，信托将会毫无异议地有效成立。我国《信托法》还明文规定，委托人设立信托损害其他债权人利益的，债权人有权申请人民法院撤销该信托。但债权人知道或者应当知道撤销原因之日起一年内不行使的，归于消灭。（参见我国《信托法》第十二条第一、三款）。总而言之，信托制度在符合信托有效成立的条件下，将信托财产阻隔在了委托人的风险之外。

综上，信托财产既独立于委托人未设立信托的财产，也独立于受托人的固有财产和受益人的财产。信托财产的这种独立性是信托制度保障信托财产安全的重要保障。因此，学术界和实务界将这种隔离作用统称为信托的破产隔离功能。笔者为何积极推崇"以房养老"信托，就是因为该项制度上的功能完全可以给委托人的信托财产提供一个受法律保护的安全地带，从而解除"以房养老"信托的委托人的担心或曰顾虑。

不过，在此有一点值得注意的是，仅仅签订"以房养老"信托合同还不能实现信托的破产隔离功能，因为我国《信托法》十条规定，"设立信托，对于信托财产，有关法律、行政法规规定应当办理登记手续的，应当依法办理信托登记。""不办理信托登记的，该信托不产生效力。"也就是说，信托财产的独立性是通过信托登记而实现的。所谓信托登记，又称信托公示，即通过登记的办法向社会公开信托事实。信托登记制度就是为了解决信托财产已被信托的事实的信息披露和确认信托财产权而建立的信托管理制度。办理信托登记的，不但可以确保信托的生效，而且也使信托财产具有对抗第三人的效力。

但是，《信托法》并不是要求所有的信托财产都必须办理信托登记才能生效的。如以金钱为信托财产设立信托的，是以交付为生效要件的，无需办理信托登记。换言之，设立"以房养老"信托的财产为住房反向抵押

---

① 当然，并非说信托财产在任何情形下都不得强制执行，强制执行有如下情形的限制：（1）设立信托前债权人已对信托财产享有优先受偿的权利，并依法行使该权利的；（2）受托人处理信托事务所发生的债务，债权人要求清偿该债务的；（3）信托财产本身应负担的税款；（4）法律规定的其他情形。

贷款的，就无需办理信托登记，反之如果是以房产权作为设立"以房养老"信托的信托财产的话，就必须依法办理信托登记，否则信托就不发生效力。

（六）受托人的裁量功能

所谓受托人的裁量功能，是指受托人行使广泛的裁量权来处理信托事务的功能。这在"以房养老"信托中尤为重要。如前述，委托人设立信托，可根据自己的意愿指定受益人，还可就受益人的条件予以设定。换言之，在初始的信托文件中被指定为信托受益人的已明显不符合委托人当时制定的受益人标准的，在委托人年事已高或缺乏判断能力或委托人已经死亡等情形下，受托人则可根据信托文件的授权，按照信托宗旨，行使自由裁量权，重新选定受益人。

因为事物是在不停地发生变化的，如出现委托人设立信托始所未料，或事情的发展与当初大相径庭等情形时，就要求受托人遵循委托人设立的信托宗旨，充分斟酌后行使裁量权选定受益人。如果信托文件中约定了将来在委托人的生活护理上作出巨大贡献的护理人可以作为受益人的，受托人就可以此为据将其选作信托受益人。我们把信托的这种功能称之为信托受托人的自由裁量功能。受托人被赋予的裁量权，只是局限于信托事务的处理上，行使的前提是不得违反信托目的。就"以房养老"信托而言，也是对委托人子女恪尽孝道的一种形式上的约束。

（七）利益分配功能

信托利益的分配是信托的终极目的。受托人按照委托人的意愿处理信托事务，前述六项功能发挥的效果必然体现在利益的分配上。于此意义，我们将受托人根据信托文件的约定，妥善地管理信托财产和处理信托事务，把信托收益公正地分配于受益人的行为，称之为信托的利益分配功能[1]。

信托的这一利益分配功能，在"以房养老"信托上，表现得尤为多彩多姿。因为"以房养老"信托的特点多半伴随着多个顺次受益人。这在委托人设立信托时就会在信托文件中就信托利益分配上的多寡和分配方式事

---

[1] 张军建：《信托法基础理论研究》，中国财政经济出版社2009年版，第71页。

先作出明确约定,但也不排除委托人在信托文件中赋予受托人在遵照信托目的的前提下的自由裁量权。在收益分配时,灵活约定收益分配条件,制定和调整受益人名单,避免后代因生活奢靡或不善理财而败光家产。还有因世事难料,原来在信托文件中指定的受益人可能已不符合受益人的资格,或者某受益人与其他受益人相比,生活条件极为艰苦,这时受托人则可以遵照信托宗旨,或剥夺不合格受益人享受信托收益的权利,或在信托收益分配上通过自由裁量权的行使进行一定的调整。不过,这种信托收益分配的调整等必须是在信托目的下的公平分配。

(八) 信托财产的长期管理功能

所谓财产上的长期管理功能,是指将信托财产长时间地拘束于委托人设立信托目的之下的功能。"以房养老"信托要求受托人在养老需求人对养老有需求的前提下实施财产长期管理计划就是信托财产长期管理功能的最好体现。如前述,如果设立"以房养老"信托的委托人是老年人本人,他就可以将自己作为生前的信托收益受益人(此时为自益信托),自己死亡后,由其妻子作为第二顺位的收益受益人(以下为他益信托),依此类推,信托可谓是一个长期管理的计划。由于我国现行《信托法》并没有对信托的期限作出不能超出一定时间上的限制,所以"以房养老"信托将会伴随着社会的需求而有长足发展的空间[1]。但是,主要国家的信托立法都表现出了在私益信托领域禁止永久信托的倾向。因为人类自然的愿望都希望自己的财产在死后仍然继续用于一定的目的。如果通过信托使这种愿望一直延续下去,则会造成财富无限制的累积和委托人借设立信托永久控制财产未来的归属[2],从而导致财产因此种意义上的冻结而丧失流通性[3]。于此意义而言,英美的信托以禁止永久权为原则,规定不在一定期限内确定受益人的信托,就其受益人部分为无效,其

---

[1] 英美信托法对私益信托的存续期限有所限制。英国专门制定反对永久积累和永久信托的法律,明确规定,以受益人终生受益为目的的信托,一般在该受益人有生之年持续有效,如果未指明受益人"终生"受益,则一般在该受益人死后一定年限内(通常是21年)有效;未明确规定期限的,最长为80年。

[2] 张军建:"信托连续受益人制度",《湖南大学学报社会科学版》,2011年第4期。

[3] 方嘉麟:《信托法之理论与实务》,中国政法大学出版社2004年版,第163页。英美禁止永续信托的具体规定为:美国规定一项财产必须自让与时存活之人的一生加上21年的期间内归属与受让人。英国规定80年或者一生加上21年。

理由被解释为违反公序良俗,意即死亡人的意思不得永久性地拘束财产。日本旧《信托法》就信托期限也没有任何规定,禁止永久性信托只是学界所言,但是在 2006 年《信托法》修改时引进了信托期限限制的制度。该法第 91 条规定,"信托中有因受益人的死亡,该受益人享有的受益权消灭,其他人取得新的受益权(包括因受益人的死亡,其他人按照顺序取得受益权的规定)之规定的,在该信托设立满 30 年之后,在现存受益人根据该规定已取得受益权之情形下,到该受益人死亡时为止或到该受益权消灭为止的期限内,拥有效力。"由此来看,我国在未来的信托法修改上也应就信托的存续期限作出规定。

二、信托实务上的功能

在上一节里,我们根据信托的特性,把信托表现在制度上的功能做了归纳。不管哪项功能,都是服务于财产管理的。以制度功能为基础的信托实务,为此又展现出了不同的功能色彩。

现代的信托业,无论是资金信托还是实物信托,都属于财产管理功能的运用。在该功能下,受托人按委托人的要求或运作方式,依靠众多的专门人才与专业技术,为受益人谋取更高的财产收益。下面我们就信托的实务功能是如何反映在"以房养老"信托方面(仅限于信托的一般实务功能在"以房养老"信托上的表现,不涉及一般信托在其他方面的实务功能)做以下归纳。

(一)财产形态的转换功能

如前述,信托的分类是以信托设立时财产的形态进行分类的。基于此,用于设立"以房养老"信托的财产有房产权和以房抵押贷款而取得的金钱两种。前者称之为房产信托,后者称之为金钱信托。我们将前者通过设立"以房养老"信托的房产权转化为金钱的功能称之为信托的财产转化功能。通过这种转换功能而获得的金钱,即便形态上发生了变化,仍然属于信托财产[①]。此外,这种被转化为金钱的信托财产,在受托人的管理运用下所产生的收益也要归于信托财产。信托的这种功能在"以房养老"中

---

① 《中华人民共和国信托法》第十四条第二款规定:受托人因信托财产的管理运用、处分或者其他情形而取得的财产,也归入信托财产。

发挥着极其重要的作用,是"以房养老"信托区别于其他"以房养老"形式的关键所在。

(二) 能力转换功能

所谓能力转换功能,是指委托人因自己身体、精力或其他原因不能或无法管理财产而设立信托,依托受托人的专业管理能力对信托财产实施管理,让自己或自己指定的受益人享受信托利益的能力转换。这在委托人为老龄人的"以房养老"信托中表现的尤为充分。因为老龄者的不断年迈、体力、精力和判断事务的智力日渐衰退,在财产管理上就会越来越力不从心,与其这样听之任之地顺其发展下去,其一生创造下来的宝贵财产就会成为生不带来死不带去的死财产,所以通过信托的能力转换功能就会让老年人的财产变成动态下的财产,产生应该有的收益,利于老年人的养老目的的实现。

(三) 时间转换功能

在信托的制度功能一节中,我们论述了连续受益人功能。该功能在实务方面折射出的是委托人在财产管理上的意愿通过信托使之在时间上实现可持续性的转换。因为信托不以委托人的死亡、也不因受托人的死亡或破产而终止。信托的终止是以信托目的已经实现或无法实现而终止的。所以,"以房养老"信托的目的,除了让自己享受信托带来的收益以外,还在信托文件中要求受托人在自己死后继续管理信托财产,把信托的收益按照信托文件的约定给付其指定的受益人。由于老年人在抚养子女(包括上学、就业、组建家庭的新房购置以及还要为孙子辈的抚养做出一定的付出)方面的长期付出,使得其财产多数表现在住宅上,持有的现金一般不太宽裕。也正是所谓的财产上的富人现金上的穷人的真实写照。因此,从财产持有角度来说,现在社会上流行的家族信托必将无法避开房产而空谈家族信托。从各国的住房反向抵押贷款的宗旨来看,是为解决中低层收入人群的养老问题而推出的一项带有某种福利性的社会养老产品。我们暂且不管其实际运营和社会回馈的效果如何,仅从财产表现层面来说,作为设立家族信托的核心财产必将是以房产权为中心,脱离开房产权的家族信托将是不现实的。当然家族信托相较于"以房养老"信托,其财产范围有广窄之分,但如上述,两者在委托人财产管理上势必形成极大程度上的竞合。所谓家族信托,从概念上讲,是自益信托和他益信托二者的综合体。但是该综合体却是自益信托在先他益信托在后的信托。单从受托人的选择方面来说,则有两种不同的表现形式,即一是在家族内部通过建立民事信托法律关系,以家族的人为受益人,来实现委托人愿望下的财产长期管理;二是通过信托专业机构来设立信托,将信托长期拘束于委托人的意愿之下,实现以家族人为受益人的财产长期管理。可以看出,这里的因受托人不同的两种表现形式的共同点都是以委托人的家族中人为信托受益人的。委托人意欲通过信托制度,通过受托人的专业管理,将自己的财产长期地拘束于信托目的之下,即便自己不在人世,财产也可以长久地在家族中传承下去。一个人的生命有限,但是信托可以解决生命有限的难题。于此意义而言,我们把委托人通过设立信托,解决因生命有限而不能长期管理财产的功能称之为时间转换功能(参见前述连续受益人的功能)。

(四) 资金的融通功能

信托的融通功能也像其他功能一样,是信托的基本功能之一。该项功能在"以房养老"信托方面可得到很好的运用。如上述,凡有"以房养老"需求的家庭,其现金上的状况有可能不太足以支撑其养老上的需求。于是"以房养老"无形中就进入了首选考虑的范围。每个人在决定采取一项经济性行为时,都会考虑其得失。这种自然状态下形成的趋利性无可厚非。当然,以房养老(住房反向抵押贷款)或"以房养老"信托也是如此。当人们了解到通过"以房养老"信托可以以房屋产权为基础,在赋予流动化的同时解决养老需求人的养老资金不足时,该项经济活动就会成为人们普遍关注的对象。我们把这种以住房来设立信托并以此获得相应的资金需求的功能,称之为"以房养老"信托的资金融通功能。也是作为本课题主要研究内容之一的静态资产的动态化的管理。不过这里有一点需要说明的是,欲实现资金融通功能,最好是选择专业的信托机构担任"以房养老"信托的受托人,因为专业的信托机构在财产事务管理活动中,具有筹措资金和融通资金的专业优势。

第四节 "以房养老"信托的可行性及其意义

一、我国的养老模式

长期以来,我国实行以家庭养老为主的养老模式,但随着计划生育基本国策的实施,以及经济社会的转型,家庭规模日趋小型化,"421"的家庭结构形式普遍,空巢家庭不断增多,人们的养老理念和生活方式也在发生着巨大的变化,单纯的居家养老已无法适应新时代的发展。于是带来的是家庭养老功能不断弱化和对专业化养老机构和社区服务的需求与日俱增,加之现代社会竞争激烈和生活节奏加快,中青年一代正面临着工作和生活的双重压力,照护失能、半失能老年人力不从心。建设社会养老服务体系,将年轻人从养老困境中解脱出来,已是刻不容缓的社会命题。

(一) 目前的几种养老模式

1. 居家养老。居家养老,是指以家庭为核心、以社区为依托、以专业化服务为依靠,为居住在家的老年人提供以解决日常生活困难为主要内容的社会化服务。其形式主要有两种:由经过专业培训的服务人员上门为老年人开展照料服务;在社区创办老年人日间服务中心,为老年人提供日托服务,但局限在于老年人须有一定的自主生活能力。其缺点在于:(1)无法应对突发疾病和失能或半失能状况;(2)不能满足精神文化、情感和心理慰藉等方面的需求(如文化娱乐、消除孤独和心灵沟通等);(3)无法发挥余热来实现自身价值;(4)对子女的日常工作和生活会产生较大影响。

2. 社区养老。"社区养老"是以家庭养老为主,社区机构养老为辅,在为居家老人照料服务方面,并以上门服务为主,托老服务为辅的整合社会各方力量的养老模式。这种模式的特点在于:让老人住在自己家里,在继续得到家人照顾的同时,由社区的有关服务机构和人士为老人提供上门服务或托老服务。社区养老不是家庭养老,而是社区中的居家养老。社区养老亦不是社会养老,而是将机构养老中的服务引入社区,实行社区式的居家养老。它吸收了家庭养老和社会养老方式的优点和可操作性,把居家养老和机构养老的最佳结合点集中在社区,是针对中国社会转型期在21世纪上半叶所面临的巨大老龄化问题提出的一种新型养老方式。

但其缺陷在于:(1)应对突发疾病时的不足,造成家属的不完全放心;(2)精神文化需求(如文化娱乐、保健、医疗卫生等)受设施设备和规模的限制,不能在情感和心理慰藉方面达到较高的需求;(3)因夜间基本上还是回家居住,对儿女的日常工作和生活还会产生较大影响。(4)社区养老只能是居家养老和机构养老的中间环节;(5)无法激发老人的潜能,发挥余热实现自身价值。

3. 机构养老。养老机构是社会养老的专有名词,是指为老年人提供饮食起居、清洁卫生、生活护理、健康管理和文体娱乐活动等综合性服务的机构。它可以是独立的法人机构,也可以是附属于医疗机构、企事业单位、社会团体或组织、综合性社会福利机构的一个部门或者分支机构。

由于机构养老的特征表现在规模化、品质化、多功能化,符合老年体能心态特征,向老年人提供具备餐饮、清洁卫生、文化娱乐、医疗保健、全天候护理等多项服务,所以可实现养老的长期性、稳定性和放心性。

"只要物质条件达到要求,老人走出家门养老是符合这一群体的心理需要的。""人除了生理、安全等比较低层次的需要,还需要满足归属和爱、自尊以及自我实现三大心理需要。"对老人不想被年轻一代看作"老弱病残"的心理而言,养老机构提供"老有所伴"的条件,满足了老人社会交往、归属、平等和尊重等需要,单身老人也有更多机会找到"第二春"。

其优点简单归纳起来,主要表现在:(1)老年人入住养老机构,集中居住,由机构提供日常生活照料等多方面的养老服务,不仅可在一定程度上缓解子女的负担,还可以避免因生活习惯等问题而引发老人与子女的冲突。(2)将家庭的养老风险分散,实现集体成员养老资源的共济和共享,在一定范围内使得风险得到化解。(3)老年人满意、子女亲属放心,为政府和社会分忧。(4)提供终生养老服务,实现对老年人全方位的人性关爱服务。(5)通过自身价值的实现,延缓老年痴呆的到来。

机构养老虽有很多优点,但不足之处表现在需要交纳一定的养老费用。纵观发达国家,养老主要以机构养老为主,其他形式为辅。鉴于我国"未富先老"的社会具体情况,仅由政府建设社会养老机构会使财政不堪重负,因此国家号召吸引社会力量参与养老机构的建设。目前,我国很多城市,都在积极探索吸引国内外民间资本参与养老服务行业的道路,并于2015年年初开始给出了免征营业税的优惠政策。由政府牵头,搭好平台,请社会力量参与,让民间资本进入养老服务行业,是社会办养老的最佳途径,是适应传统养老模式转变、满足人民群众养老服务需求的必由之路。

二、"以房养老"信托的可行性

(一)"以房养老"信托可行性的社会背景

1. 愈演愈烈的老龄化为"以房养老"信托提供了长期市场。目前社会老龄化、高龄化、空巢化的发展趋势日显严重,直接关系到整个社会的和谐与稳定。据国家统计局公布的数据,"2016年60岁以上老年人口已超过2.3亿人,占总人口比例达到16.7%。到2020年,全国60岁以上老年人口将增加到2.55亿人左右,占总人口比重提升到17.8%左右"。预计到21世纪中叶老年人口将达到4.8亿人左右。随着人口老龄化、高龄化的加剧,失能、半失能老年人的数量也在持续增长,这一庞大数字为"以房养老"信托奠定了长期而强大的市场支持。

2. 高住房自有率是支持"以房养老"信托的基础。住房自有率是国际上考察居民居住条件的常用指标,其含义是指居住在自己拥有产权住房的家庭户数占整个社会住房家庭户数的比例。"巧媳妇难为无米之炊"。设立"以房养老"信托的前提是房屋的产权,其价值的高低决定了信托利益获得的多少。据国家财政部的2013—2014年间的统计数据显示中国居民的住房自有率高达85%,从中国社会科学院2015年发布的《社会蓝皮书》的统计数字来看,我国城镇居民家庭住房自有率为91.2%[1]。由于人们普遍认为房产的价值较其他财产相比有一定的保值或升值性,于是无论从住房还是从投资方面来讲,只要有能力就会作为财产的储备手段选择投资房产,再者结婚必须有新房等,也形成了我国城镇居民自有住房率节节攀升的根本原因,其行为导致了人们的财产多半表现在房产上。另外,清华大学的魏杰教授在"2017年中国经济形势"一文中就房产税问题指出在"北京户籍人口每家平均有四套房",而且中国为了保障经济软着陆一定会

---

[1] 北上广深四大城市,北京、上海的住房自有率是70%,广州的住房自有率是90%,而对于人口流动性更弱的城市来说,住房自有率一般都会更高一些。

进一步稳定资产价格,所以说中国人的住房高持有率对我国推行"以房养老"信托提供了较好的资产基础。

3. "现金上的穷人"是"以房养老"信托生存的土壤。在美国,"以房养老"诞生于为缺少一定现金支撑的阶层提供养老支持上的需要。这种模式针对的并非富有阶层人士。在我国开展"以房养老"的初衷亦是如此。然而,从社保查询网的统计数据上来看,2016年全年全国居民人均可支配收入23821元,城镇居民人均可支配收入33616元。这些收入无法满足养老院的基本收费标准。因为入住养老院的老人基本上都是身体不能自理或只能半自理状态下的老人。即便是公益性的养老院,其收费标准(只是一般护理内容)也在2500元上下。在一些大一点的城市、设施设备和服务水平好一些的养老院,收费标准一般都在3000—5000元以上(高端养老机构除外),当然还有更高的。上述的基础养老费用一般是就健康老人或者半自理状态的老人而言的,并不包括不能自理需要特护的收费内容。

然而,与该组数字相比,全国企业退休人员的养老金虽然增加到了2016年的2362元[1],即便是2017年7月底排在全国各地市首位的北京市所公布的全部退休人员的每月3050元的平均养老金也无法涵盖得了养老院的费用[2]。对此,借鉴发达国家"以房养老"经验和模式方能来弥补这一不足。而"以房养老"最关键的是必须有合法的房产权。近40年的经济改革开放,极端地说也是房地产开发一路走来的历史。国民在财富的拥有形式上极大地表现为房产,其他财产相对较少。也就是说,大部分人因为拥有着重资产,相较之下显得现金上较为不足。这也是上面所说的"财产上的富人现金上的穷人"的客观现实存在。在此背景下,将不动产的房屋产权流动起来,解决养老现金的不足已经成为一种确切的社会需求。因此

---

[1] 中华人民共和国人力资源和社会保障部官网:"让广大人民群众更多更好地共享发展成果——党的十八大以来劳动就业和社会保障事业发展的主要成就"。2017-07-19。

[2] 根据国务院印发的《关于机关事业单位工作人员养老保险制度改革的决定》来测算国家机关单位和事业单位人员的退休金。以一位月收入8000元的一般机关事业单位的工作人员为例,缴费年限为35年,基础养老金的计算比例为35%,假设退休前一年的在岗职工月平均工资为8000元,那么他的基础养老金为8000元×35% = 2800元。60岁退休时,个人账户里面有69500元,用来除以139,即可得出个人账户养老金,即500元。基础养老金加上个人账户养老金的2800元 + 500元 = 3300元。笔者通过人社部发布的全国退休人员平均领取养老金这一数字想说的是一般退休者的收入是无法涵盖养老机构费用的。

说也为"以房养老"信托的开展与推进奠定了扎实的基础。图1-2说明了全国城镇居民可支配性支出①。

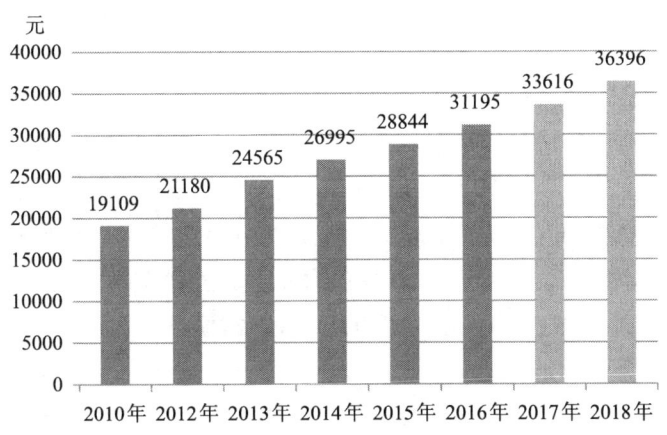

图1-2 城镇居民可支配支出

4. 老人护理问题突出是机构性"以房养老"信托市场的必然需求。我国的老年人到需要真正意义上的养老服务的年龄一般都会在70岁以后。因为我们的特殊国情使得老年人不得不在退休之后应子女要求,替他们照看孙子辈。当然,一般来说老人一是乐意替子女分忧,享受祖孙三代的天伦之乐;二是身子骨也允许这样去做。在孙子辈上幼儿园或上小学之后,老年人就有了可以自由决定生活模式的时间。这一段时间的老人大多是健康老人,他们会选择与同事同学朋友一起外出旅游或过候鸟式的生活。何况我国人均寿命男性是74岁,女性是77岁(依据2015年版《世界卫生统计》报告,城市人口平均寿命还会长一些。如上海市男人的平均寿命为80.2岁,女人为85.2岁。)所以,在笔者问卷调查的退休人群中(大多是60多岁的人),最热衷于候鸟式的选择旅居之所。换言之,在他们身体健康且经济状况允许的情况下,不但不会去养老院,而且也不愿意在家待着。一旦到了身体需要人护理照料时,他们表示肯定要到养老院选择机构养老。因为他们首先考虑的是独居一处会令家人不放心,和子女长期住一起又不现实,再者居家养老也无法满足全天候的专业护理需求,还会增添寂寞孤独。根据我国的上述国情,养老院的入住人群多数是健康上有一定

---

① 数据来源:国家统计局,智研咨询整理。

不便的、需要生活照护的年迈之人，他们对养老机构的要求是"医养"一体的专业护理，显然这是居家养老和社区养老难以胜任的。

现代的老年人，从经济能力上来说具备一定的支付能力，从养老观念来说，已和养儿防老、省吃俭用将财产留给子女的传统观念有了根本性的不同。笔者从对城镇人口所做的社会问卷调查上获知，90%以上的人都明确表示将来自己生活起居多有不便时，会选择机构养老。

5. "以房养老"信托的财产动态化管理的效果。如前述之"以房养老"信托的运行模式，无论是信托财产是抵押贷款还是房屋产权，都会一次性地转换成金钱，并予以动态性管理的。这里有两层意思需要予以阐述。一是对于一次性转换为金钱所产生的信托债务是由信托财产承担的，即由受益人承担。二是该项被转化为金钱的信托财产在受托人的管理之下所产生的收益，也由受益人享有。如此，该模式下的效果反映在：（1）不受房地产市场变化的影响；（2）基于水涨船高的原理，即便采取浮动利率下的信托债务也不受利率变化的影响；（3）不受反向抵押贷款的抵押物的房龄和贷款期限过长的影响；（4）不受老年人无能为力于抵押物的维修的影响；（5）不受老年人偿还贷款能力的影响。因此，"以房养老"信托为老年人或其继承人提供了财产管理的良好选择。

（二）"以房养老"信托的可行性市场调查

1. 为调查问卷所做的关于"以房养老"信托的说明。什么是信托：信托是您的理财工具，能帮助您管理和运用好自己的财产，为您创造最大的利益。

我国的信托公司：都是中国人民银行批准的拥有金融营业牌照的正规金融机构。

什么是"以房养老"："以房养老"也被称为"住房反向抵押贷款"或者"倒按揭"，是指将自己的房产权（或儿女将自己的房产权）抵押给银行（保险公司），由银行（保险公司）根据人的平均年龄、房屋现在价值和以后价值做出客观的评估，每月支付给养老需求人一定金额实现老年人养老的目的。抵押贷款期限届满时，由借款人还本付息，银行或保险公司解除房屋抵押。如届满但房屋抵押人无力还款时，由银行（保险公司）处分抵押的房屋。

什么是"以房养老"信托："以房养老"信托不同于单一地将房产抵

押给银行（或保险公司）每月获得一定数额的贷款。而是通过房屋抵押贷款将一次性获得的贷款，交给信托公司管理运用。信托公司将管理运用这部分资金所产生的收益，在扣除银行贷款利息和其他费用后，以其剩余部分的收益支付给养老需求人，实现养老目的。"以房养老"信托的收益除了上述来源外，还可征得委托人的同意，将其原住房对外出租并获取租金收入（该收益归受益人）。"以房养老"信托存续期间，银行抵押贷款的利息由信托公司以管理运用信托财产所获得的收益支付，养老需求人享有收益差价的请求权。

委托人（或"以房养老"需求人）与信托公司签订"以房养老"信托合同，信托公司作为受托人向受益人（养老需求人）出具信托受益凭证。

受托人系信托公司。因为我国的信托公司大部分都是国有参股或控股的、经中国人民银行业监督管理委员会批准领取金融许可证的金融机构，业务经营受银监会的监督，公信力极强的专业化金融管理机构。

受益人是唯一享受信托收益的人。受益人可以是设立"以房养老"信托的委托人本人，也可以是除自己以外的其他人。

"以房养老"信托的信托财产是委托人用以设立"以房养老"信托的合法拥有的财产权，可以是通过以房产权抵押给金融机构后获得的贷款资金，也可以是房产权。

信托受益凭证是你对自己交给信托公司的信托财产（资金或房产）的受益权凭证，是信托计划结束后，从信托公司处获取信托财产返还的法律凭据。

"以房养老"信托计划结束后，由信托公司代委托人（受益人）向银行还本付息，并协助抵押人办理与银行间的房屋抵押解除手续。委托人的房产权不会因为信托而影响子女的继承。

法律为委托人提供强有力的法律保障：

信托公司作为受托人，严格按照委托人的意愿，为受益人的利益最大化，恪尽职守地管理运用所托付的信托财产。信托法规定受托人不得享有信托财产的收益，不得将信托财产归于自己的固有财产。

总结："以房养老"信托，是在银行以房养老（反向抵押贷款）贷款的基础上，通过信托工具，化解银行抵押贷款单纯消费的劣势，为养老需求者创设的财产动态性管理，产生收益的一项专门的财产管理计划。

财产一转起，养老靠自己，儿女无忧虑；

法律有保障，子女财产继承不影响；

信托、银行+保险，房价涨跌无关系；银行无风险，个人有收益。

老有所依、老有所事、老有所学、老有所乐，晚年生活更尊严。

2. 调查问卷的结果

接受问卷调查的对象有直接和间接两种，有退休老人，也有接近退休年龄的人，更有上有老下有小的中年人；有行政事业单位的，也有企业单位的，范围比较广泛。接受调查问卷的共有685份，有效问卷651份，有效率为95%。

在651份的有效问卷中，接受调查的60岁上下的占60%以上，其他是年轻人自己作为被调查对象。

（1）入住养老机构的年龄或身体状态（表1-1）。

表1-1

	年龄	百分比	入住前提
入住养老机构的年龄或身体不便	70岁	不确定	自理有困难
	70岁以后	不确定	自理有困难
	孙子辈上幼儿园或小学后	不确定	自理有困难

（2）在651份的有效问卷中，身体失去自理能力后选择的养老方式（表1-2）。

表1-2

养老方式	人数	百分比
居家养老	163	25
社区养老	130	20
机构养老（同意、有意愿、认同但尚不确定）	358	55

（3）有意愿选择"以房养老"信托的人群（表1-3）。

表1-3

有房产权	358人	100%
企业	202人	56.4%
行政事业	156人	43.6%
月收入	2500—3000元	54%
	3500—5000元以上	46%

有兴趣选择"以房养老"信托的占总数的 71.2% 左右。

综上所述，推行"以房养老"信托模式下的机构养老，可使老年人圆满实现不花钱或少花钱亦可享受愉悦的机构养老的晚年生活。其次，还可解决涉及保姆方面的各种困惑和苦恼，并可获得因医疗和高度专业化的护理队伍满足老人和其家族的放心。另外，当需要医疗护理时，还可在养老机构的康复医院享受医保支付的支持。再者，由于养老机构的规模化、专业化、长期化、稳定化都给社会提供了可充分放心的条件。

信托介入"以房养老"乃行之有效的途径。通过对域外"以房养老"信托制度的实践经验的归纳分析，结合中国国情，详细阐述单靠通过银行推行房屋财产权反向抵押贷款的弊端和存在于观念上、系统性和非系统性的各种风险，进而论证信托与银行、保险以及民间资本的结合才是推进养老产业健康发展的良好途径。综上，通过上述几方面的论述和社会调查的结果，可以断定"以房养老"信托在我国有很大的存在基础和发展空间。

第二章

信托下的"以房养老"及其运营模式

第一节 日本《信托法》环境下的"以房养老"信托

一、信托介入"以房养老"的动因

日本引进住房反向抵押贷款虽然时日不浅,但同美国等其他国家一样,由于系出于纯粹借贷意义上的住房反向抵押贷款,所以发展至今仍然效果不太明显,在取得社会的普遍认可方面尚有一些距离。如前述,住房反向抵押贷款金额的设定,通常是按照"住房、土地的市场评估价格和合同订立人(受益人)的寿命以及银行利息"来计算的,因此就很不容易在房地产市场价格较低的地方城市推进。以住房作为养老补充的基础前提毕竟与住房本身的市场价格有着紧密的联系,这也是反向抵押贷款的一大特点。荒井俊行先生在其"リバース・モーゲージの現段階"一文中概括性地指出了日本住房反向抵押贷款难以开展的原因。"因为贷款机构往往优先考虑的是其贷款的安全性,所以对不动产的价格评估一般都是往低处估价,而且还定期审核评估价,一旦融资额超过评估价就会立即停止融资。

贷款人的各种风险被推向了借款人，导致对利用者缺乏魅力，也远离了借款人的债务即便是超过住宅担保的评估值也只对住宅的评价值进行偿还的终身融资和终身无偿还的目标。"①

此外，江西俊介先生在分析住房反向抵押贷款时，认为对金融机构来说，"住房反向抵押贷款最重要的是要围绕贷款资金的回收与不动产担保价值所做的等价交换。"② 就住房反向抵押贷款信托而言，因为其基于住房反向抵押贷款这一前提，所以必然染色于住房反向抵押贷款的基本特点。也就是说，在设定住房反向抵押贷款信托时，必然要受住房（包括土地）市场价格、受益人的人均寿命和银行利率三要素的影响。对信托机构来说，这也是不得不考虑的问题。在一般金融机构来说，住房反向抵押贷款"与通常的贷款商品相比，该项业务存在着很大的贷款回收成本和回收风险，为应对上述风险就不得不采取一定的措施。而这些措施毫无疑问会导致一定手续费用的发生。"③ 就此江西俊介先生认为，要消除住房反向抵押贷款方面无法回避的各种成本和风险，住房反向抵押贷款信托应为首选④。其理由是：住房反向抵押贷款信托与住房反向抵押贷款相比，除了信托在制度上表现出来的功能以外，还可以通过信托降低金融机构的成本和风险、分割资源，使面临种种风险而犯难的金融机构，亦可轻松地引进反向抵押贷款。

另外，通过近年来老龄化社会的快速发展，导致很多商业金融机构开始发现自身的短板，有些是自身在实际操作上不太容易解决的问题。如住房反向抵押贷款基本上都是以借款人将自己的不动产设定抵押权，作为融资担保的条件，贷款人据此发放总金额控制范围内的一定额度，待该计划终止时，通过处分抵押物来回收贷款。但是，作为高龄者的老人，在合同执行期间，随着年岁逐渐增高，很大程度上存在意识能力丧失和不安于自身的财产管理能力的风险。对此，作为财产管理的信托制度反映出的是诸多优势。如笔者在第一章论述信托的功能中所言，信托制度上的意思冻结功能。与设定担保的方式相比，虽需向信托的受托人支付管理信托财产的

---

① ［日］荒井俊行："リバース・モーゲージの現段階"，一般財団法人土地综合研究所，2013年9月30日，第5页。
② ［日］江西俊介："リバースモーゲージと信託の活用について"，《土地総合研究》2016年夏号43，第45页。
③ 同上。
④ 同上。

报酬，但却能完全保证信托财产管理上的安全性和稳定性。如老年人因年事过高，已明显无力于自己房产的管理或维修，尤其是入住养老机构后，更是无力将住房对外出租和与人沟通交流。而信托下的受托人则可以代老人管理好自己所有的土地和建筑物，向租户催收房租和实施住房的修缮等，使老年人获得长期而稳定的收益。上述这些基本而简单的内容都是信托区别于金融机构反向抵押贷款的重要之处。在社会高龄化发展越来越严重的今天，可想而知这种缺乏管理自身财产能力类型的老人数量将会呈急剧升高的趋势。换言之，这一趋势不断加剧下的是强大的社会需求，而既能在实现补充养老目的的同时，又能从实质上为养老需求人带来利益最大化。这种满足社会强大需求的多元素交织在一起的养老方式，远不是单纯办理住房反向抵押贷款的金融机构所能胜任的。

再者，"以房养老"信托是在住房反向抵押贷款模式的启发下，将信托原理加以运用的一种为受益人的利益最大化的财产综合管理模式。该模式与住房反向抵押贷款的简单的借贷模式不同，完全是站在受益人的立场上，时时处处为受益人的利益去管理信托财产，而不像住房反向抵押贷款是以消解自身的风险为基础而创设的一项新型的金融产品。相对于住房反向抵押贷款的财产递减式的产品而言，"以房养老"信托则是出于多方面对老年人为养老而设立的信托财产进行管理、维护、使其保值或增值。通过受托人的专业管理能力，不但可免去老年人对住房管理和维护上的力不从心，如对外租赁，更重要的是还可结合其他金融工具，通过抵押贷款将获得的资金或将受益人享有的受益权进行资产证券化设计并加以运用，放大或增大信托财产的价值，增加养老资金的来源。而这些都是根源于秉承"受人之托、忠人之事、代人理财"的信托本质属性，系住房反向抵押贷款无法媲美的。

伴随着社会的变化，金融实务部门业务也在不断创新。当他们清醒地认识到了单一模式下的弊端后，便开始将目光投向了信托介入住房反向抵押贷款方面。其认识与运用已远超住房反向抵押贷款的发端国，更是我国所不及。

近几年来，日本的商业银行，就连区域性金融机构亦开始出现了利用信托方式下的住房反向抵押贷款业务。现在，只要打开任何一家日本商业银行的网页，就可看到住房反向抵押贷款信托的推介。在实务部门大力推进该项业务的同时，日本的学术界也在沉寂了很长一段时间后，重新开始以更宽阔的视野对住房反向抵押贷款信托展开了研究。

从日本的住房反向抵押贷款信托的实践上来看，实际上已经超出了原有概念上的束缚。即除了以住房为抵押而获得的贷款作为管理的财产以外，也可将作为住房反向抵押贷款的住房直接纳入财产管理的标的。在财产管理方面，日本人发现了信托制度的优势，在实务操作上，对引进的住房反向抵押贷款做出了广义上的改良，虽然在定义上还在援用"住房反向抵押贷款信托"的称谓，但这种僵硬（没跳出原框架束缚）的定义和其实际的运作方法已经发生了很大的区别。关于"以房养老"信托的概念，笔者在本书第一章将信托设立时财产形态上两个不同的标的物：住房反向抵押贷款的贷款和住房，划定为两个不同的信托种类。但又介于"以房养老"的目的，便将两者统称为"以房养老"信托（顾名思义，"以房养老"信托要广于"住房反向抵押贷款信托"）。

二、日本反向抵押贷款信托的基本结构

信托作为一项财产管理制度，在住房反向抵押贷款信托方面自然是就住房表现出来的管理。根据信托的原理，住房所有人（委托人），为了自己或他人的利益，将自己房产权设立信托，并将其权利转移给受托人，由受托人按照信托目的和信托合同中约定的事项，为受益人的利益管理或处分信托财产。图 2-1 说明的就是在信托这一基本结构下，住房反向抵押贷款信托的设立、管理、运用的程序说明。

三、信托介入"以房养老"的操作模式

日本的"以房养老"信托在以财产管理为目的下，分为三种模式。

（一）标准化的信托模式

委托人兼受益人的老年人，以不动产管理和处分价款为清偿债务为目的，与受托人缔结不动产管理合同或处分的信托合同，此后以该不动产租赁人的身份继续居住在该不动产的住房里。租赁合同是在所有人的受托人——信托银行和租赁委托人之间缔结。租金汇入受托人——信托银行的账户，由于该租金产生于信托财产的收益，而且该收益的背后是以信托受益权自动担保下的不动产信托为基础的，所以对信托银行这种金融机构来说有着很大的魅力。委托人兼受益人的高龄老人通过受托人的斡旋，将信

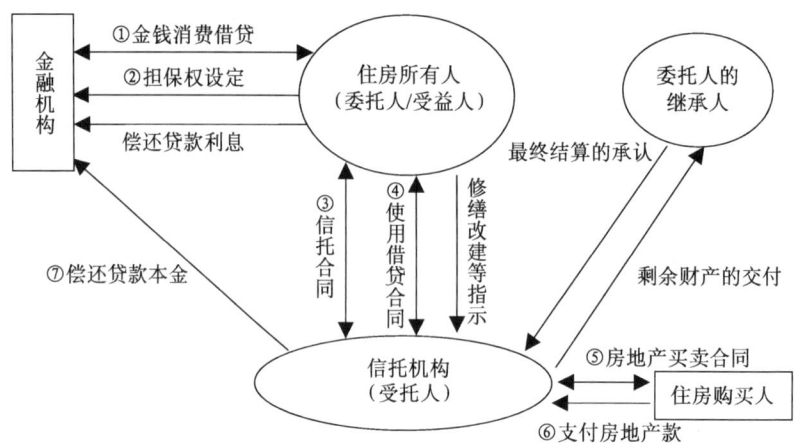

图 2-1　"以房养老"信托的基本结构

注：①借款人与金融机构之间签订住房反向抵押贷款按揭合同。
②借款人以自己的不动产（住宅土地和住房）的产权对金融机构设定担保权。
③借款人以自己对金融机构设定担保的不动产设立信托，并将其产权转移给信托机构。
④由信托机构对借款人设定使用权。
⑤借款人继承启动后，受托人将受托之不动产转换为等价现金。
⑥偿还金融机构的贷款。
⑦将偿还贷款后剩余的财产交付给继承人或根据信托合同中指定的受益人。

托受益权转换为年金基金等，再以资金化的形式，获取必要的资金。当信托合同届满（终止）时，或者老人死亡后，受托人以处分不动产获得的收入一次性偿还合同终止之前所发生的生活资金等合计金额。处分不动产所得价款在减去清偿金额后的剩余部分归还于老人；委托人死亡的，返还于其继承人。

（二）受益权资产证券化的"以房养老"模式

所谓的受益权证券化的"以房养老"模式，是指信托受益人利用签订的不动产信托合同，通过信托受益权担保筹措资金的模式。具体来说就是采用将信托受益权设定质权（债权质押）的方法。不过在信托受益权上设定质权需要信托受益人（质权设定人）和债权人（质权人）双方合意才能成立。向受托人以外的第三人主张质权，需要得到有向受托人发出的带有确切日期的通知或获得受托人的承诺。在该模式的具体操作上，委托人兼受益人的老人以养老为目的，将自己独立的住房和土地（不动产）的财产权设立信托，通过未来对不动产的管理和处分所获得的价款清偿债务而缔结不动产管理处分信托合同，然后以使用人的身份继续无偿使用（居住）该不动产。

老人以金融机构作为质权人将信托受益权设定质权，与该金融机构缔结金融消费合同，接受生活等方面的必要资金的借款。当信托合同届满或者老人死亡时，与图2-1一样，受托人处分不动产，偿还金融机构的借款本息。解除信托合同，信托受益权上所设定的质权随之消灭，剩余信托财产交付于委托人的继承人或按照信托文件的约定交付于指定的受益人。下面是日本朝日信托[①]公司推出的"以房养老"信托计划，也是大多数信托公司普遍推行的。

朝日信托以醒目的语言在推介自己的"以房养老"信托计划时指出：当高龄者在考虑处分自己的住宅以满足生活的需求时，朝日信托为您提供的一款"以房养老"的信托产品可以使您仍旧继续居住在自己的住宅里，还不用处分住房就能获得养老所需的生活资金。具体来说，就是老人与朝日信托签订不动产信托合同，将自己的住宅做为信托财产交付给朝日信托。朝日信托通过朝日信托指定的金融机构对该信托财产的住宅进行审查，受益人以自己的受益权为保障，设定抵押权，由金融机构确定融资额度（最高额）。作为受益人的老人可在设定的融资额度内获得借款，用于生活、医疗、护理等方面的支出。受益人在世期间，除定期偿还贷款利息外，贷款本金可在去世后一次性偿还。当老人因去世而发生继承时，其配偶只要满足利用条件，可改签合同由其配偶继续享受"以房养老"信托计划。

（三）常用的一种方法

即订立附带性利用信托的金钱消费信贷合同的类型。也就是以缔结金钱消费借贷合同（账户透支）为基础，签订不动产管理处分信托合同的形式和为顺利地进行财产、债务的承继以及清偿而设立遗嘱信托两种类型。这两种形式都彰显的是信托在融资上的担保功能。

通观以上"以房养老"信托的三种形式，无一不是围绕保障贷款人的

[①] 日本朝日信托是最早获得内阁总理大臣批准的开展个人信托的专业信托机构。在欧美，信托普及广度到了除却个人信托国民的社会生活就不会成立的程度。在朝日信托没有取得专事个人信托业务的经营资格以前，日本尚无专事个人信托业务的信托机构。

贷款资金安全偿还所做出的考虑和采取的措施。也就是说，虽假以信托的形式，但从实质上说还是没有跳出纯借贷意义上的关系，还是建立于利用者担保物产的有限度的递减式方法。日本无论是住房反向抵押贷款还是住房反向抵押贷款信托设定的抵押物或受益人的受益权所对应的信托财产的价值都是以50%来考虑的。而且该50%的价值还要每年进行重新评估。如果抵押物的市值高于原评估值，借款人的借款金额就可以上浮，反之就会被下调。被下调后的评估值必将影响借款人的借款额度。除此之外，利用者还将为此付出不小的各种费用。以朝日信托与其指定的其中一个金融机构的具体运作为例，就可窥见一斑。

信托费用大致分为信托机构的费用部分和其指定的金融机构的融资合同的手续费和利息两大部分。

信托费用又分为：信托设立时的信托报酬、管理报酬和信托财产交易上的报酬以及信托合同终止后（包括中途解约）和继承处理的报酬等其他费用。

金融机构的费用：指定的金融机构的融资合同的手续费以及利息。

总而言之，日本的"以房养老"信托，虽然采取的是住房反向抵押贷款信托的形式，但其运行还是局限在银行借贷概念之下的金钱借贷行为。虽然可在信托文件中约定原住房的出租管理和修缮以及遗产继承的服务等，但是在信托财产的可变性（同一性）和信托财产本身的管理运用上并没有真正体现出来信托在财产管理上的优势。朝日信托的做法，只是利用信托的外在形式，对利用者而言徒增了不必要的费用。

鉴于此，我们把这种住房反向抵押贷款和住房反向抵押贷款信托（"以房养老"信托）的运用模式统称为静态形式下的财产管理。

第二节　我国《信托法》下的"以房养老"信托

一、金融信托下的"以房养老"信托

经济学家厉以宁教授指出，"养老信托连接养老和信托两个产业，是解决中国当下养老问题的可能选择之一。"我国较早提出"以房养老"信

托并进行系统研究的当属中泰信托有限责任公司。从应对人口老龄化的挑战为出发点，就"以房养老"信托从制度和实务方面作了全面而系统的介绍和论述，引起了不少学者对信托介入"以房养老"的研究热潮。但具体"以房养老"的事例而言，由于信托登记与信托税制存在的制度性障碍，在我国尚未有一例真正意义上的以房产权设立"以房养老"信托的诞生。即便是模仿住房反向抵押贷款的住房反向抵押贷款信托的模式，也是因为住房反向抵押贷款本身的推进和实践的效果迟迟未现，同时信托业界长期以来先确定融资对象后再大金额、多方向地募集资金投向融资主体的金融性商事信托模式影响了信托业人们的经营意识。尽管现在监管层和业界本身都在大谈特谈业务转型（这两年来又把大量资金和精力集中在了 PPP 的业务上），但面对"以房养老"信托这种一般需求金额不大、涉及关系面多、业务强度大、耗费精力和时间多、又不容易产生规模绩效的创新业务，一般都只是停留在说说而已的层面。因此说，迄今为止我国的信托实务仍然没有延伸到"以房养老"信托上来。换言之，我国的"以房养老"信托尚处在研究阶段。中泰信托公司在《中国信托业：应对人口老龄化挑战》一书中主要介绍了反向抵押养老模式。该书就反向抵押养老信托给出的定义是"反向抵押养老信托是指将反向抵押贷款以信托的形式进行设立。""信托公司根据老年人的寿命预期、房屋的现值和将来的增值及折损情况的综合评估值来确定贷款的额度。贷款本金分期发放""在反向抵押贷款信托中，信托机构担任贷款人。[①]"其他的对象条件、运作方式与程序以及信托结构基本上等同于住房反向抵押贷款，只不过是贷款人的身份由银行或保险公司换作了信托公司而已。换言之，为保证委托人（受益人）能为抵押贷款的偿还提供安全保障，先行设定房屋抵押权，而后委托人再将获得的抵押贷款设立信托。由信托公司按照日常生活、长期护理、房屋维修和其他费用的需要予以支付。所有债务（包括本金、利息及费用）将在住房出售后予以一并偿还。通过上述定义和操作方式，可以看出信托公司以借款人提供抵押物而发放抵押贷款，该贷款可以分期也可以一次性发放，其利息的计算随着时间的延长而逐步增加[②]。由此看来，这种所谓的

[①] 中国社会经济系统分析研究会、中泰信托有限责任公司：《中国信托业：应对人口老龄化挑战》，中国财政经济出版社 2011 年版，第 121 页。

[②] 中国社会经济系统分析研究会、中泰信托有限责任公司：《中国信托业：应对人口老龄化挑战》，中国财政经济出版社 2011 年版，第 121 页。

"以房养老"信托也是一种不具多少新意的住房反向抵押贷款的翻版。除此之外，因为银行类的金融机构和住房反向抵押贷款的借款人之间，只是一个提供抵押物，一个提供贷款的简单的借贷关系，而在此模式中，信托公司扮演的也是银行的角色，同样是把房屋价值的全部或部分地转换成现金，再根据借款人的实际需求向借款人予以支付。虽然该定义称此是以信托的形式进行"反向抵押贷款信托"的设立，但实质上还是抵押在先的借贷关系，并不具备财产权的转移和代人理财的内容。

如果牵强地认为此行为是信托的话，那么按照《中华人民共和国信托法》的规定，抵押贷款应作为信托财产转移至信托受托人的名下。如此一来，就会存在两种法律关系。即前者为一般借贷关系，后者是信托关系。前者的借贷关系不会因信托行为而归于消灭。如果两者关系同时存在，那么信托财产系抵押贷款，以负有抵押权的财产设立信托的，其债务随信托财产而转移至受托人。也就是说，这时的信托财产的所有人——信托公司得向自己担负抵押责任。当抵押贷款人和信托财产管理人同为一人时，信托公司出于为偿还自己提供的抵押贷款的本息所做的安全保障措施，就有可能与受益人发生利益上的冲突，影响受托人客观公正地处理信托事务。如抵押贷款的利息设定以及当信托债务大于抵押贷款还款金额时，就会出现处分委托人（受益人）抵押物，一是很难保证交易的公正性；二是影响受益人长期养老愿望的实现。但是，如果抵押贷款来自其他金融机构，委托人经抵押权人同意，将该项贷款设立信托，就不会形成抵押权人和因抵押物而产生的信托财产的受托人同为一人和与受益人的利益可能发生冲突的情形。

笔者认为，业界之所以创设住房反向抵押贷款养老信托这一模式的直接原因，一是受住房反向抵押贷款操作模式或理念的影响；二是可归因于信托登记与信托税收制度不相协调的后果。为了适应老龄化社会的需求，业界各显神通，只有避开现行制度的约束，选择以金钱为信托财产的养老模式。

兴业银行在国内推出首款养老金融信托产品"安愉信托"。该产品就是借鉴"家族信托"设计架构，由委托人一次性交付信托财产，兴业银行以类似年金的方式定期、定额向指定受益人分配信托利益，且财产权利全部归于指定受益人。但是从 600 万元认购起点的该项产品来看①，只适用于高净值人群，而且该产品从投入、运行、支付到清算，全流程均以货币资金形式完成，于"以房养老"信托有着本质的区别。

在该产品推出之际，媒体为之广为传播："安愉信托"是社保、企业年金、商业养老保险等主流养老保障产品的补充，"安愉信托"采用信托制度较好地对财产进行隔离，享有市场化、公平公正的风险承担与收益分配。在整个信托期限内，无论投资收益（包括收益滚存投资所产生的复利）还是损失，在扣除约定的市场化管理成本和税费后，整个权益自始至终归属于信托指定受益人，一定程度上弥补了主流养老保障产品的不足，填补了一个市场空白。但是，众所周知，一次性能拿出 600 万元现金的人或家庭，绝对不会为家人的养老生活而困惑。这类拥有高额财富人的困惑，实际上应该是身后的财富分配或继承的问题，通过遗嘱信托的方式就可以实现上述高度评价的效果。如果牵强附会地说是在一定程度上弥补了主流养老保障产品的不足，或填补了一个市场空白，则有言过其实之嫌。

此外，还有一些信托公司发起集合资金信托计划。该信托计划设定的信托起点单位为 50 万元（该 50 万元的信托单位标准的设定是来源于特定养老床位和相关养老服务需求所要求的服务价格。也就是说，受托人在对利用信托财产进行信托投资所产生的预期收益已经得出了预判。②）系对资金募集对象范围确定或信托计划名称不同的集合资金信托计划，其具体运营仍是我国信托行业的常规性投融资模式。因为，其信托形式上属于集合资金信托，当然要接受《信托公司集合资金信托计划管理办法》中第五条第三款单个信托计划的自然人人数不得超过 50 人和第六条第二款对自然人投资信托计划的最低金额不少于 100 万元人民币的限制。综上，此类信托计划的信托受益人的受益是建立在受托人就委托人购买信托计划的 50 万元现金或更多金额的信托财产的投资、管理所产生的收益。从其结构和信托

---

① 该产品为 600 万元认购起点，30 岁（含）以上的金融产品合格投资者作为信托委托人，一次性将信托财产交付给信托公司管理，由银行帮助投资，定期披露收益。信托公司按照您的意愿和信托文件约定，在规定时间给付给您选定的受益人，用于个人养老保障和传承家族财富。引自兴业银行官网的个人金融的产品介绍。

② 笔者从信托公司信托产品收益率查询平台获悉 2017 年信托产品的收益情况：认购起点：50 万—100 万元（含）100 万—300 万元（含）300 万元以上；产品期限分为 12 个月以内和 12 个月以及 12—23 个月与 24 个月、24 个月以上等几个时间段。预期收益分别为 7% 以下、7%—7.9%、8%—8.9%、9%—9.9% 和 10% 以上。另加浮动收益。

财产的形态来看，该类养老信托模式也与"以房养老"信托有着本质的区别。

再如中信信托公司以家族信托为由开创的新的养老信托产品（其他信托公司也相继推出了相同的家族信托业务①）。该产品立足于金融信托推出了定制化和标准化的两种家族信托计划。其内容如下：定制化家族信托：设立起点为 3000 万元，信托期限为 10 年以上，应客户需求，量身定制。标准化家族信托：设立起点为 600 万元以上，信托期限无固定期限②。从上述养老信托产品来看，其设立信托的信托财产均是金钱，和用以设立"以房养老"信托的房屋产权并无任何关系。且入门门槛很高，远非一般国民所能企及。这种高门槛的家族信托计划被冠以创新型的养老产品，但从全社会一般民众的养老角度来考虑的话，毕竟是一个和者寡的产品，无法迎合一般国民的补充养老需求，与解决现金上的穷人，财产上的富人的社会养老问题产生不了多大的社会意义。而在信托的发源地的英国，任何一个住房或其他财产所有人，都可以选择以财产权设立信托，指定自己和其他人为受益人，不但实现了自身的养老需求，而且也可以在自己死后，利用受益权享受信托利益，兼具了"剩余权利"的分配功能。在英国，这种个人养老信托从 2000 年到 2004 年的几年间大受青睐，发展势头迅猛。我国社会老龄化现象也日益严重，长达 20 多年的房地产投资热使得很多人沦为了"财产上的富人，现金上的穷人"，"以房养老"在中国尤有巨大市场，虽然我国的信托公司还没有开发个人信托的业务，当然更没有涉及个人养老信托服务领域，但需求必然决定社会市场的形成，相信在信托公司的业务转型方面，个人信托，尤其是个人养老信托的业务将会出现在我们的信托公司业务里面。

二、财产动态化管理之"以房养老"信托

在本书第一章"以房养老"信托的概念里，笔者提出应立足于信托财产的种类就"以房养老"信托作出概念性的界定，并为此提出了"以房养老"信托三模式。前两个模式与住房反向抵押贷款的财产静态管理模式不同，受托人要将信托财产进行动态化管理，使信托财产在信托存续过程

---

① 其他如中融、平安、外贸等信托公司也是较早开展家族信托业务的。
② 引自中信信托官网的产品介绍。

中，通过受托人的专业管理，用产生高于抵押贷款利息的收益部分补充受益人的养老需求。信托的这种财产的动态性管理，塑造了信托区别于其他金融机构的单一财产静态管理模式（财产递减性的管理模式），同时也产生了只有信托才能为之的专属领地（图2-2）。

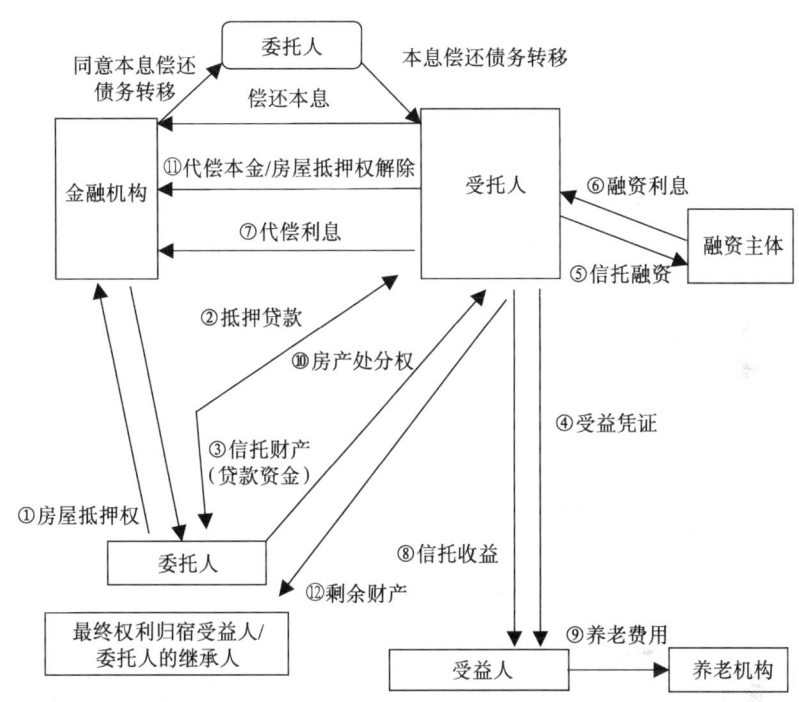

图2-2 第一个"以房养老"信托的结构

（一）第一个"以房养老"信托结构的说明

鉴于我国现行信托登记制度与信托相关的税制尚未接轨之原因，如直接以房产权设立信托将会发生不应该发生的税收和其他费用，采取的是由委托人通过房产权抵押贷款所获得的资金与受托人设立资金信托的结构。具体说明如下：先由委托人和金融机构签订房屋抵押合同并获得抵押贷款；委托人以通过抵押贷款所获得资金与受托人（信托机构）签订资金信托合同，约定由受托人通过信托财产的管理运用，首先代委托人偿还金融机构每年的贷款利息，然后再将剩余的收益交付受益人，补充受益人的养老支出。在考虑可能会出现因受益人养老所需资金较大而超过信托财产运用所获得的收益需要动用信托本金的情形，为保证受托人的利益，委托人在设立信托时，受托人一般会出于保障偿还抵押贷款本息的安全而要求委托人赋予住房处分权。

操作流程说明：

①有"以房养老"信托意愿的委托人先将自己拥有独立产权的住房与金融机构签订住房抵押合同。

②金融机构通过对该住房评估后一次性发放抵押贷款。

委托人、金融机构、受托人签订三方协议约定委托人偿还本息的债务转移至受托人。

③委托人将从金融机构获得的抵押贷款全部作为信托财产设立资金信托，约定贷款利息和本金由受托人（信托机构）代以偿还，有权代受益人办理抵押权解除；同时约定贷款金额部分不足以支持偿还金融机构贷款本金时，受托人享有住房的处分权。

④信托机构向受益人交付受益凭证。

⑤信托机构在确保信托财产安全的前提下，将信托财产主要用于债权类投资。

⑥从融资主体获取融资带来的固定收益。

⑦代委托人偿还抵押贷款的利息。

⑧向受益人给付信托收益。

⑨受益人支付养老费用。

⑩信托计划终止，根据需要（如信托负有债务，最终权利归属人又无能力偿还债务的）受托人处分住房。

⑪由受托人代为偿还本金，原住房抵押权解除。

⑫将剩余的信托财产交付委托人在信托行为中指定的信托财产的最终权利归属人。如委托人在信托文件中没有指定剩余信托财产归属人的，则纳入继承人的继承财产。

（二）第二个"以房养老"信托的结构

信托的原理告诉我们，信托制度实质上是委托人利用信托这一工具，通过受托人向受益人输送财产的一个导管。受托人在信托财产的输送程中并不享受信托的利益，受托人对信托财产只是形式上的占有。而作为信托当事人之一的受益人才是信托财产实质意义上的利益所得者，即委托人为受益人的利益建立了一个通向受益人的利益输送的通道。这也是造成信托财产占有的法律形式与经济实质不一致的制度根源。因此，受托人并不因信托财产形式上的转移占有而承担税赋。因此，在制定有信托法的国家里，一般都将形式上占有信托财产的受托人排除在课税主体以外。很遗憾，我国还未在税制方面就此予以明确。换言之，当信托与相应的税制尚未结合起来而且信托法又要求不动产一类的财产在设立信托时必须办理信托登记的情形下，以不动产设立信托就会被以交易的形式予以课税。但是，这种有违信托原理的税收制度相信在很快的时间里会得到完善。于此意义，第二个"以房养老"信托的结构（图2-3）是立足于我国以不动产设立信托不予课税为前提的模式。

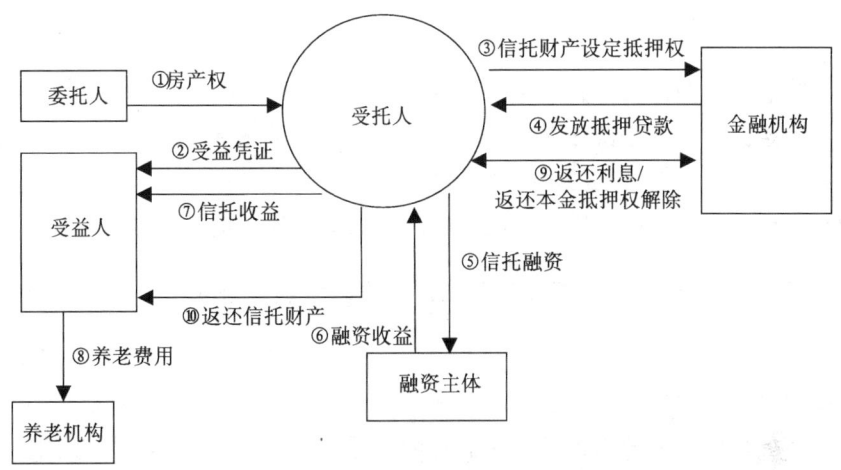

图2-3 第二个"以房养老"信托结构图

操作流程说明：

①有"以房养老"信托意愿的委托人将自己有独立产权的住房与受托人（信托机构）签订"以房养老"信托合同。由受托人按照委托人的意愿，为受益人支付养老所需的各种费用，管理或处分信托财产。管理内容包括将房屋价值的全部转换成现金，并对该现金进行债权类的投资以及房屋需要修缮时的修缮、将老人入住养老院后空闲起来的住房实施对外租赁，以及信托终止后，为返还金融机构的贷款，需要对住房所进行的处分。

②受托人向受益人交付受益凭证。

③受托人以信托财产所有人的名义，向金融机构申请抵押贷款。金融机构通过对住房评估后一次性发放抵押贷款。受托人将该项抵押贷款予以

运用，以所产生的收益或本金用于受益人的养老需求。

④受托人经过金融机构的审核，获得抵押贷款。此时的抵押贷款，因为是以房产权抵押获得的，与作为信托财产的房产权具有同一性，属信托财产[①]。信托财产抵押人的受托人对金融机构负有偿还抵押贷款的债务。该债务属于受托人在信托财产责任负担债务中以信托财产项下之财产负担履行之责任[②]。我们把这一债务称作信托债务。

⑤受托人按照委托人的意愿，在确保信托财产安全的前提下，将信托财产用于债权类投资，即信托融资。

⑥从融资主体处获取固定而稳健的收益。

⑦向受益人给付信托收益。

⑧受益人支付养老费用。

⑨偿还金融机构的利息/信托结束，返还抵押贷款，抵押权解除。

⑩向受益人返还信托财产。如受益人死亡，将剩余的信托财产交付委托人在信托行为中指定的信托财产的其他受益人，如委托人在信托文件中没有指定剩余信托财产归属人的，则纳入继承人的继承财产。

三、"以房养老"信托动态化财产管理的诸项效果

从上述两个"以房养老"信托的结构上，我们已经看出，这种所谓的动态化财产管理的实质主要表现在信托受托人为受益人的利益，在力保信托财产的保值升值的前提下，对信托财产采取主动管理和运用的模式。与其相反，"住房反向抵押贷款"或受其影响的"以房养老"信托均是效仿银行或保险采取以评估值通过大数据计算出一定限度的贷款金额，并在其限度内支持养老需求人的递减式消费，并非是递增式的消费。

（一）"以房养老"信托动态化资产管理的经济效果

"以房养老"信托的动态化资产管理效果，主要体现在信托融资功能下的财产递增效果。所谓财产递增效果，是指信托财产在受托人强大的专

---

① 参见我国《信托法》第十四条第二款"受托人因信托财产的管理运用、处分或者其他情形而取得的财产，也归入信托财产。"参见日本《信托法》第 16 条、第 17 条、第 18 条、第 19 条、第 226 条第 3 项、第 228 条第 3 项、第 254 条。

② 受托人处理信托事务所产生债务为信托债务。信托债务与信托债权互为对应。参见日本《信托法》第 21 条第 9 款第 2 项。在信托财产责任负担债务中，受托人仅以信托财产项下之财产负担履行之责任。

业管理能力下，利用自己的市场资源，通过对整个社会的经济形势所作出的综合而准确的判断，将信托财产以融资的形式投放于债权类市场，获得较抵押贷款要大的收益来促使信托财产的增值。

信托区别于银行以外的金融机构，主要表现在除具备投资功能外，还具有直接融资的功能（还有区别于任何一家金融机构的财产管理功能）。笔者之所以在此强调信托投资于债权类市场，是因为债权类市场是以与融资人通过合同的形式，在以确切的还款能力和为还款所提供足够的安全保障措施的前提下，以固定的利息回报的形式来确定资金融资的。这类融资性的行为，即便有一定的风险也可以控制，与风险不易控制的股权类投资不同。因此，在"以房养老"信托的财产管理上，笔者认为应以绝对安全为前提来考虑信托财产的管理运用。因为对养老需求人来说，用以设立"以房养老"信托的财产就是养老需求人的养老养命钱。换言之，需要对信托资金的运用领域、运用方式等设定约束，确保实现信托财产的保值和增值。如果这一养命钱出了差错，养老需求人晚年的养老生活就失去了保障。任何一个接受"以房养老"信托的受托人都必须尽到善良管理人的职责，恪尽职守地比管理自己的财产还要更尽心尽力管理好信托财产。

"以房养老"信托能够实现增值的效果，还是因为"以房养老"信托具有存续期限长的特点，能够发挥长期融资的功能，对有融资需求的融资方来说具有较大魅力。如前述之信托产品的收益情况中所言，两年以上的信托产品的收益基本上都在9%—9.9%和10%以上（浮动收益不在其中）[①]。我们参考2016年中国人民银行贷款基准利率中个人住房公积金5年（含5年以上）3.25%的贷款利率来计算的话，"以房养老"信托所获得抵押贷款以100万元计算的话，那么受托人每年需要代委托人（养老需求人）偿还3.25万元的贷款利息。而与信托受托人运作信托财产10%左右的融资收益则有近10万元的收益。减去银行3.25万元的年贷款利息后，还剩余6.75万元。如果将100万元的信托财产管理报酬定为1%的话，再减去1万元的信托报酬，还剩5.75万元。而这5.75万元分配在每一个月则合4800元左右。4800元的收益基本上是可以支付一线城市和省会城市

---

① 当然对第三方融资的年化利率是经常发生变化的，如2018年下半年给政府平台类投融资机构提供融资的年利率都在12%左右。

中等养老机构的基础费用的（基础费用包括床位费、膳食费和基本护理费）①。如果有剩余就将其积累在信托财产中，以备未来养老费用增加之需。因为人们到了晚年以后，对长期健康护理的需求必然会增加，所以可将剩余的收益积累在信托财产之中。

当然，按照《信托公司集合资金信托计划管理办法》的规定，受托人不得以任何方式承诺信托资金保本和最低收益②，就信托财产的管理运用而言，作为受托人虽不能保证上述信托计划的收益永远都是如此，但市场一贯是水涨船高，是随市场的变化而变化的。

（二）住房（信托财产）的租售和综合管理的效果

如前述，我国的老年人在子女养育孩子期间，多数会帮助子女照看孙子辈。在子女不需要父母再照看孙子辈的生活时，加上随着生活理念的不断更新，多数会选择在身体和经济条件许可下过候鸟般的旅居或旅游生活。只有在身体不适等前提下，才会选择入住养老机构。因为我国城市的自有住房持有率（限于户籍在本城市）均在80%以上，而且子女婚后多数都不与父母居住在一起。所以老年人入住养老机构后，其住房就会空闲出来。"以房养老"信托的受托人则可以为老年人办理房屋的对外租赁，将其每月的租赁收入归入信托财产，以备受益人往后不断增大的养老需求③。

所谓综合管理，首先是指房屋的对外租赁和修缮维修等。如住房或居住小区在经过一定年限之后会发生一定的自然损毁，当动用房屋共同维修资金需要业主签字时，受托人可代委托人签字；当房屋共同维修资金需要续缴时，受托人可代委托人续缴；涉及房屋内部的一些地方需要维修时，受托人可组织修缮；对外办理房屋租赁事宜以及将来房屋的处分等。上述诸事项，如果老年人没有设立信托，只能在自己精力体力、事务研判能力都健全的前提下才能所为，否则只有委托子女，但子女不在身边就非常不易（如独生子女，甚至一些独生子女并不与父母居住在同一地）。但是，当老年人设立了"以房养老"信托以后，就可通过受托人尽职尽责地处理

---

① 笔者查阅了2016年上海多个中档次养老机构的收费标准，老人支付养老院的基础费用中的床位费平均每月都在3000—5000元（床位费因单间、双人间和四人间不同而不同），膳食费一般在900—1200元。健康老人的基础护理费用一般在1200元。

② 参见《信托公司集合资金信托计划管理办法》第八条、第十一条。

③ 以上海为例，市区内80平方米的住房租赁费用一般每月都在6000—10000元。

好此类事项,作为"以房养老"信托的委托人兼受益人,不但可完全免除这方面的担心或顾虑,而且也免去了子女的担心和忧虑。

生老病死乃不可抗拒的自然规律,现代社会医疗水平和生活质量的提高,一方面促使人均寿命不断提高;另一方面也因治病和老年护理而导致这笔费用的不断增大。我们所提出的"以房养老"信托的建议就是基于这一情形。虽前述所言通过"以房养老"信托可使信托财产保值或增值,并不可能全部涵盖所有的养老和医疗费用,但是从补充这一意义上来讲则具有很大的意义。

于此意义而言,"以房养老"信托将面临两种情形:即一是作为反向抵押贷款信托的信托财产的收益部分无法涵盖养老费用的情形;二是委托人以住房为信托财产,受托人以自己的名义为受益人的利益将信托财产抵押获得的一次性贷款进行管理运用所获得的收益部分不能涵盖养老费用的情形。当上述两种情形发生时,假设委托人(受益人)的自有资金加上信托收益(也包括房屋的租赁收入)还不足以支付所需费用时,而且"以房养老"信托合同中又约定可以动用信托财产(这里称信托本金)支付养老费用的话,那么就有动用信托财产的情形发生。也就是说,在信托计划终止或养老需求人死亡时,所剩信托财产就可能会发生少于当初的信托本金之情形。按照信托文件的约定,受托人有权通过处分住房,以获得的现金收入偿还抵押贷款的本息和其他费用,再将剩余财产归于信托财产的权利归属人或者委托人的继承人。这种"以房养老"信托的综合管理形式,可以帮助老年人实现老有所依、老有所养、老有所乐、老有所学的无忧无虑的养老目的。

(三) 免受贷款利率波动影响的效果

住房反向抵押贷款额度的确定受房产价值、养老需求人的预期寿命、贷款利率等多方面因素的影响。因为"利率风险是不可分散的,不能通过提高贷款规模进行规避。""因此,如果贷款人不能准确地测定住房反向抵押贷款的利率风险,并采取适当的措施规避这种风险,在利率异常波动时,就有可能蒙受巨大的损失。"[1] 然而我们选择"以房养老"信托的两种

---

[1] 范子文:《以房养老:住房反向抵押贷款的国际经验与我国的现实选择》,中国金融出版社2006年版,第163页。

运行模式，在很大程度上不但会降低房产价值和预期寿命的影响，而且在贷款利率上也具有缓解效用。其原因可以归纳为以下 6 个方面：

1. "以房养老"信托的信托财产，即以抵押而获得的贷款并不是像其他金融机构推行的长期拘束于消费而递减的状态。

2. 在信托运行机制下，受托人按照与银行商定的贷款利率每年都在偿还利息，与住房反向抵押贷款在借款人死亡后一并偿还本金及利息有着本质的不同。可以规避住房反向抵押贷款的到期期限是随机的风险。

3. 在信托的运行机制下，采用浮动利率计息，不但对贷款人的金融机构不会构成利率风险，也不会对借款人的利益造成损害。

4. 在信托运行机制下，可以有效地规避借款人提前还款的风险。

5. 在信托运行机制下，可以有效规避因住房反向抵押贷款的债务随时间延长而增加的风险。

6. 在信托运行机制下，信托的受托人获取的是信托文件中双方约定的固定信托报酬，因非银行类金融机构的合理利差（在如何界定合理利差方面，借款人无任何话语权）而具确定性，设立"以房养老"信托的委托人（受益人）是可以计算出来的。

（四）"以房养老"（抵押贷款）信托不受房地产信托登记约束的效果[①]

我国《信托法》在信托的设立上，有严格的规定。在本书中笔者提出的"以房养老"信托模式中的第一个模式，就是基于我国在不动产类的财产设立信托时，会涉及信托本身是否生效而所采取的迂回术。用通俗的话来讲，就是"死钱变活钱"。这种死钱变活钱，并不是物产变卖意义下所变成的活钱，而是现代金融意义上的资产证券化的产品。

我国《信托法》关于信托的生效采用的是登记生效主义，即如设立信托，就应当在签订信托合同后，办理信托登记。而信托登记和《中华人民共和国物权法》（以下简称《物权法》）规定的不动产物权的设立、变更、

[①] 为了规避信托登记的制度缺陷，我国公证机关也推出了遗嘱公证信托，欲通过公正的形式解决不动产或特殊动产为信托财产的效果。之所以有此现象的诞生，应归责于我国信托税制和物权登记与信托登记的不相协调的制度原因。关于这一长期存在的问题，从我国《信托法》出台之日起，学术界和实务界就提出了严肃的批评，然而立法机关却一直拖延至今没给出一个适当和正面的解释。

转让与消灭①则发生相关内容的竞合。这里无法回避信托登记和物权登记是同时办理，还是先办理物权登记，之后再办理信托登记的问题。从我国《信托法》第十条第二款"未依照前款规定办理信托登记的，应当补办登记手续；不补办的，该信托不产生效力"的规定来看，倒是可以理解为先办理物权登记，而后再办理信托登记。但是，一项财产是不是信托财产，直接影响到取得该财产的第三人（受益人）的利益。我国《信托法》所规定的可在一定时间内补办信托登记，就使信托行为在这一时间段内属于不彻底之行为。而这种不彻底之行为，将会在一定的时间内导致权利转移不为第三人知悉的效果，而且这种转移也不具备信托财产可对抗于委托人的债权人的法律效果。同时，信托财产处于这种状况下，必将在交易安全上存在不利，而设立信托的目的，就是为了避免与信托财产进行交易的善意第三人受到损害。此外，为了受益人的利益不受损害，制定有信托法的国家，不管是采取登记对抗主义的国家，还是采取登记生效主义的国家，其欲实现之法律效果都是向外界宣示信托财产因信托行为而处于闭锁状态之中，具有独立于委托人未设立信托的其他财产，也独立于受托人的固有财产和独立于受益人的固有财产。而且通过这一对外宣示（公示），使与设立信托有关的第三人知悉其为信托财产。总之，我国现行法下的信托登记和物权登记被人为地割裂成了互为独立的两种登记，不但造成了上述的法律后果，而且也因此形成双重登记的结果。

那么，所谓的双重登记，无论是物权登记还是信托登记，都涉及财产权的名义变更。如先于信托登记，那么新的权利登记人是谁？如何登记？登记的基础为何？如该项权利登记没有标明办理权利登记的原因为信托的话，就势必形成财产权的交易。尤其是现行税收制度又未与信托制度实施联动，这种交易下的财产权登记必然伴生相应的税收，而税收本身又与实质受益人原则相悖，有损税收公平原则，而且也违背了信托的原理。如若表明该项权利变更的登记是信托行为下的财产权转移，那么在权利变更登记时则发生了向外界公示信托性的财产权转让的法律效果。因此，现行法下的登记两步骤（即双重登记）存在的意义将荡然无存②。

---

① 《中华人民共和国物权法》第九条规定，"不动产物权的设立、变更、转让和消灭，经依法登记，发生效力；未经登记，不发生效力。"

② 笔者对现行法下的双重登记提出异议，其原因是出于对信托财产的独立性和保护受益人和交易第三方的利益，建议财产权登记与信托登记一并办理，完善《信托法》的第十条规定。

以上所言，涉及信托法基础理论的运用和在立法上的反映，虽不是本书论述的重点，但从抛砖引玉出发，诚挚希冀在未来的《信托法》修改时予以考虑。

　　由于信托登记涉及面较大，又无法回避现实制度下的制约，笔者故提出"以房养老"信托的第一种模式，以迂回之术，并佐以受托人对抵押贷款的管理运用和在享有对抵押贷款抵押物（住房）之处分权的前提下，由受托人负责偿还抵押贷款的本息，求得与以住房为信托财产相一致的终极目的。如此进行的产品设计，可巧妙地回避以不动产类设立信托必须办理信托登记的制约。不过，委托人以房抵押所获得的贷款，其性质应为借款，作为抵押人的委托人负有还款义务。像这种通过抵押所获得的借款能否设立信托则是《信托法》上诚挚考虑的问题。

　　也就是说，这里存在什么样的财产可以设立信托的基本问题。依我国《信托法》规定，用以设立信托的财产必须是积极财产（即财产权）①。一般认为，以负有债务的消极财产，即借款设立信托是不被承认的。因为民法上调整的财产分为积极财产和消极财产，而所谓的财产权，一般都是指积极财产，而消极财产则是具有财产内容的义务。所以，一直以来《信托法》都规定只有积极财产才能设立信托。但是，在该法第十七条中就信托财产可以强制执行的几种情形中规定了设立信托的前债权人对该信托财产享有优先受偿的权利。换言之，所谓的享受优先受偿权并非是禁止设立信托，而是因为该信托财产因为在信托成立前就负有债务，其债权人当然享有权利。然而，在有关以带有消极财产因素的财产能否设立信托方面，2006年修改后的日本《信托法》明确地将以财产权设立信托的规定变更为了以财产设立信托②。一字之差使传统的信托理论发生了巨大的变化。但是话说过来，凡以负有消极财产因素的财产设立信托的，也并不是没有任何限制。就是说，必须成就以下条件：即以负有债务内容的信托财产设立信托的，出于保护债权人的利益，受托人必须在接受原财产上的义务的同时管理该项信托财产。而且由于该行为会直接影响作为债权人之贷款人的利益，所以受托人接受该财产上的债务应当获取债权人的同意，或达成

---

　　① 我国《信托法》第二条就信托财产为积极财产作出了明确的规定："本法所称信托，是指委托人基于对受托人的信任，将其财产权委托给受托人，……"。

　　② 日本《信托法》第2条称信托财产为"属受托人之财产，是可依据信托进行管理或处分的所有财产。"与旧法第一条就信托定义为"财产权的转让"有着天壤之别。

合意。客观而言，带有消极财产因素的财产也可设立信托，确实是对传统信托基础理论的突破，适应了社会的发展，如对住房反向抵押贷款信托、企业经营权信托、知识产权信托等给出了制度上的依据，拓宽了信托的领域。

(五) 对身后财产作出巧妙安排的连续受益人的效果

信托以其灵活的制度设计，区别于遗嘱继承，可通过设定连续受益人将自己的身前财产作出巧妙的安排。因为遗嘱制度只能一次性地将遗产对继承人作出继承分配。而信托则可以实现非一次性分配遗产，即设定几个时段的顺位受益人和最终的信托财产归属受益人。就是说，设立信托，既可以不受法定继承的约束，也可以把遗产收益受益人和遗产继承人分别开来，实现家族财产的长期传承。除此之外，信托的设立者还可根据自身的情况，可以在信托文件中设定受益人的条件，对将来不符合受益人条件的受益人予以变更和撤销。当然，如果委托人不在人世，受托人就应当按照委托人设立信托的宗旨，保证信托目的的实现而行使该项权利。

在"以房养老"信托中，设立信托的委托人，可在信托文件中约定在自己去世后信托财产还有剩余的情况下，由其指定的人作为信托财产的收益受益人和信托财产的最终权利归属人。因为我国长期以来实行计划生育和独生子女政策，老人到晚年时，子女不在身边的情形很普遍，老人出于对照顾自己晚年生活的人予以经济上的回报或支持，就可以将其作为信托财产的收益受益人，约定在该收益受益人有生期间，每月或每年或一次性地给予多少信托收益。这样的信托设定还不影响信托财产的最终权利归属。

设立该类信托的可以是老人自己，也可以是老人的子女。前者是生前自益信托和身后他益信托的结合，后者是生前他益信托和自益信托以及身后他益信托的三结合形式。也就是说，后者作为老人的子女，以自己的父母为受益人设立"以房养老"信托[①]，在自己父母去世后，自己和妻子作为该信托的收益受益人，自己或妻子去世后由子女作为信托财产的权利归属人。

[①] 既可以是老人的子女，也可以是愿意为某老人的晚年生活提供保障而自愿设立信托的人，即不局限于老人的子孙。

（六）信托财产独立性的效果

信托的生效标志着信托财产独立于委托人未设立信托的财产、受托人的固有财产和受益人的财产。我国和各国的信托法均承认信托的这一基本原理和功能，给委托人设立信托的财产提供了强有力的法律保护。依我国《信托法》的要求，在"以房养老"信托中，用于设立信托的财产为金钱类的动产时，因此类财产权是以交付为生效要件的，并不存在信托登记的要求。作为金钱的以住房反向抵押贷款设立的养老信托，具备了信托制度所提供的制度性安全保障。

但是，当委托人以与此类财产不同的不动产的住房或其他法律法规要求必须进行登记的财产权设立"以房养老"信托时，则必须办理信托登记才能使信托发生效力，才能实现信托财产的独立性。如前述，由于当前信托登记和税收制度的不相衔接，导致在现阶段以此类财产权设立信托，于操作层面存在很大困难。立法上这个一直悬而未决的问题，不但不利于我国信托业的健康发展，而且也使得信托机构在面对无法回避的制度制约时，各显神通地将本来可以通过设立信托为资金需求人筹措资金的信托关系，变成了融资方与信托机构的借贷关系。致使信托机构不能以财产所有人的身份有效控制本来应为信托财产的财产，只能将风险的控制寄托于抵押权下，与在自己名下的信托财产的可控性相比，毫无疑问存在一定的风险。

为促进信托登记制度的完善和信托业的健康发展，消除信托设立上的尴尬，一次在上海信托法论坛上，现任信托业协会首席经济学家蔡概还博士讲到，如果我国相关制度能与信托登记制度相互衔接起来，我相信中国信托业的受托规模将会在不太长的时间内轻松突破一百万亿元，而且信托业的转型也会不再裹足不前。完善信托登记制度，尤其是满足社会需求日益旺盛的"以房养老"将会发挥极其重要的作用。同时，笔者也坚信在学术界和实务界的推动下，立法机关会在不久的将来改变这一现状。

第三章

"以房养老"信托的关系人

第一节 "以房养老"信托的关系人概述

信托的原理告诉我们，委托人为了受益人的利益，通过将自己的财产权转移给其信赖之人（即受托人）而设立信托，由受托人为实现委托人的信托目的而管理或处分该项财产（信托财产）。藉此，受托人从受人之托、忠人之事、代人理财出发，以善良管理人的注意，恪尽职守地处理信托事务[①]。换言之，信托就是以委托人设立信托的目的为纲，以信托财产为纽带，为受益人的利益，通过订立生前遗嘱信托契约的形式予以确立的[②]。也就是说，所谓信托关系人，就是指因同一信托行为而享受信托法上的权利和负有义务的人，构成信托法律关系的主体。这些信托关系人并不等于信托当事人。信托当事人是指信托设定行为的人，其范围较信托关系人为

[①] 参见中国《信托法》第二条、我国台湾地区"信托法"第1条、日本《信托法》第2条、美国《统一信托法典》第401条。

[②] 参见我国《信托法》第八条。我国《信托法》就信托的设立规定了只能通过书面形式，以信托合同或遗嘱或者法律、行政法规规定的其他书面文件等形式设立信托。我国台湾地区"信托法"也明确规定以信托合同或遗嘱形式成立信托。日本2006年《信托法》修改后也规定了设立信托的三种形式，即信托合同、遗嘱和以公证书或其他书面形式。

窄。如在信托合同下是委托人和受托人,在遗嘱信托下只有委托人自身是信托当事人①。但是,我国《信托法》显然是将因信托行为而享受信托法上的权利和负有义务的人都视为信托当事人,并将其归于了信托当事人一章之中。依据我国《信托法》,当事人包括委托人、受托人和受益人(也包括信托终止时取得剩余信托财产资格的权利归属人)②,甚至公益信托上的监察人③都在信托当事人之列。

上述信托当事人的界定,实际上指的就是信托"三主体"学术观点的体现和对信托一旦设立委托人便脱离开信托关系的学说之纠正④。换言之,我国《信托法》上的信托当事人,突破了信托"两主体"的英美信托法的传统基础理论的束缚,正式将委托人纳入了信托当事人之中。笔者认为,这不但是从制度上确定了信托回归本源下的"三主体"的学术思想,更是对信托法基础理论研究上的一大贡献。

根据以上论述,结合"以房养老"信托,我们可以把因设立信托,而与该信托利益发生信托法上的直接或间接关系的人,并根据信托关系取得权利、义务者称之为信托关系人。根据这一观点,"以房养老"信托的关系人就是:设立信托的委托人。该委托人既可以是愿意以自己的房产权设立信托的老人,也可以是为老年人的晚年养老而以自己的房产权设立信托的人,即可以是老年人的子女或者其他人;愿意接受该项信托的受托人,

---

① 参见[日]田中实、山田昭著,雨宫孝子补订:《新版信托法》,[日]学阳书房1998年版,第45页。

② 参见我国《信托法》第五十五条:"依照前条规定,信托财产的归属确定后,在该信托财产转移给权利归属人的过程中,信托视为存续,权利归属人视为受益人。"日本四宫和夫先生认为,([日]《信托法(新版)》法律学全集33—Ⅱ,有斐阁1989年版,第307页),权利归属人属于依据信托行为,即委托人的设立信托的目的可以享受信托利益的人,应将其视为受益人,即信托当事人,并从信托设立的当初即应受到与受益人同样的保护。

③ [日]中野正俊:《信托法讲义》,[日]酒井书店2005年版,第50页。

④ 传统信托法基础理论认为委托人并非信托当事人,其理论依据是委托人设立信托后便脱离开信托关系。参见我国《信托法》第十九条至二十三条、二十四条至四十二条、第四十三条至第四十九条。

既可以是委托人信赖的家族成员中的人担任受托人①,也可以是专门以信托为业的信托机构;就受托人而言,从作为养老费用支出的有效补充出发,必须考虑到只有具有非常强大的专业能力和业务资源的机构才能承担财产动态化管理的重任。因此笔者认为,"以房养老"信托的受托人应以信托公司最为合适;受益人既可以是设立"以房养老"信托的老年人本身(如夫妇两个都健在,则为该夫妇两个。因为家庭财产属于夫妇共同财产,以家庭共同财产的住房设立"以房养老"信托的,必须是出于夫妇双方共同的意思表示。这种情形下的委托人称之为共同委托人),也可以是设立信托的委托人在指定满足养老需求者的受益人之外,再设定其他人作为享受该项信托收益的受益人。即可以在享受信托收益上设立不同顺位和享受不同收益内容的信托受益人(如在信托文件中事先规定好收益受益人和信托财产的最终权利归属人的受益人。这种在生前遗嘱信托中设立多个不同顺位受益人的信托被称之为连续受益人信托。在20世纪90年代发端于美国,后被日本引进,并得到了社会的广泛认可);还有委托人根据信托的需要,认为在信托文件中有指定信托管理人之需要时的信托管理人等。这些因"以房养老"信托的信托行为而参与其中享有一定权利和义务的人都属于信托关系人。

第二节 "以房养老"信托委托人的适格与地位

一、"以房养老"信托的适格委托人

我国《信托法》就委托人的资格在该法的第三条和第十九条明确规定,只要在中华人民共和国境内进行民事、营业、公益信托活动都适用我

---

① 根据我国《信托法》关于受托人的规定,只要是完全行为能力人,且系委托人信任之人,都可以担任信托的受托人,当然我国《信托法》是在民事信托下就受托人的资格作出规定的。至于商事信托下的受托人,因为其以信托为业,各国对商事信托的受托人除了具备基本条件以外,还要求有一定的专业能力。这反映在相应的制度的规定上。如我国对专事信托的信托公司在《信托公司管理办法》中作出了具体规定:"设立信托公司,必须经中国银行业监督管理委员会批准,并领取金融许可证。未经中国银行业监督管理委员会批准,任何单位和个人不得经营信托业务,另外还就设立信托公司的必备条件作出了具体规定。

国《信托法》。就其资格而言，只要具有完全民事行为能力的自然人、法人和依法成立的其他组织，都享有设立"以房养老"信托的委托人的资格①。

"以房养老"信托由于其特殊情况，除了应满足信托法的基本要求以外，对设立"以房养老"信托的委托人从财产权和财产价值上还是有一定条件要求的，否则就不可能实现通过"以房养老"信托来有效补充老年人养老生活经费的养老目的。

在对设立"以房养老"信托的委托人如何作出资格性规定之前，笔者认为有必要借鉴之前在我国试点推进的"以房养老"反向抵押贷款的经验。

我国正式拉开"以房养老"序幕的是中信银行。2011年10月，中信银行在全国范围内推出了针对中老年客户的"信福年华"的借记卡业务。该借记卡开办有养老按揭贷款业务。设定的借款人3个条件，分别是：（1）年满55岁或客户年满18岁的法定赡养人可以作为借款人申请以房抵押贷款。（2）必须有两套以上自主产权的住房。（3）贷款期限不得少于10年。第一个条件是对抵押人的资格性要求，后面两个是附带的财产及契约上的要求。在此之后，其他银行也有类似的举措，但社会上尚未见多大反响②。换言之，规定的都是必须有相应财产的养老需求人才可以申请以房抵押贷款。

在银行业尝试开展"以房养老"业务未见多大社会反响后，保险业在原中国保监会的指引下也试探性地开展"以房养老"的业务。其前提也是建立在养老需求人所持有的房屋财产权上。原中国保监会在《关于开展老年人住房反向抵押养老保险试点的指导意见》中指出，所谓"反向抵押养老保险"，是指有房屋完全产权的老年人，将其房产抵押给保险公司，继续拥有房屋占有、使用、收益和经抵押权人同意的处置权，并按照约定条件领取养老金直至身故。老年人身故后，保险公司获得抵押房产处置权，处置所得将优先用于偿付养老保险相关费用。从中可以看出设立"以房养

---

① 参见我国《信托法》第十九条。日本《信托法》和我国台湾地区"信托法"均未就委托人的资格或能力作出明确规定，都适用于民法的一般原则，从信托行为的成立必须是委托人将财产权移转于受托人来说，一个没有行为能力的人显然不可能实施财产权的转移和设立这种较为复杂的信托，也就是说委托人必须是完全行为能力人便构成了设立信托的必备条件，而这一条件也同样适用于"以房养老"信托。

② 参见王小平著：《保险支持以房养老研究》，中国金融出版社2014年版，第188页。

老"抵押贷款者的前提也必须是自主房屋产权的持有人。顾名思义,所谓"以房养老",房屋产权是实现"以房养老"的载体和设立"以房养老"的基本条件,没有房屋产权的基础支持,"以房养老"就成了无本之木①。

"以房养老"信托的产生缘于住房反向抵押贷款,因此说设立"以房养老"信托的基础应是房屋产权。在该前提下,笔者认为"以房养老"信托的委托人,应是具有完全民事行为能力,并以自己完整的房屋产权通过设立"以房养老"信托的形式,使自己或者自己指定的受益人享受信托利益的人。但是,反观住房反向抵押贷款的申请人,各国都对借款人作出了不得低于多少岁年龄上的限制,如美国的 62 岁、法国的 65 岁、我国的 55 岁和其他国家的 50 岁到 70 岁不等的规定②。然而,就"以房养老"信托来说,根据其定义,笔者认为无论是老年人自身还是愿意为老年人的晚年养老而设立"以房养老"信托的具有完全民事行为能力的自然人都可以设立"以房养老"信托。也就是说,在设立该项信托方面,不对委托人设置年龄上的限制,但须在受益人的年龄上作出一定限制,即受益人必须是 60 岁以上的老人(请参见本书第一章"以房养老"信托的法律特征)。

综上所述,对设立"以房养老"信托的委托人来说,必须满足三项基本条件才能成为委托人,即具备完全民事行为能力、拥有独立的房屋产权和有设立"以房养老"信托的意愿。于信托法意义,我们把具备这三项必备要件的委托人称之为适格委托人。

这里有必要指出的是,在信托分类中,有民事信托和商事信托之分。我国的现行《信托法》是调整民商事信托关系的基本法。但是,在商事信托领域,除了要接受信托法的调整外,还要接受《信托公司管理办法》和《信托公司集合资金信托计划管理办法》的调整。但是"以房养老"信托,因其不属于集合资金类信托,又是个人信托下的财产管理,所以当然不受集合资金信托计划中对合格委托人的条件限制。至于"以房养老"信托究竟应归属于民事信托还是商事信托,在学术界倒有两种不同的观点,即依主体说和行为说两种。笔者更倾向于行为说的观点,因为即便是专事商事信托的专业机构(如我国的信托公司、日本的信托银行)也受托公益信

---

① 从美国等国引进的以房养老(又被称为用于养老目的的反向抵押贷款)业务都要求借款人必须是房屋产权的所有人。

② 英国的 60 岁、加拿大的 55 岁、澳大利亚的 60 岁、日本的 65 岁、韩国的 60 岁、我国香港特区的 55 岁和台湾地区的 65 岁等。

托，不能因此就认定商事信托机构所受托的业务均属于私益信托。当然，也不能概言以信托为业的信托专业机构只能从事商事信托。

日本的住房反向抵押贷款信托，从性质上被划分在福祉型养老领域，被称之为高龄人群和残障者的生活支援型的信托。2006年日本新修改的《信托法》将为该类信托的有效利用发挥一定作用。将此类支援高龄人养老而设立的信托划分到了民事信托的范畴。在20世纪90年代中期，日本在引进生前遗嘱代用信托时，在学术界和实务界曾一度提出该类信托究竟属于民事信托还是商事信托，迄今为止也没有一个定论，有人认为属于两者之间的灰色地带。但是由于生前遗嘱代用信托主要表现在家族财产的管理、继承和运用上，从某种程度上来讲，可认为是家族信托的代名词。因其属于个人信托，虽然学术界将此界定在民事信托的范畴，但日本的信托银行和信托公司大都在受理此项业务。如日本瑞穗信托银行的代理行筑波银行就于2017年6月首推出了生前遗嘱代用信托的综合运用型指定金钱信托，还有日本的朝日信托公司等都先后推出了住房反向抵押贷款信托。其实，笔者就"以房养老"信托究竟划分于民事信托或商事信托的目的就在于主张因属个人信托，在主张行为说的前提下，认为信托机构也可从财产管理方面接受此类信托，从而使其不受商事信托方面法规的约束。

二、"以房养老"信托委托人的地位

以自己的房产权通过设立信托来为自己或他人实现养老目的者，在"以房养老"信托法律关系中，为信托"三主体"的当事人之一，系"以房养老"信托的委托人。换言之，"以房养老"信托的委托人是把自己的财产作为信托财产转移给受托人，由受托人按照其制定的信托目的——实现养老目的去管理和处分信托财产。于此意义，委托人不但是信托的设立者，也是信托目的的制定者和信托财产的捐出者，没有委托人就没有信托的成立。换言之，信托的目的，即委托人设立信托的宗旨，是受托人管理信托的行为准则，更是检验受托人是否圆满地履行了受托人义务的标准。在信托存续期间，委托人享有的诸项权利证明了委托人在信托中占据着重要的位置。

我国《信托法》在严格把握"受人之托、忠人之事、代人理财"的信托的本质的前提下，制定了独具特色的中国信托法：在委托人方面，区别于域外的信托法，不但明确了委托人的法律地位，而且赋予了除信托受益权以外的与受益人相同的权利。这对保证信托的安全和委托人设立信托的目的的实现起到了至关重要的作用。

虽然我国《信托法》明定了委托人的法律地位和赋予了诸多权利,但是在学术界,甚至实务界却因此出现了不同声音。认为给委托人赋予如此多的权利,一是有悖于委托人在信托成立后便脱离开信托关系的信托法理;二是将会影响信托的稳定(持这种观点的不在少数,且对开始学习和研究信托法的人产生了不小影响)。笔者认为,有必要对我国《信托法》为何明定委托人的法律地位和赋予诸多权利作出深层次的解释,抽丝剥茧,使信托法律关系正本清源,还信托以历史本来的面目,纠正信托法传统基础理论"二主体"论的认识误区,给"二主体"论面对委托人法主体地位和享有的权利因无法解释而束手无策以解惑。否则,我国的信托法基础理论将会因此把自己禁锢在对传统信托法理的认识之中,不明就里地批评我国信托法的创新且合理之处,从而被域外国家远远抛在身后。虽然本书的研究目的在"以房养老"信托的制度建设上,但考虑到如何保障委托人设立信托的目的得以实现,必须对其权利行使给出合理的解释。当然,也有利于和促进我国信托法基础理论的研究,起到一石二鸟的作用。因此笔者将从以下几个方面对委托人的法律地位和权利行使进行探讨。

(一)信托委托人隐藏与浮出下的法律地位之流变

长期以来设立信托的委托人被不公平地拒之在信托关系之外。认为"委托人"在信托成立之后便脱离开了信托关系。也正因如此,委托人才没有被赋予法主体的地位,当然更不存在相应的权利。有的只是信托文件中可就委托人的权利予以设定。换言之,委托人的权利如没有预留,则就不享有任何权利。

从衡平法和信托发展的历史来看,委托人设立信托的目的是规避沉重的封建税赋和普通法的僵化规定。因此,委托人一旦将信托财产转移给受托人,根据普通法,信托财产属于受托人的财产,委托人丧失了信托财产上的法定权利。对受托人有约束力的只是委托人通过信托文件表达出来的为受益人的利益的愿望以及受托人的承诺。而这种彼此信任下的承诺就是信托赖以存在和发展至今的关键。完成委托人的愿望的基础就是这种承诺下的财产所有权与受益权相分离,它铸造了信托的核心灵魂,奠定了信托制度的基础,解决了信托制度本身所要解决的几乎所有的问题。换言之,委托人的身影虽甚是少见，或曰主观性或无奈性地身影隐藏，但靠的是彼此之间约定的信托目的，尽管委托人在设立信托后不在信托关系之列，不再对信托财产拥有权利。

何宝玉先生在其《信托法原理研究》一书中说，"委托人设立信托是为了规避沉重的税赋和普通法，显然委托人不愿或难以向普通法院主张自己的权利。况且信托的出现早于合同，委托人即便诉诸法院，也很难说明主张什么权利。"① 笔者认同何宝玉先生一针见血地揭示了委托人为什么而设立信托，为什么选择隐身的原因。这段话也是对英国人民在创设信托中，对委托人依靠与受托人相互间的信任、信赖关系，巧具匠心地通过信托把自己隐藏起来的实质描写。

为了保障委托人设立信托的愿望得以实现，后来发展起来的衡平法院规定委托人的愿望对受托人具有强制性的义务性质。同时可借助信托财产的独立性与衡平法对"受益人所有权"的保障，在委托人、受托人和受益人之间围绕信托财产实现三者的平衡。这种平衡也的确是基于委托人不在信托关系之列造成的维护正义的无奈选择。那么，时至今日怎样看待这种无奈的选择倒给研究信托法基础理论提出了认真研究的课题。

概括起来，委托人隐藏的原因普遍认为有以下两种原因。

1. 迫于社会的需求。为规避封建制度的限制。虔诚的教徒为了规避《不动产永续权法》禁止教会拥有土地的规定，通过 USE 设计，将所有权和受益权进行分离，以实现支持僧侣们日常生活之需。

2. 迫于生活的需要。为了避免沉重的封建税赋和规避长子继承制以及为防止因参加战争战死沙场，家人的生活失去保障、土地被没收等。

从 USE 到信托，社会发展至今，委托人已不像从前一直隐身在信托的背后，即便在信托发源地的英美法系的信托法里，也渐渐脱离开了旧有的观念。原来凭良心的制约走向了制度制约。信托委托人再也不用无奈地选择隐身，同时信托的观念和信托制度也都因为这一变化而发生了变化。

衡平法认为如果允许委托人强制执行信托，无碍于受益人权利的实现。衡平法院的良苦用心在于架构绝对为受益人的信托体制不允许他人干预。信托必须为受益人的利益而存在是衡平法上一项行之已久的默示规则。美国的信托制度从保护受益人的利益出发，首先从制度层面将委托人

---

① 何宝玉：《信托法原理研究》，中国政法大学出版社 2004 年版，第 128 页。

作为信托当事人使其浮出水面,明确了委托人在信托中的法律地位,丰富和发展了原始衡平法的立法观念,并在第 1013 条的信托证明中规定,信托文件中必须载明三个方面的内容。

(1)信托存在的事实以及信托文件订立的日期。称信托文件是指委托人订立的包含信托条款的文件及其修订文件。

(2)委托人的身份等。

(3)此外,还赋予了委托人有撤销和变更信托的权利。

再也不像旧时代那样,委托人必须深藏起来。而且该法第 6 章是关于信托撤销和变更的内容,第 602 条明确规定如下:

(a)除非信托条款明确规定信托是不可撤销的,委托人可以撤销或变更信托。而且在表明委托人和受益人之间的关系时,第 603 条明确了信托可以被撤销且委托人有资格撤销信托的,受益人的权利服从于委托人的控制,受托人的职责完全为委托人承担。

关于与受托人的关系,明确规定受托人必须遵照委托人的指示行事。即便是与信托条款相反的指示也必须执行。该条也从制度层面正面证明了信托委托人权利地位。

另外,在大陆法系中最早成功引进信托制度的日本,也在其 2006 年新修改的《信托法》中,从委托人系信托的设立者,也是信托财产的捐出者出发,为平衡各方关系使这项制度顺利融进民法体系,保护信托财产和受益人的利益,赋予了委托人除了可享有受益权以外的诸多权利。概括起来一共有 8 处。

(1)规定委托人对强制执行有主张异议申诉权;

(2)在信托存续期间,当发生不可预见的特殊情况时,委托人有管理办法变更请求权;

(3)对受托人造成信托财产损失的有补偿损失请求权;

(4)对信托事务处理的知情权;

(5)对受托人提出辞任的许可权;

(6)新受托人的选任权;

(7)受托人解任请求权等;

(8)信托的解除权。

日本旧《信托法》虽也承认委托人的法律地位并赋予了一定的权利,但在信托当事人的态度上面尚存暧昧。不过,在 2006 年新修改的《信托法》中，委托人作为信托当事人设立专章，除明确了委托人作为信托当事人的法律地位外，还规定除不享有信托受益权之外，委托人可在信托文件中约定诸多权利，将原来只有受益人拥有的信托撤销权也赋予了委托人。在此次修法中，委托人拥有的诸项权利却是作为任意性规定存在于制度之中，显得略具羞涩之感。应当说在制度层面上将信托撤销权赋予委托人本身，已是信托法学理论上的巨大创新，更是对受益人独享信托撤销权这一近百年来信托法主流理论的巨大冲击，因为信托撤销权是围绕信托性质几大学说的核心存在。虽然在日本信托法学理论研究中，并没有借此次修法，从此高度认识信托法学理论的演变，但还是为信托法学理论研究开启了新的研究空间。

我国通过五年多的立法工作，于2001年正式引进了信托制度，虽较其他国家迟后了一些，但我国的信托立法却在综合考察域外各国和地区的立法经验下，从信托的原理和本质出发，历史性地研究信托，认为信托的委托人作为信托财产的捐出者应是当然信托当事人，即便信托成立，也不宜脱离信托关系，况且委托人作为信托当事人出现在信托中，只会有利于受益人权利的维护，并不会造成因委托人的权利赋予会对信托受益人带来不利。在此思想下，我国《信托法》在编撰体例上，委托人第一个出现在信托当事人一章，不但位置非常显著，而且被赋予了除受益权以外的诸多权利。换言之，我国信托立法虽然迟了一些，但在委托人方面却是第一个旗帜鲜明地赋予了法主体地位和诸多权利（该权利内容集中表现在我国《信托法》的第十九条到第二十二条之中）。笔者认为，这本身就是两大法系的巧妙结合，是参与立法的专家学者的良苦用心，其效果表现在督促和监督受托人更有效、更有责任地为受益人的利益管理好信托财产。这在当时甚至遭到了信托"两主体"论的严厉指责，认为委托人过于强大的权利会导致受益人权利的不稳定，主张委托人在信托成立后就应脱离开信托关系。从比较法学的角度来看，或许日本《信托法》的修改从某种程度上借鉴了我国《信托法》对委托人的立法例。

综上，从信托发展之初委托人的"隐藏"到"浮出"，尤其是在大陆法系国家移植信托制度时赋予了委托人广泛权利，毫不夸张地说，这本身就证明了委托人法律地位的演进便是一部信托制度的发展史。赋予委托人在信托中的地位，不仅反映了委托人权利义务范围的变化，更是信托在各国发展模式选择与立法价值取向的重要体现。委托人回归信托，不但体现了私法自治、是信托受益人利益进一步得到有力保障的表现,而且还是社会进步的标志。因为现在早已不是为了规避不合理的法律而不得已隐藏起来才能实现自身的目的的社会。

(二) 委托人回归信托大家庭的法律效果

1. 明确受托人忠实义务的对象。在信托中,受托人的中心义务首先是忠实义务,其次是对信托财产的管理义务。随着信托委托人作为信托当事人的出现,"受人之托、忠人之事、代人理财"中的受谁之托、忠谁之事便一目了然。在过去很长的时间里,普遍认为受托人必须对受益人履行忠实义务,其理由是受托人必须为受益人的利益管理信托财产和不得享受信托利益。该理由存在的基础是信托当事人只有受益人和受托人。但是坚持这一传统观点的又无法解释受托人处理信托事务为何被长期拘束于信托目的之下,又将信托目的比喻为左右受托人处理信托事务的"死手"。对此,我们认为这种呈现在纸面上的信托目的便是被拟人化了的"死手",日本《信托法》学者新井诚先生将其称之为委托人设立信托之意愿的意思冻结[①]。综上所述,受托人处理信托事务的忠实义务的对象只能是委托人。

2. 委托人行使信托撤销权的理论根据。"纲举目张",法主体地位得以确立的委托人与受托人和受益人同为信托当事人。受托人接受委托人设立信托,承诺遵照委托人的意愿管理信托财产,彼此之间围绕信托财产的管理形成了债权债务的法律关系。当受托人违反信托时,委托人为保护自身的权益和设立的信托得以实现,行使法律赋予的权利自然无可厚非。当受托人违反信托,使信托财产遭受损失,委托人在行使恢复原状请求权无果时,基于对受托人的债权,可单方面发动形成权直接向信托财产的转得人行使撤销权。上述对委托人撤销权行使的诠释,当可解惑长期以来对委托人行使撤销权的异议,为我国《信托法》和日本《信托法》对赋予委托人这项权利给出了一个合理的解释。

[①] [日] 新井诚:《信托法》(第4版),[日] 有斐阁2004年版,第86页。

第三节 "以房养老"信托的适格受托人

一、"以房养老"信托受托人的概念

受托人在信托法律关系中处于极为重要的地位。没有诚信、没有专业管理能力、没有恪尽职守观念的受托人，毋庸置疑是无法实现委托人设立信托的目的。从围绕信托财产生成的权利和义务来看，委托人最主要的是移交信托财产，受益人基本上是享受信托财产产生的信托收益。与委托人和受益人两主体不同，受托人是按照信托的设立目的，积极采取各种措施，为实现信托财产产生更大的利益而具体从事信托财产的管理运用之人。于此意义，信托的存续、信托目的的实现，都完全依赖于受托人的种种努力，因此才有受托人在信托法律关系中处于核心地位的说法。

"以房养老"信托属于众多信托的一种，为何冠以"以房养老"信托的称谓则完全取决于是以住房（或以住房通过抵押所获得的资金）作为信托财产，以养老为目的而得名。既然该信托有区别于其他类信托的特点，那么对受托管理该项财产的受托人也会有一定要求。

我国《信托法》第十九条就信托受托人规定了基本条件，"受托人应当是具有完全民事行为能力的自然人、法人。法律行政法规对受托人的条件另有规定的，从其规定。"结合"以房养老"信托的特点，我们认为"以房养老"信托的受托人应该是：承受"以房养老"的委托人设立信托的意愿，接受信托财产，并以该财产权的名义人，按照信托文件规定的信托目的，依靠高度的专业管理能力，为受益人的利益恪尽职守地管理、运用和处分信托财产的人。

"以房养老"信托的受托人可以出现在民事信托中，也可以出现在商事信托中。于民事信托下之"以房养老"信托的受托人除了满足我国《信托法》的法定条件外，还必须具备高度的管理能力。同理，于商事信托下之"以房养老"信托的受托人除了满足我国《信托法》的法定条件外，还

必须符合我国《信托公司管理办法》的相关规定①。其实，因为"以房养老"信托的关键之处在于信托财产的管理运用，并不在于处分，所以要求"以房养老"信托的受托人当然具备高度的专业能力。

换言之，"以房养老"信托的适格受托人，我们并不否定只能锁定于商事信托的专业信托机构，从而排除发生于民事信托的可能。

从我国《信托法》颁布实施以来，呈现在眼前的几乎都是商事信托，即便资管新规扩大了信托关系的认定范围，但也是基于商事机构的行为性质，而没有拓展到商事机构以外的其他信托关系。也就是说，迄今为止，我国尚未出现基于《信托法》要求的民事信托。从学术研究和未来的社会实践出发，笔者认为，"以房养老"信托既可通过商事信托，也可通过民事信托实现委托人设立信托的目的，即由委托人选任受托人。

二、商事或民事信托的不同属性下的"以房养老"信托适格受托人

在我国，鲜见有民事信托，这方面的研究也为数不多。但是，无论是商事信托还是民事信托，其信托的诞生，都完全取决于委托人，即于民事信托之情形，是委托人主动选择受托人。于商事信托之情形，一是来自于委托人的主动选择；二是认可受托人发布的信托计划并参与其中。那么怎样选择适格受托人，对设立"以房养老"信托的委托人来说至关紧要。

在我国，民事信托和商事信托虽然都适用信托基本法，但凡商事信托者，还须接受《信托公司管理办法》和《信托公司集合资金信托计划管理办法》的调整，与此相对的民事信托主要接受《信托法》的调整，不受信托两规的约束。因为于"以房养老"信托而言，可成立于民事信托和商事信托任何一种。但是由于上述两种信托对受托人存在不同的要求，在研究"以房养老"信托的适格受托人方面就有必要首先厘清民事信托和商事信托。

（一）民事信托与商事信托

我国正式引进信托制度是在 2001 年，且引进信托的目的并非是着眼于民事信托，而是在于如何将其作为一个金融机构合法合规地开展非银行类的金融信托业务。换言之，在立法上也没突出信托法意义上的财产管理的

---

① 参见我国《信托法》第八条。

特质。以至于十几年来，整个社会对信托的认识还仅局限于信托投资计划。于此意义而言，所谓信托的受托人就是信托公司，信托公司推出的商品就是信托。由于立法当初并没有将信托之精髓的代人理财的理念推广到整个社会，以至于信托现象基本上都局限于商事信托方面。或许出于此种原因，我国的信托主管机关——原中国银监会（今中国银行保险业监督管理委员会）十年多来一直都在提倡信托回归本业或业务转型。但是，什么才是回归主业，主业是什么？却无一人给出明确的概念。就这样，我国的信托公司一直被诟病为影子银行从事着类银行的业务。也正因此，作为行政主管机关的原中国银监会，才在信托公司的业务经营上，一直贯穿着强监管、严监管和深监管的体制特点。

无独有偶，这和日本当初为规范混乱的金融现象而严格地设置了诸多行业规制的信托业法有着异步同曲的效果。换言之，日本的信托立法并不是完全出于普适于民间财产上的信托管理，而是将业务的范围长期以来都拘束于商事方面，如早年的贷款信托、附担保权信托、证券投资信托、企业年金信托、债权类的融资信托、资产流动化信托、信托租赁等等，不胜枚举。这些充分反映了日本是基于商事信托的信托立法，和英美有着本质的区别。但随着经济社会的发展，日本于2004年在大幅度的规制缓和的前提下对《信托业法》首先进行了修改。反观我国的信托立法和日本走的道路极为相同，甚至在商事信托方面更有过之。但是，随着老龄化社会的发展，日本意识到了信托制度不但需要通过金融服务于社会，而且更有必要将其运用于民间的财产管理上；不但不能把信托的受托人只局限在信托银行身上，而且要更加拓宽信托受托人的范围，这在2004年和2006年修改后的《信托业法》与《信托法》方面有了明确而具体的体现，其效果就直接表现在了培育从事民事信托的专业信托人员和活跃老龄人财产管理的民事信托市场等方面。毫无疑问，日本在信托方面的立法实践，也为我们快速进入老龄化社会的立法提供了非常宝贵的经验。

日本《信托法》和《信托业法》大范围修改的一个重要的内容就是为了推进民事信托的发展。因为自20世纪90年代中期，日本受美国影响引进生前遗嘱代用信托的信托业务以后，学者们就开始关注此类业务的属性，有认为是民事信托的，也有认为是商事信托的，甚至还有认为是处于两者之间灰色地带的，可谓众说纷纭。虽然当时该类信托业务在日本取得了一定程度的发展，但毕竟因数量不多没引起足够的重视，不过在两法修改之后，家族信托被作为民事信托的代表又在学术界和实务界中掀起了新一轮的研究热潮。

众所周知，日本调整信托关系主要有两法，即作为基本法的《信托法》和《信托法》之特别法的《信托业法》。前者调整所有的信托法律关系，后者调整商事信托法律关系。换言之，接受《信托业法》调整的必然是商事信托。

上述所言之新的研究热潮，笔者认为一是因为两法在什么是商事信托，什么是民事信托的概念界定上仍存模糊；二是因这种模糊直接影响了民事信托和商事信托的属性判定，从而涉及不同的监管主体和受托主体。近年来，在我国信托实务界（也包括一些银行和信托公司推出的家族办公室、家族财富办公室等）也在积极推进家族信托，但就家族信托属于商事信托还是属于民事信托，并没有表现出足够的兴趣（也许因为信托实务界认为凡是信托的，就应该是信托机构的专属领域），因此在学术界的理论研究上也鲜有论及。

因本书研究内容是通过房屋产权设立信托来实现养老目的的，所以界定该类信托的属性对于选任信托受托人显得尤为重要。

日本著名信托法学者神田秀树教授认为，所谓商事信托，就是指受托人发挥的关键作用超越了信托财产被动性管理或者处分的情形。简言之，即民事信托的受托人所发挥的关键作用仅限于财产的被动性管理或处分[①]。另外，神田秀树先生还就商事信托的特点方面进一步同民事信托作出了区分。认为"形成商事信托的经济行为并不像民事信托上的财产无偿让渡，而是一种伴随着对价交换的商事交易。""形成民事信托的经济行为是与财产长期管理制度组合在一起的赠与（gift）。主要用于财产管理和继承的信托。"[②] 笔者认为，神田秀树教授在区分民事信托和商事信托方面，主要还是基于传统的信托理论，即民事信托不以收取报酬为原则（以收取报酬为例外），商事信托以收取报酬为特点而给出的总结。就此，日本学者小林彻先生在赞同神田秀树先生以是否收取信托报酬为判断基准之观点的前提下，进一步认为民事信托"应从信托的目的加以判断，凡是以家族和个人

---

① ［日］神田秀树：《商事信托的展望》，新井＝神田＝木南：《信托法制的展望》，日本评论社2011年，第504页以下。

② ［日］神田秀树：《商事信托的展望》，新井＝神田＝木南：《信托法制的展望》，日本评论社2011年，第504页以下。

的财产管理、继承、生活稳定等为目的的信托都应视为民事信托。与此相对，以通过商事交易获取收益为信托目的的信托则应视为商事信托。"[1] 然而，小林彻先生又紧接着说不能以是否取得信托报酬为判断两者的要素。以是否获得信托报酬只能用于区分营业信托和非营业信托。在凡是以家族和个人的财产管理、继承、生活稳定等为目的下的信托，即民事信托之情形下，不管是受托人为何人都应视为民事信托。为此，小林先生又举例说明，于民事信托而言，相对于信托银行作为受托人获取信托报酬之情形，作为受托人的同一家族者既存在获取信托报酬的，也有不获取信托报酬的。换言之，这种划分民事信托和商事信托的观点是建立在鉴别商行为的内容之上。这种区分商事信托和民事信托的观点实际上是对日本《信托业法》的以信托为业者的行为均属于商事信托的理论颠覆。但是究竟何谓民事信托，何谓商事信托，学者们智者见智、仁者见仁，观点各有千秋。但有一点是相同的，即并不主张以行为主体来判断商事信托或民事信托。在如何划分民事信托和商事信托上，笔者认为，所谓民事信托，应该是指受托人按照信托文件的约定（包括运用型和处分型信托），为单独接受的信托财产所进行的管理或处分的行为。当然，与此相对的是商事信托。笔者认为，所谓商事信托则是指受托人以信托为业，连续而反复地通过信托计划募集非来自单独委托人的信托财产，获取信托报酬，并以自己的名义为受益人的利益所进行的管理或处分的行为。与民事信托相较，其最大而明显的不同点，就表现在商事信托是受托人发布信托计划在先，向社会特定人募集信托财产，成立信托计划，收取信托报酬。当然还有融资租赁信托、贷款信托、投资基金信托、证券投资信托等涉及金融范畴的业务还需要相关的经营资质，不是一般自然人和其他组织能所为，这些都是区别于民事信托的显著标志。

于此意义，当我们界定"以房养老"信托属于民事信托还是商事信托时，有一点可以肯定的是，不管是自然人还是信托的专业机构，均有资格担任受托人。但担任这一信托受托人的前提条件必须是具备专业的管理能力；在满足前述条件时，只要委托人和受托人双方缘于真实意思表示，都有权依法作为信托当事人订立信托合同，互为信托当事人。

---

[1] ［日］新井诚：《高龄社会下信托制度的理论与实务》第四章小林彻《高龄人之财产管理继承下的家族信托制度与成年监护制度》，日本加除出版株式会社2017年2月，第73页。

（二）信托的受托人多元化

随着日本专事信托的信托银行所开始的面向个人的各种各样的信托产品的开发和问世，其本身除了标志着商事信托在向民事信托领域的发展或转变以外，也昭示了信托受托主体的多元化。换言之，规范商事信托的，除了信托基本法以外，还有《信托业法》（在日本），在我国是《信托法》和《信托公司管理办法》以及《信托公司集合资金信托计划管理办法》。相反，于民事信托之场合，作为信托的受托人只用接受《信托法》的调整，其他调整信托业者的法律法规都与其无关。

如前述，就"以房养老"信托的受托人来说，可认为只要是受委托人信任，且愿意承受信托又具备专业管理能力的自然人和其他组织都可以成为"以房养老"信托的受托人。如委托人可指定自己信任的人作为"以房养老"信托的受托人，也可以选任信托专业机构担任"以房养老"信托的受托人。

虽然笔者主张在"以房养老"信托方面（主要考虑到信托财产的运用安全和利益的最大化都需要受托人强大的专业能力）应以选择信托专业机构为好。但是在这种单一的小规模的财产管理方面，也未必对我国当下的信托机构来说就有什么优势。因为我国信托公司长期以来一直习惯于把从社会上募集一定规模的资金投资运用于诸多领域，但对于房地产或其他财产作为信托财产进行管理或处分，如对外租赁、保险、租赁户和所有人之间的纠纷处理等类型的业务基本上都不曾介入，因此也不能因其是专事信托业的机构就认定其有高超的专业能力。但有一点却是一般自然人不具备的，即专事信托的机构可因专业人才的引进改变其劣势，从而补缺某种专业能力。

专业的事须由专业人士去做。《信托法》要求信托的受托人在处理信托事务时必须付出善良管理人的注意。这里的善良管理人的注意，实际上是指受托人必须是具备处理该类业务的专业能力以及与其相应的专业地位的人士所能够付出的注意。这种注意是应高于管理自身财产付出的注意，是专家级的注意[①]。当然我们并不排除一些出于经营之情由或信托合同上

---

① ［日］寺本振透：《解说新信托法》，［日］弘文堂2007年版，第64页。

的约定,就某些业务委托或者通过设立共同受托人解决此类问题①,但从营业成本与利润的角度出发,涉及这类业务的一般都具有一定规模。而个人单一的、小规模的财产管理类信托业务,如房地产信托和与此相关的租赁等多方面的具体实务以及与之匹配的机构建设等,就连日本的信托银行过去也一直都未予以足够的注意,更不用说以信托融资为主营业务的我国信托公司会把注意力放在此类业务方面。然而,社会老龄化不断加剧下逐渐形成的强大需求,使得日本的信托银行和信托公司,就连律师事务所和不动产的关联企业也开始将触觉逐渐伸向了这一领域,而且社会上的这一动态业已受到老龄人以及其家族的关注②。

综上所述,在日本的信托领域中,受托人因社会客观形势的变化而出现了多元化的迹象。日本的这一现象也说明了信托这一工具不只局限于信托银行在金融领域的财产管理业务,金融领域以外的财产管理才是更大的。像家族信托、遗嘱信托、知识产权信托等,不但适合专业信托机构,也适合具有完全行为能力的自然人和法人担任信托的受托人。笔者相信日本这种受托人多元化的现象也将随着我国老龄化社会的发展和民间财产管理出现越来越大的需求,对我国信托业的发展产生较大的影响,同时也一定会促进我国信托专业机构改变现在业务单一的格局。

(三) 我国信托公司面向个人信托产品扩大之必要

在厘清民事信托和商事信托之后,我们可以说信托不但可以以集合资金的形式设立信托计划,亦可对单一的个人或家族财产实施财产管理。也就是说,信托公司不但可以参与商事信托,亦可参与民事信托。如前述,信托的广泛空间不只局限于金融领域,它可以服务于任何涉及财产管理的领域。

在行政主管机关屡次三番地高度提出信托回归主业的今天,正确理解回归主业显得尤为重要。笔者认为,信托的主业就是广义的代人管理财产,并不能简单地将通过信托把从社会募集来的资金所做的投融资业务看

---

① 日本《信托法》第28条规定受托人可以委托第三人处理信托事务。但必须符合以下三种情形:"1. 信托行为中规定有将信托事务委托或可以委托给第三人处理的;2. 信托行为中虽无委托第三人处理信托事务的规定,但委托第三人处理信托事务本身符合信托目的,被认为是妥当的;3. 信托行为虽规定不得将信托事务委托第三人处理,但认为委托第三人处理信托事务,符合信托目的,系出于不得已之情由。"

② [日]新井诚:《高龄化社会下的信托制度的理论与实务》,日本加除出版株式会社,2017年3月,第119页。

成是信托的全部。此类信托业务之所以在我国成为主流，完全是因为我国自从引进信托以来，业界习惯了先找项目、后募资金，再把募集的资金向有贷款需求的项目方提供融资的业务模式。

就信托介入财产管理而言，其管理方式可分为三个类型，即管理型、处分型和管理与处分型结合的综合类型。所谓管理型信托，是指委托人要求受托人按照信托合同的约定，在信托存续期间只能就信托财产实施管理，不得对信托财产进行处分的类型。与管理型相对的是处分型。所谓处分型，是指委托人要求受托人依照信托合同的约定，就信托财产实施处分的类型。相对于前两者，第三种类型是指受托人在信托存续期间，为实现受益人的利益最大化，可以根据现实情况将管理与处分综合运用的类型。

如果从受托人如何管理运用信托财产的方式上来讲，也可分为三种类型：即投资型、融资性和管理型。所谓投资型，是指受托人按照信托合同的约定，将信托财产（多数是资金）投资于某一个无风险或风险小且能控制的项目上，基本表现在股权投资上，在投资中获得可靠的收益。在业务上。所谓融资型，是指受托人按照信托合同的约定，将信托财产（基本上为资金）向第三方进行融资的行为。此类业务属于贷款性质的业务。受托人为了信托财产的安全，一般要求融资方提供足够的安全保障措施（具体来讲就是不动产的抵押和股权等的质押以及第三方提供的无限连带责任担保等）。第三种管理型，是指受托人依照信托合同的约定，对信托财产仅实施事务管理型的行为。

根据上述信托的类型和信托财产管理运用的类型，我们认为专业的信托机构不但可以从事金融信托业务，亦可以从事来自个人的财产管理业务。即不但还可以从事集合资金信托业务，也可以从广义的财产管理角度考虑信托业务的多样性，开发对个人的财产管理业务。本书研究的课题——"以房养老"信托，主张的就是信托专业机构应向广义的财产管理上转型，在民事信托中也能看到信托专业机构的身影。

三、"以房养老"信托适格受托人的衡量原则

所谓"以房养老"信托的适格受托人，是指根据"以房养老"信托欲要实现的目的，对接受此类信托的受托人要求除具备信托法上所规定的一般条件以外，还必须具备一定的管理信托财产的能力。换言之，只有具备这种能力的才能担任该类信托的受托人。

本书在第二章中列举了两种"以房养老"信托的模式，一为通过以住房产权作抵押所获得的贷款设立信托，信托机构以自己的名义为受益人的利益管理该项财产，以产生的收益支付或补充受益人的养老费用。另一种模式是根据信托的原理，假设我国的信托税制与信托完成了接轨，在财产的信托性转移方面不予课税的前提下，以房屋产权设立信托，信托机构再以自己的名义将其抵押至其他金融机构一次性获取贷款，并对该项贷款资金进行运作使其产生收益，用该项收益来支付或补充受益人的养老费用的模式。笔者将上述两项"以房养老"信托的基本模式称作为信托财产保值增值的收益型信托计划，而不是主流模式的住房反向抵押贷款下的递减性的财产消减。前者的财产为信托财产，金融机构发放的抵押贷款属信托债权，由受托人通过信托运用负责还本付息。而后者的财产则是负抵押权的一般财产，是要在住房反向抵押贷款结束后通过房产权的处分来收回贷款的，不存在抵押财产的管理运用。综上所述，笔者认为，"以房养老"信托是委托人将自己养老上的保命钱托付给了受托人，受托人对此一是必须有善良管理人强烈的责任感；二是同时必须具备精湛的专业管理和运营能力。因为该类信托无论是资金类的还是不动产类的，都是要转换成资金来加以运用的，我国的信托公司都是资金运用上的强手，此方面的业务应该是非常娴熟。鉴于此，笔者认为，"以房养老"信托的受托人，应以具备专业能力的信托机构担任适格受托人为宜。

如何判断受托人适格，应当有一个衡量的标准。以下是笔者列举的受托人适格衡量的三原则。

（一）忠实于信托目的的原则

诚实信用原则是作为民事主体进行民事活动时的一项最基本的原则，其内在是追求民事主体的利益平衡，反映在信托上就是受托人如何忠实地实现信托目的。既需要客观上实施诚信行为的效果，也需要主观上践行受托人善良管理人的各项职责。即便是为了受益人利益的最大化，也不能违反信托目的。这是信托的原则性规定，也是受托人行为的准则。尤其表现在处理信托事务方面受托人所享有的自由裁量的权利。该权利只有严格遵照信托目的，在保障信托财产安全有利的条件下才可以行使。

（二）信托财产管理的勤勉审慎原则

我国《信托法》第二十五条规定，"受托人应当遵守信托文件的规定，为受益人的最大利益处理信托事务。""受托人管理信托财产,必须恪尽职守,履行诚实、信用、谨慎、有效管理的义务。"该条第一款虽然规定必须为受益人的利益最大化管理信托财产,但是在第二款中却是强调了管理信托财产上的审慎与勤勉责任。学理上将第二款规定称之为"勤勉审慎原则"。"以房养老"信托的最大特点是要让信托财产在安全的前提下实现保值并产生收益,作为专业受托人,需要在信托财产的管理上积极寻找适当的投资标的,谨慎进行风险调查和管理,适时地对风险管理方案进行设计和更新,以有效应对不断变化的风险因素和风险模式,从而保证信托财产的收益。

(三)信托财产管理的安全原则

在"以房养老"信托中,受托人保障信托财产的安全是第一要务。没有信托财产的安全,"以房养老"信托的目的就无法实现。因此,"以房养老"信托的受托人在处理信托事务上,实现信托利益的最大化固然重要,但是在向第三人发放融资贷款时,一定要从融资方的还款能力和还款来源以及安全保障措施等方面做足做好功课,不但能在各种情况下都可以保障信托财产的安全,也可获得相应的利益。

四、多元化受托人下的民事信托受托人的培养

如前述,在我国,凡非商事信托者,其受托人资格只要满足信托法的规定即可,不受《信托公司管理办法》中对信托业者资格的限制。也就是说,在民事信托中,最重要的是受到委托人的信任,而该信任不但是委托人对受托人忠实的认可,也包含了对受托人管理能力的认可。"以房养老"信托关系到财产的综合管理,所以信任和能力两个是缺一不可的。在受托人多元化一节中,我们认为不能以行为主体来绝对化地将商事信托与民事信托区别开来,即不能片面认为作为业者的受托人不能担任民事信托的受托人,或者认为专业信托机构受托的业务都应归类为商事信托。即便民事信托的受托人在专业管理能力上可能会达不到委托人的满意,但依《信托法》规定,在信托合同约定范围的或特殊情形下受托人有权委托第三方处理某项事务,故专业管理能力又在其次,最重要的还是对委托人的忠实。但是,话说回来,除了忠实以外还是要归结到受托人能力上。

在老龄化社会愈发严重的今天,年事已高的老人对财产管理的需求也会愈高。还比如老人最放心不下的就是自己身后的残障子女如何生活，因为这些残障子女基本上都是不完全行为能力人，而提供这种财产管理服务的信托制度将备受关注。

鉴于此，笔者认为围绕家族信托这样的民事信托的受托人（当然也包括"以房养老"信托）应有系统地对有意愿担任受托人的，进行信托法和相关法律法规以及知识的普及与提高。因为日本除了老龄化社会来得比我们早以外，信托制度的普及也非我国能比，所以对民事信托受托人制度建设的关注度方面也比我们要强烈得多。

笔者认为，可以在以下机构中考虑民事信托受托人的培养与供给：

（1）律师事务所。

（2）公证处。

以上两个机构担任民事信托受托人均符合我国《信托法》第二十四条"具有完全行为能力的法人"的规定。"以房养老"信托的中心内容当然是财产的管理方法、受益人的权利保护、忠实义务与善管注意义务的履行等。在律师事务所和公证处的执业者均是通过了司法考试的人[①]，具备法律专业知识，只要在《信托法》和其他相关的法律法规等专业知识上进一步组织培训，再通过一定考试获得民事信托执业资格者就能够解决民事信托受托人的能力问题，当然也不排除自然人通过民事信托执业资格的考试来获取执业资格。

第四节 "以房养老"信托的受益人

一、"以房养老"信托的受益人的概念

受益人作为信托"三主体"和"三确定"[②]的重要组成部分，各国信

---

① 参见《中华人民共和国公证法》第十八条规定中就有"担任公证员，应当通过国家司法考试。"

② 在 Knight v Knight 3 Beav. 148，1840 判例中，Lord Langdale 裁判官判定设定信托要以信托目的的确定性、信托财产的确定性和受益人的确定性为必要条件（详细参考长岐郁也：《信托设立的三大要件——关于三大确定性的思考》，《法学研究论集》第 23 号 1 页以下）。

托法都存在没有确定的受益人,信托就不会成立的制度安排。因为委托人之所以设立信托,完全是为其指定的受益人获得信托的收益而设立信托的,即在信托契约中明确受益人是信托成立的必备要件。毫不夸张地说,没有受益人的信托是不存在的。信托就是为受益人的利益而设定的,受益人的存在是信托制度的特点。

"以房养老"信托中的受益人和一般信托的受益人没有根本上的不同,是指享受"以房养老"信托产生的经济利益的直接享有者。在"以房养老"信托关系中,受益人和委托人、受托人一样都是不可缺少的重要构成要素。虽然受益人是通过信托行为由委托人指定的,不是信托合同(正确来讲为法律行为)的当事人,但是在信托关系中因为其在信托中的受益权而拥有极为重要的权能[①]。

二、"以房养老"信托受益人的资格

关于受益人的资格,我国《信托法》规定受益人可以是自然人、法人或者依法成立的其他组织。根据我国《信托法》和域外信托法的规定,委托人可以在信托存续过程中,行使受益人的变更权和撤销受益权[②]。也就是说,现代信托法下的委托人拥有的权利彰显的是委托人设立信托的意愿,是为实现信托目的而服务的。因此,委托人一般会在信托文件中就享受受益权的受益人作出一定条件的设置。在"以房养老"信托中,这种条件设置显得尤为重要。

笔者认为"以房养老"信托受益人必须满足两个条件:

一是第一顺位的收益受益人年龄不得低于65岁。因为国家以鼓励"以房养老"方面实行有一定的优惠政策,如在"以房养老"的前提下设定房产权抵押贷款可享受低于银行的一般贷款利率等。

二是"以房养老"信托文件上对受益人做出的具体规定。美国《信托法》规定,除了第一顺位的收益受益人以外,设立"以房养老"信托的委托人还可以就受益人设置某些具体条件,即督促受益人在享受信托收益的同时,还必须履行信托受益人的义务,如规定受益人必须如何孝顺老人,

---

① [日]新井诚:《信托法》,有斐阁20002年版,第133页以下。详见本书受益人的权利义务。
② 参见我国《信托法》第五十一条。美国《统一信托法典》第603条"委托人的权力;撤回的权力(a)信托可以被撤销且委托人有资格撤销信托的,受益人的权利服从于委托人的控制,受托人的职责完全为委托人承担。"日本《信托法》第90条"委托人拥有变更受益人的权利"。

不得做某类事情，不得损害其他受益人的权益等，如有违反，委托人则可变更受益人①，委托人不在的，受托人可以根据信托文件的规定行使受益人的变更权。因此，在"以房养老"信托方面，并不是只要满足信托法所规定的自然人、法人或其他组织这些简单条件就能成为"以房养老"信托的受益人的。

第五节 "以房养老"信托的管理人

一、信托管理人的概念

信托管理人，是大陆法系国家引入信托制度时确立的一种旨在保护受益人利益的制度，主要目的是解决在特定情况下如何保护受益人权益的问题。美国虽然没有直接的信托管理人制度，但却有类似的受益人保护制度，被称作信托保护人（Protector）。信托管理人虽然不在信托当事人之中，而是根据信托的需要，作为信托的受益人、委托人和受托人之外的信托关系人，也作为一项制度引入了信托关系人之中。这在日本、韩国和我国台湾地区信托法中均有类似规定。我国信托法因公益信托受益人的不特定多数这一特点，为有效保护受益人的利益以专章的形式设置了监察人制度。相较之下的私益信托，受益人的权利保护只能寄托在委托人和受益人的监督权的行使上。然而，在老龄化社会日益深刻化的今天，随着老龄人通过财产信托解决自身的养老需求越来越大，私益信托更迎来了发展的良机，同时也带来了制度构建的需要。

如上述，公益信托中的监察人制度，旨在通过对受托人处理信托事务上的监督，约束受托人更好地管理信托财产，并在受托人违反信托时，代委托人和受益人实施权利救济。在老龄化社会，老龄人以自己的财产设立养老信托，作为委托人兼受益人，因其年事越来越高，对受托人的监督权行使难免会力不从心，如果没有代为行使监督权者，其监督权自然在一定

---

① 参见美国《统一信托法典》第 603 条第 603 条（a）款规定"信托可以被撤销且委托人有资格撤销信托的，受益人的权利服从于委托人的控制，受托人的职责完全为委托人承担。"及我国《信托法》第五十一条。

程度上沦为真空。当然，笔者在此谈论信托管理人，不仅仅是因为"以房养老"信托的需要，更重要的是出于老龄化社会的养老信托的需要，也是出于区别整个私益信托和公益信托，出于保护受益人权利的同样目的，笔者才认为在今天引入信托管理人制度尤为重要。

信托管理人的产生最早源于日本1923年颁布的《信托法》[①]，是针对信托行为中存在有不特定或者尚未存在受益人时可设置信托管理人的制度。日本新《信托法》在承继原制度的同时，结合当今社会的需求，又创设了信托监督人制度。该制度下的信托监督人是指为受益人的利益，监督受托人履行信托义务，并享有向受托人行使法律赋予受益人的除信托受益权以外的各项权利之人。信托监督人存在于信托受益人现已存在之情形，虽和信托管理人存在的前提有所不同，但是在维护受益人的权益方面和信托管理人一样拥有相同的权利。除了信托管理人和信托监督人之外，日本《信托法》中还有受益人之代理人制度。受益人之代理人可以选择代理被指定的受益人的权利，不及于其他受益人[②]。受益人之代理人只能通过信托行为选任。归纳起来，无论是信托管理人还是信托监督人，以及受益人之代理人，其权利行使的终极目的都统一在受益人的权利维护上，具有同一性。

我国台湾地区"信托法"承继日本旧《信托法》中的信托管理人制度，并在其基础上作出了进一步的完善，但就信托管理人的概念和职能还是局限在上述日本法中的信托管理人的职权范围以及产生的前提，并没有涉及日本新《信托法》中有关信托监督人和受益人之代理人的制度内容。但是，在1984年的库克群岛《国际信托法》中规定：在一项国际信托中，信托保护人是指有权指示受托人管理信托事务，有权决定受托人的自由裁量权及有权任命和解除受托人的权利持有人[③]。

---

① 日本1923年实施的《信托法》第8条有不特定或者尚未存在的受益者时，法院可通过利害关系人的请求或者依职权选任信托管理人；可是，依信托行为选定了信托管理人时，不在此限。"被选任的信托管理人可以以本身的名义，为了前款受益者行使有关信托的诉讼上或者诉讼外行为的权限"。

② 参见日本新《信托法》第139条。

③ International Trust Act of 1984 § 7（as amended 1989）（Cook Islands）（"protector" in relation to an international trust means a person who is the holder of a power which when invoked is capable of directing a trustee has a discretion and includes a person who is the holder of a power of appointment or dismissal of trustee…）

此后在美国，第一个提及信托保护人的法律是 1997 年的那达科他州法典，指出信托保护人是信托文件中指定的没有信托利益的任何第三方。之后，《美国信托法重述》也提及信托保护人这一概念。之后在 2001 年的《美国统一信托法典》则开启了信托保护人制度：如依信托条款的规定，某人而不是可撤销信托的委托人，被赋予指示受托人某种行为，受托人应当按照指示行为行事，除非该指示与信托规定相反或受托人知道这个行为将会严重违反为受益人利益的信义义务[①]。此处的"某人"即为信托保护人。

综上，为适应社会的发展，维护公平正义，现实存在要求法律的天平需要向有可能会被权益受到侵害的一方作保护性倾斜。这一点我们从域外的信托管理人制度的发生与发展中得到了印证。由于信托管理人制度是被社会后来才认识到其重要性的，所以制度的系统性建设稍显迟缓。不过，在该项制度建设上表现最为充分的是日本 2006 年新修的《信托法》。然而，修改后的信托管理人制度因拘泥于旧法对信托管理人的概念和产生的条件，只是在具体规定上作了细化。即在承继旧法的原信托管理人的基础上，又创设了信托监督人和受益人之代理人两项制度。信托管理人和信托监督人的最大不同就是产生的条件不同。至于受益人之代理人却有些前两者不具备的新意，即在权限上存在差异，只能为其代理的受益人的利益主张权利，其权利行使并不涉及其他受益人[②]。

综上所述，信托管理人、信托监督人、信托受益人之代理人以及美国法上的信托保护人，还有我国台湾地区的信托监察人等制度等，均是为了解决在特定情况下保全受益人权益的问题而创设的制度，其目的和赋予的权利具有同一性[③]，为了不使制度上的类似概念和规定过于分散，笔者认为应从广义角度出发将各类似概念统一于信托管理人的名下。

---

① Restatement (Second) of Trusts §185.
② 参见日本新《信托法》第 139 条第 2 款。
③ 关于和信托管理人的类似制度，是否为同一概念，或者有无区分的必要，我国学术界存在比较大的争议。方国辉认为，信托管理人和信托监察人并无实质差异（参见方国辉：《公益信托与现代福利社会之发展》，私立中国文化大学博士论文，1992 年）；赖源河、王志诚认为，"信托监察人"与其权限的本质不符，不如易名为"信托管理人"更为妥当。（参见赖河源、王志诚：《现代信托法》，中国政法大学出版社 2002 年版，第 160 页）。为区别私益信托和公益信托，赵磊在其《公益信托法律研究》一书中指出，在公益信托中设置的监察人和私益信托不同，比管理人更加直观与贴切。周晓敏认为，两者的区别在于信托管理人是适用于各种信托的一般情形，而信托监察人则仅适用于公益信托这一特殊情形。

二、信托管理人制度的创设价值和设定情形

(一) 信托管理人制度的创设价值

信托管理人的核心价值在于因受益人不能做出意思表示,为保护受益人的利益,监督受托人圆满地履行受托人的义务,保障信托目的的实现。尤其是在老龄化社会日益严重的当下,在该家族社会下子女赡养老人方面出现的各种发人深省的问题,老年人设立信托,作为委托人兼受益人,从各种能力上都会出现渐次减退的情形,当作为受益人的老年人发现受托人违反信托,侵害了自身的权益时,可能为时已晚,已经蒙受了不必要的损失。为了弥补受益人及时监督的不足和不力,就需要对受托人处理信托事务构建相应的约束机制,以便发生受益人利益受损时也能及时启动权利救济。

(二) 信托管理人设定的情形

借鉴域外信托管理人等类似制度,笔者认为信托管理人设定的情形应包括有同一性的几个类似制度所规定的情形。这里有一点需要说明的是,信托的成立与信托管理人没有直接关系,因为在信托关系中,信托管理人等是由信托文件规定的。

1. 信托文件中指定的受益人暂不确定(暂不存在)时。所谓受益人暂不确定,是指信托文件虽已就受益人的范围有所规定,但该范围内的受益人尚未出现。如指定受益人是将来出生的第一个孩子,或长子、长女等,或所有孩子时,即为已特定但目前尚不存在的受益人。于此情形下的受益权处于无从归属的游离状态,信托管理人在制衡受托人的权力方面显得尤为重要。

2. 受益人存在但尚未达到信托文件规定的条件时。信托设立时,虽没有明确受益人,但却明确了成为受益人的先决条件。信托是为了受益人享受信托收益而设立的,因此在私益信托中,不明确信托受益人,或不明确受益人之范围的信托是不被承认的。我国《信托法》第八条关于信托的设立,尤其是在"以房养老"信托中,设立信托的老人考虑到自己晚年的养老护理等各方面的情况,会对在自己身后享受信托受益的人(子女)作出一定的条件约束,并要求愿意成为受益人的必须承诺接受信托文件中有关受益人条件的约束(如果承诺接受约束条件的受益人不执行约束条件的

话，受托人或者信托管理人则可依其职权变更受益人或者减少受益人的受益份额）。

3. 受益人对受托人不能进行适当监督或监督能力有限时。在信托存续期间，尤其是"以房养老"信托之情形，委托人（受益人）年事已大，客观上对受托人行使监督权已能力有限，即便在信托文件中规定了其他受益人，可能也会因各种原因不能适当予以监督。于此情形，委托人在设立信托的当初，可以预先在信托文件中就信托管理人作出规定。如果出现信托文件中被指定的信托管理人不同意或不再愿意担任之情形的，可重新选任新的信托管理人。如果信托文件中一开始并没有就此作出该项规定的，也可根据委托人和受益人的要求，作为信托变更事项，经受托人同意增加信托管理人。

4. 信托中多个受益人中个别受益人有特殊权利主张时。在一个信托中，当存在若干受益人时，在信托中享有的信托利益会因信托文件指定的内容不同而有不同。如在"以房养老"信托中，委托人通过连续受益人的指定，在以自身和其妻子实现养老为目的下，其子女均为收益受益人，指定孙子辈的孩子为信托财产的权利归属人。在多数受益人存在的情形下，可能会在信托存续期间，对受托人处理信托事务有不同的意见或主张，为了家族之间的和睦，委托人可以在信托文件中事先规定信托管理人。信托管理人必须在履行公平义务下对待每一个受益人。当然，受益人如有特殊情况也可以委托其他人为其代理人，行使自身的权利。我们通过"以房养老"信托为例列举了上述现象，在商事信托的集合资金信托中，因为存在多数受益人，也会发生受益人（委托人）无法进行或不能完全进行意思表示的情形，预设信托管理人将对受益人的利益保护起到重要的作用。

除此之外，还有一种情形（在民事信托下），如果作为委托人兼受益人的父亲死亡后，作为第二受益人的母亲不是没有可能和其他受益人一起或变更信托文件的内容或终止信托。因为信托存在理论上向长子利益倾斜的可能，而信托委托人通过连续受益人而欲实现的继承资产也就化为泡影。因此，为防止此种情形的出现，一般会在信托文件中预先就信托文件内容的变更和解除作出一定限制，并设置信托管理人，对受托人和其他受益人实施权利监督和权利行使的制衡。我国《信托法》在"信托的变更与终止"一节中规定，"受益人对委托人有重大侵权行为的""受益人对其他共同受益人有重大侵权行为的",委托人可以变更受益人。① 另外,在连续受益人情形下,处在后位的受益人尚不具备享受信托收益的条件时,他们拥有的虽然只是对信托收益的期待权,但也不能排除受益人的基本权利,尤其是在"以房养老"信托中(因这类信托多含有家族财产继承的因素),更要贯彻委托人设立信托的宗旨,让其指定的受益人都能获得收益。一是需要受托人严格按照委托人生前设立信托的目的行事;二是需要信托管理人对受托人为所有全体受益人的利益行使公平义务的监督。

---

① 参见我国《信托法》第五十一条。日本《信托法》第138条规定,信托监督人可以自己的名义行使委托人和受益人的权利。

第四章

"以房养老"信托关系人的权利义务

第一节 "以房养老"信托委托人的权利义务

一、委托人的权利内容

"以房养老"信托和其他信托一样,信托当事人之间因信托的成立,彼此间形成了债权债务的关系。换言之,根据信托的原理和信托法的规定,委托人和受托人通过法律行为设立"以房养老"信托,委托人将住房的财产权(或以房产权抵押获得的全部贷款)向受托人作出转移,受托人以信托财产所有人的名义,按照委托人制定的信托目的,为委托人在信托文件中指定的受益人的利益管理好信托财产。于此意义,信托一经成立,就注定了委托人必须向受托人转移信托财产,受托人也因受让信托财产,接受信托而对委托人负有"受人之托、忠人之事、代人理财"管理好信托财产的义务,与此同时也负有必须将管理信托财产所产生的收益给付于受益人的义务。从信托法理上讲,我国《信托法》规定委托人为信托当事人,颠覆了"视委托人自信托成立后便脱离开信托,委托人和受益人或者受托人之间不再发生任何法律关系,委托人不享有与信托实施有关的任何权利和义务"的传统信托法理，在《信托法》基础理论建设上作出了巨大贡献（详见第三章第一节之二）。从信托实务上讲，于信托"三主体"出发，认为委托人作为信托财产的捐出者，从信托的设立到终止一直都处于极其重要的地位①，从而还原了信托的历史真实，区别于其他国家的信托法，第一次在制定法上明确了委托人的法律地位，并赋予了除受益权以外的受益人享有的所有权利，并将其权利性质界定为对受托人的监督权。我国《信托法》上的这一建树，在受益人的权益保护上极其重要，当然适用于"以房养老"信托。

（一）对非法强制执行信托财产的异议申诉权

各国信托法都基于信托的原理，规定在信托有效成立以后，信托财产便区别于委托人未设立信托的其他财产，也区别于受托人的固有财产和受益人的财产，发生闭锁效应（又被称之为隔离功能）②。这一闭锁效应反映在信托的破产隔离功能上，即信托财产不因委托人和受托人的破产而被划入破产清算财产或受到强制执行。信托法之所以禁止来自委托人和受托人的债权人强制执行信托财产，是基于委托人用于设立信托的财产：一是其合法拥有的财产；二是该财产不损害其债权人的利益；三是信托财产独立于受托人的固有财产，受托人只是信托财产形式上的所有人③。因此，法律赋予了委托人对信托财产强制执行的异议申诉权。

具体"以房养老"信托而言，其信托财产系委托人在不侵害任何债权人的利益的前提下，以自己完整产权的住房设立的"以房养老"信托。其目的是为了实现委托人（养老需求人）的养老目的和委托人去世后信托财产的分配或信托继续存在下的收益分配。依上述信托原理和《信托法》的规定，信托成立后的信托财产是为实现信托目的而独立的存在。基于信托财产独立存在的法定原则④，任何人任何组织不得强制执行信托财产。即便受托人的债权人、委托人的债权人、受益人的债权人对受托人名下的信托财产提出执行请求，委托人、受益人、受托人、管理人均可以信托财产

---

① [日]中野正俊：《信托法讲义》，[日]酒井书店2005年版，第43页。
② 参见我国《信托法》第十五条、十六条、日本《信托法》第14条、23条、我国台湾地区"信托法"第10条、11条、12条。
③ 参见我国《信托法》第十二条。
④ [日]中野正俊、長岐郁也："信託における差し押さえの可否"，韩国：《韩日商事法和信托法的诸问题"経営法律"》第10集（洪裕硕教授退职纪念论文集）1999年，第615页。

为由提出异议，主张不得对其强制执行。这是法律赋予委托人为保护受益人获得信托利益所享有的权利。如前述，委托人在信托存续过程中的权利主要表现为对受托人的监督权（在自益信托下，还有享受信托收益的受益权），作为委托人（受益人）自然应该充分行使上述权利，使之不受侵害。

在明确委托人有权对信托财产的强制执行享有异议申诉的权利后，作为"以房养老"信托的委托人就应该了解该现象大概发生于何种情形。笔者将其概括为两种：一是委托人的债权人；二是受托人的债权人。

1. 委托人的债权人。按照我国《信托法》的规定，"以房养老"信托的委托人用于设立信托的财产必须是不侵害其债权人利益的合法财产，其合法性的外在形式表现在房产权利证书。如果委托人拥有的房产权非瑕疵财产，又无以房抵押或担保负有债务的话，就足可证明任何人对该项信托不具有撤销和对该项信托财产拥有强制执行的权利。所以，"以房养老"信托也不会存在我国《信托法》第十二条列举的对损害债权人的利益而设立信托的，"其债权人必须在知道或者应当知道撤销原因之日起一年内行使该项权利，不行使的归于消灭"之情形。

2. 受托人的债权人。来自受托人的债权人的强制执行最有发生的可能。因为受托人的债权人基于对受托人的债权要求受托人以其名下的财产——信托财产抵偿债务的话，受托人应对该债权人予以说明信托财产不属于执行请求的对象。如果该债权人执意请求法院强制执行的话，受托人（也可与委托人、受益人一起）应向人民法院提出强制执行的异议之诉。但是，如果受托人的债权人强制执行信托财产给受托人带来了因此免于清偿自身债务的利益，受托人对委托人等提出异议表示反对的话，委托人与受益人则应当将该受托人和申请强制执行信托财产的受托人的债权人一起作为共同被告提出起诉。接受异议申诉的人民法院在审理该异议是否有足够的理由时，出于保护信托财产的目的，可命令债权人停止强制执行，或者命令其保证撤销对已经行使的强制执行的处分。

（二）信托财产的管理运用、处分、收支情况的调查权和说明请求权

"以房养老"信托的委托人不但是设立该信托的当事人，更重要的是信托财产的捐助者，受托人对信托财产管理运用得如何直接关系着受益人享受信托利益的效果。如前述，根据信托受益对象的不同，"以房养老"信托被划为横跨自益信托与他益信托两者之上的自他益混合型信托。也就

是说，委托人不单是信托关系的当事人，而且也是享受信托财产的受益人。对作为晚年养老依靠的信托收益自然倍加关心。作为"以房养老"信托的当事人和利害关系人为保护自身的利益，委托人当然有权了解和直接调查受托人处理信托事务的情况以及信托财产的收支情况[①]。参考第二章列举的"以房养老"信托的运用模式，我们清楚地知道，"以房养老"信托和普通的信托不同，受托人在管理信托财产上不但要做到为受益人的利益最大化，更重要的是要保障信托财产的安全。为此，委托人（受益人）在认为有必要了解受托人在处理信托事务中是如何管理和运用信托财产和收支情况时，就有权予以调查和了解。而且，单是调查受托人处理信托事务的情况以及信托财产的收支情况还不足以充分保护信托财产时，信托法还赋予委托人（受益人）有直接要求受托人就信托事务的处理情况作出说明的权利[②]。因此，当委托人（受益人）要求查阅与处理信托事务有关的其他文件时，受托人有义务提交相关文件，并接受调查，不得借各种理由拒绝委托人、受益人的调查。

（三）信托账目以及处理信托事务的文件查阅、抄录或复制权

信托的委托人（受益人）虽然不得干涉受托人正常处理信托事务，但是作为法定权利，"以房养老"信托的委托人（受益人）有权查阅与信托财产有关的信托账目以及处理信托事务的其他文件[③]。除查阅相关的账目和文件以外，委托人还有权抄录或者复制该账目和文件。委托人死亡或委托人因自身情况无法行使该项权利的，其他受益人和信托管理人有权行使该项权力。因抄录、复制有关账目以及文件所产生的费用由受托人承担，因向委托人和受益人提供与信托财产有关的情况是受托人的义务。

（四）信托财产管理方法的变更权

"受人之托、忠人之事、代人理财"是信托的精髓，是信托之所以能够延续至今的凭仗。正因如此，各国信托法都要求受托人严格按照信托文

[①] 当"以房养老"信托设立人为老年人时，随着其年龄的增大，正确的意思表示能力将会受到影响，尤其是身体行动不便等情形发生时，虽然法律赋予了各种权利，但是在具体行使上将会存在很多困难。于是，笔者在信托关系人中增加了信托管理人一节。其用意就是在老年人行使权利有障碍时，利于向受托人行使权利。

[②] 参见我国《信托法》第二十条、二十一条。

[③] 我国《信托法》第二十条第二款。

件上规定的管理方法去管理信托财产。"以房养老"信托赖以成立的基础是委托人将通过房屋产权抵押换来的资金交由受托人管理运用,以其产生的信托利益来补贴委托人(受益人)的养老费用。而这种养老财产的管理运用担负着必须偿还每年因抵押贷款而产生的利息,当然要创造比贷款利息更高的收益才能实现委托人设立"以房养老"信托的目的。所以,在"以房养老"信托的文件中,一般都会要求受托人不得将信托财产用于股权类投资,只能做债权类的投资项目,因为管理和运用信托财产必须坚持绝对安全原则。虽然在一般信托下,是可以视客观情况,经委托人(受益人)同意来决定是否改变原定的管理办法,但是鉴于"以房养老"信托的特殊性,委托人可在受托人提出管理办法变更请求时予以拒绝。但是,如果管理办法的变更是出于委托人即信托第一顺位受益人(老夫妇)去世之后的连续受益人的请求,由于"以房养老"信托的养老目的已经实现,连续受益人又暂无养老需求,从受益人利益最大化考虑,经连续受益人全部同意,笔者认为受益人有权向受托人请求管理办法的变更。

(五)信托财产的原状恢复请求权、损失补偿请求权和撤销请求权

如前述"以房养老"信托因其特殊性,信托文件一般都会就信托财产的管理方法作出规定,即要求受托人只能将信托财产用于债权类投资,而不能用于权益类投资。无论何种情形,受托人都必须严格遵守信托文件的规定,不得有任何违背。倘若受托人违反此项规定,给信托财产造成了损失,委托人(受益人)均有权要求受托人补偿损失或者恢复信托财产的原状。而这种损失补偿或信托财产的恢复原状,受托人只能以自己的固有财产进行补偿。如果委托人(受益人)向受托人行使该项请求权得不到实现时,法律赋予委托人(受益人)可通过人民法院向受托人违反信托的交易第三人主张撤销两者的交易行为[①]。至于信托财产的损失赔偿请求权和恢复原状请求权与信托行为撤销权行使的两者之间的关系,因为撤销权行使的对象应该是受托人交易的第三人,所以上述两种权利行使的相对人各有不同,很容易在请求权行使中发生竞合关系[②]。因为法律并没有明确规定行使这些请求权的顺序,笔者认为委托人应当首先请求受托人恢复信托财

---

① 参见我国《信托法》第二十二条。
② 参见张军建:《信托法基础理论研究》,中国财政经济出版社2009年版,第150页。

产的原状和补偿损失。在"以房养老"信托方面，因为信托财产是金钱，所以只要恢复信托财产作为资金的状态和应有的金额即可。如果受托人满足了委托人（受益人）的请求权，撤销权就没有行使的必要了。

（六）受托人的解任权以及解任请求权

权利和义务具有统一而不可分离的特点，两者是相对应而存在的。换言之，权利的实现需要义务的履行，义务的履行又确保权利的实现。我国《信托法》第三十九条在受托人职责终止的情形中有"辞任或被解任的"规定，从侧面反映出委托人（受益人）和受托人各自享有的权利和负有的义务。所谓被解任有两种解释：一是委托人和受益人根据其合意，随时可以解任受托人[①]。因为信托是委托人设立的，委托人要把信托财产托付给一个他认为合适的、自己放心的人，这样才能保障设立信托目的的实现。二是受托人在管理信托期间违反了应尽的义务，给信托财产造成了损失。在上述两种情形下，委托人（受益人）有权对受托人行使解任权或向人民法院提出解任受托人的请求。藉此，按照法律赋予的权利，委托人在"以房养老"信托合同中，应事先明定当受托人违背其职责（违反信托目的处分信托财产或者管理运用信托财产有重大损失的）或没尽到善良管理人注意义务的，委托人（受益人）可以解任受托人。因为信托是以信任为基础，不守信任的受托人是不具备受托人的起码条件的。

（七）受托人辞任的同意权

我国《信托法》第三十八条规定，"设立信托后，经委托人和受益人同意，受托人可以辞任"。"以房养老"信托的受托人在实现养老需求人养老目的的长期信托事务管理中，不但责任重大，而且需要有丰富的金融市场的经验、专门知识和运作能力等。虽然信托公司作为专业金融机构，在能力、经验以及信托财产的运用上面都具有专业能力，而且也在以往的信托事务处理上为信托作出了巨大贡献，但是由于客观原因致使受托人自身情况发生变化或者客观环境发生变化使受托人不能继续履行受托人的责任时，从对信托负责的角度出发，受托人有权提出辞任。对此，委托人（受益人）有权根据实际情况同意受托人辞任的请求。但是，鉴于我国《信托

---

① 参见日本《信托法》第58条。

法》在设立信托上必须以书面形式的规定，委托人（受益人）也需以书面形式予以表示。另外，当"以房养老"信托的委托人因死亡不存在时，于辞任的原则而言，受托人必须获得之后的其他受益人签署书面同意的意见。于此，受托人的辞任才得以成立、生效。

（八）新受托人选任权

"以房养老"信托是一项长期的信托管理事务，其终止的条件是信托目的的实现或不能实现为前提。信托原理告诉我们，信托具有不因委托人、受托人的倒闭、缺失（包括死亡）而宣告信托终止的法律特性[①]。当受托人因职责终止而导致受托人缺失时，"以房养老"信托的委托人（受益人）应按照法律规定选任新受托人，由新受托人继续为受益人的利益履行管理和处分信托财产的职责。我国《信托法》第四十条规定，"受托人职责终止时，依照信托文件规定选任新受托人，信托文件未规定的，由委托人选任。"因《信托法》要求信托财产必须在受托人名下，所以不能因受托人的缺失（辞任或被解任）就使信托财产处于无主状态和无人管理的境况，受益人的利益当然也会无人问津。为防止这一情形出现，我国《信托法》第三十八条第二款规定，"受托人辞任的，在新受托人选出前仍应履行管理信托事务的职责"。也就是说，在新受托人未接任之前，原受托人还必须尽职尽责地履行受托人的各项义务。当然，受托人的变更也需要以书面形式予以表示。

（九）受益人的变更权

从人性的角度考虑，人们总是希望将自己身后的财产传承给自己的子女，虽然老人已不再固守养儿防老的传统养老理念，加之子女们都有自己的住房和过着不愁吃不愁穿的生活，自然对反映在老人最大财产的住房没有了强烈的继承欲望，加上要对父母尽孝的愿望，一般都会为支持老人采取"以房养老"的方式。基于中国房地产市场的逐渐趋稳的形势，老人的住房的价值会远远超过其养老所需。换言之，老人在"以房养老"信托下，会有不菲的财产要留给后人。老人的晚年生活的最大需求并不是来自

---

① 英美法中有"信托不因缺失受托人而失效（Trust shall not fail for want of a trustee）"的原则。

子女们在物质上表示的孝心,而是在有生年间能多和子女们聚聚。由于子女们平常忙于自己的工作和小家庭的生活,一年中和父母相聚也是屈指可数。客观上来讲,老人的日常养老和驱赶晚年的寂独是无法寄托于子女的。当然子女与父母居住在同城的要好一点。总之,老人为了自己晚年生活更有寄托,会将激励机制引入"以房养老"信托中,在信托文件中就信托的收益和遗产继承作出一定的规定。如对常去看望父母的、在父母跟前多尽孝的,信托收益的比率就可多些,剩余信托财产继承的比率就可高些等。委托人在生前可根据实际情况对受益人的受益权和受益权的内容作出调整,也可以变更受益人。我国《信托法》第五十一条规定,"受益人对委托人有重大侵权行为""受益人对其他共同受益人有重大侵权行为的",委托人可以变更受益人或处分受益人的信托受益权。委托人死亡的,由受托人和信托管理人根据信托文件的规定行使该项权利。美国《统一信托法典》第603条在关于委托人的权利方面规定,"信托可以被撤销且委托人有资格撤销信托的,受益人的权利服从于委托人的控制,受托人的职责完全为委托人承担。"①

(十)信托的解除权

如前述,"以房养老"信托的特点表现在生前遗嘱信托方面。日本《信托法》就其特点规定,该类信托在委托人死亡前,所指定的受益人不享有受益人的权利②。也就是说,"以房养老"信托的委托人在世期间表现为自益信托,该信托的生效是以信托合同成立为生效要件的,而在其死亡后则属于遗嘱信托性质的他益信托。但是,该项信托的成立只是与伴生于后的遗嘱性质的他益信托系一体化的具有连续性的信托,而且因其在后的连续受益人的创设决定了信托目的在没有实现之前,信托不因委托人的死亡而终止。依据信托的这项原理打破了在后的遗嘱性质的信托要拘束于委托人的死亡生效要件。由于美国人开启的生前遗嘱信托非常适应社会发展的需要,后来被聪明的日本人移植到了日本,还在2006年修改的日本

---

① 就是的传统信托法理论一致认为,信托一经设立就具有不可撤销性。但是,美国《统一信托法典》颠覆了这一理论。该法第602条(a)款规定,"除非信托条款明确规定信托是不可撤销的,委托人可以撤销或变更信托。"日本《信托法》在该法第90条中也规定了委托人有变更受益人的权利。

② 参见日本《信托法》第90条2款。

《信托法》中以法律形式确立了下来。这一制度的引进，实质上打破了生效要件的限制和信托的适用对象及其范围，宣布了生前信托和遗嘱信托的混合应用的可能。笔者认为，这种融合了两类信托各自特点的实务和制度上的创设，是现代信托理论一大创新。而今天的"以房养老"信托就是贯穿了该理论的实践。相信我国《信托法》也会因此项业务的开展不断得以发展和臻美。

根据"以房养老"信托的特点，笔者认为因自益信托下的委托人和受益人表现为同一人，委托人有权可以随时解除信托，使其受益权归于消灭。但是，解除信托是出于委托人（受益人）的意思，在排除受托人有责任的情形时，如果原信托文件规定在信托存续期间受托人享有一定报酬的，委托人解除信托时，作为受托人的损害赔偿，委托人必须支付受托人相应的信托报酬。

二、委托人的义务

（一）委托人履行财产权转移的义务

上一节我们就生前遗嘱信托作了阐述，并指出了该类信托的除具有横跨生前信托与遗嘱信托两个不同类型的信托于一体的显著特点外，还将自益信托与他益信托融为了一体。而且还被作为一项制度固定了下来。"以房养老"信托是委托人通过自己的真实意思表示，和受托人之间签订以实现自身养老目的和让其家人享受身后财产收益的信托合同而成立的，就是生前遗嘱信托在实务上的一个具体运用。所不同的只不过是该类信托不如生前遗嘱信托中的财产范围那么广和多，只是将信托财产拘束在了房屋产权上而已。不过，相同的是都需要采取合同的形式设立信托。作为合同一方当事人的委托人既然表示要为某特定目的设立信托，要求另一方信托当事人的受托人接受信托，且受托人表示同意接受该信托时，则意味信托成立①。随着信托合同的签订，当事人之间的债权债务关系便应然而生。所谓债权债务关系就表现在：委托人有义务将用于设立信托的房屋产权（或通过抵押获得的贷款资金）转移至受托人的名下。与此相对的是受托人对委托人负有管理信托财产并将信托财产产生的收益交付给受益人的义务。如果委托人没有把约定设立信托的信托财产转移给受托人，信托则因处于

---

① 参见我国《信托法》第八条第二款。

不完整的状态，会被认为信托不具备生效的要件。对此，委托人当被视为合同不履行，应承担相应的责任。而且信托原理也告诉我们，信托是以信托财产为纽带产生的法律关系。作为设立"以房养老"信托的委托人如果不把用以设立信托的财产权转移至受托人的名下，就意味着纽带的不存在。纽带不存在，受托人手中空无一物，何来与委托人和受益人发生代人理财的关系，也不可能实现"以房养老"信托的养老目的，因此委托人向受托人转移信托财产在信托中处于极其重要的作用。

（二）支付信托报酬的义务

根据我国《信托法》第三十五条的规定，受托人有权依照信托文件的约定取得报酬。相对于受托人的这一权利，委托人作为信托的设立者，则有义务向受托人支付一定的报酬。具体"以房养老"信托而言，用于支付受托人报酬的，可以在信托文件中就信托财产的金额约定一定的比率从信托收益中扣除，如果信托收益不足以支付信托报酬的，可以从信托财产中予以支付。当然，在处理信托事务过程中，如果发生了一些与信托事务相关费用的，当从信托收益中支出。以上约定的报酬和费用的支付，都必须在信托文件中予以明定。这不但是受托人在代人理财过程中按照信托当事人的约定收取相应报酬的法律依据，也是委托人设立信托的一项义务。

第二节 "以房养老"信托受托人的权利义务

"以房养老"信托具有长期存续的特点，自然对受托人有着较高的要求。即要给"以房养老"信托的受益人提供稳定而可观的信托收益。于此意义而言，处于极其重要的地位的受托人在"以房养老"信托中，除获有法律赋予的权利外也同时负有相应的义务。

一、"以房养老"信托受托人的权利内容

（一）"以房养老"信托财产的持有权

各国信托法均根据信托的原理规定凡设立信托者都必须将其用于设立信托的财产权转移至受托人，由受托人作为该信托财产的所有人，按照委托人制定的信托目的，以自己的名义管理和处分信托财产，承担法律责任。

于信托而言，法律虽然赋予了受托人对信托财产拥有的法定权利，但是从信托财产的法律性质上来讲，受托人受让的信托财产并非是信托财产的完整权，对信托财产只享有占有、使用和处分的权能，不享有信托财产的受益权。这种权利是基于受益权和所有权分离下的所有权，是信托制度的特点。除此之外，该权利还常因信托文件的具体约定被附上一定的限制性。

日本信托法学者四宫和夫先认为通过设立信托，受托人取得的只不过是信托财产形式上的所有权和管理权，而并非取得财产权的完整权。受托人作为信托财产的管理人拥有的信托财产必须和受托人的固有财产相区别。这一点在各国信托法上均有规定，而且也常常因此而被运用在破产隔离上。正是因为法律对信托财产的保护性规定，设立"以房养老"信托的委托人才不必为因设立信托自己的财产权转移给了受托人而有任何的担心。

（二）信托报酬的请求权

因"以房养老"信托承载着受益人晚年养老的依靠，信托财产的管理运用需要有专业能力的信托机构为之。受托人既然接受委托人的信托，就有义务为受益人的利益最大化，恪尽职守地管理信托财产，当然在履行该项义务的同时也享有信托财产管理的报酬请求权。我国《信托法》第三十五条规定，"受托人有权依照信托文件的约定取得报酬"。除去合理报酬外，受托人不得以任何名义直接或间接以信托财产为自己或他人牟利①。

根据我国《信托法》的立法精神，在"以房养老"信托文件中可就受托人的报酬作出明确的规定。一般来说，信托报酬的金额以及计算方法、支付方法、支付时间或者具体支付义务人等都要在信托文件中作出约定。《信托法》规定信托文件未作事先约定的，经信托当事人协商同意，还可作出补充约定。但是，如同买卖合同中不明示具体销售价格而签订合同一样，信托成立以后，信托当事人之间容易就有无信托报酬或多少发生争议。信托报酬是有关信托合同的效力事项之一，所以，如果受托人期待信

---

① 参见我国《信托公司集合资金信托计划管理办法》第5条第7款。

托报酬的话,即便没必要规定信托报酬的具体金额,但也至少应在信托文件中明确记载有无信托报酬的意思。

信托当事人协商约定的信托报酬等,由于信托存续期间长,不可避免地会出现一些新情况,如从各种事由判断,确实认为当时约定的报酬明显有失公平的话,可酌情增减信托报酬的金额①。因为信托设立当初,谁也不可能对有关信托事务处理的难易程度等作出特别准确的预见,法律就此所作出的规定体现了维护受托人权利的周到的一面。不过,由于提高信托报酬属于信托变更事项,所以应以书面形式予以表示。

因为事关受托人是否能够及时地获得信托报酬,一般来说应在信托文件中明确约定受托人的信托报酬和处理信托事务所需费用均从信托收益或信托财产中支付。因"以房养老"信托一般都会作出连续受益人的安排,为预防在信托终止时,剩余的信托财产不足以支付银行利息和本金,还应在信托文件中事先约定或由受益人承担支付义务或从处分房产所得中予以支付。

受托人的报酬请求权虽然属于受托人的法定权利,但该权利的行使也有一定限制。我国《信托法》规定了信托受托人在以下情形下不得请求信托报酬。我们将此称为受托人失去报酬请求权的情形。具体来讲有如下三种情形:

(1) 受托人因违反信托目的处分信托财产。
(2) 违反管理职责处理信托事务。
(3) 处理信托事务有懈怠。

因上述情形导致信托财产遭受损失的,在恢复信托财产的原状或者赔偿损失之前不得请求支付信托报酬②。换言之,受托人想要行使自己的权利则须首先要履行自己的义务,否则受托人将失去报酬请求权的权利。

(三) 补偿请求权和优先受偿权

1. "以房养老"信托和其他信托一样,受托人在为受益人管理和处理

---

① 参见我国《信托法》第三十五条第二款。可以增减受托人报酬的立法例有:我国台湾地区"信托法"第38条第2款、加利福尼亚州《信托法》第15680条第(b)款。但是,两处的法律都规定由信托当事人向法院提出增减受托人报酬的请求,具体增减决定以及增减额都由法院来定。因此,我国《信托法》规定由当事人协商同意后可以增减报酬。但解释论认为,当事人的协商不能统一时也应当请求裁判所作出判断。

② 参见我国《信托法》第二十七条、第二十二条、第四十九条。

信托事务过程中，肯定会发生与信托财产相关的税负或者支付其他公共费用。当受托人垫付了这些费用的，则有权要求以信托财产予以支付。我国《信托法》规定，"受托人因处理信托事务所支出的费用、对第三人所负债务，以信托财产承担。受托人以其固有财产先行支付的，对信托财产享有优先受偿权"。因处理信托事务而负有债务的属于信托财产应承担的债务，从债权人的角度来讲，我们将其称之为信托债权。由于信托财产的所有人为受托人，所以相对于信托债权的是受托人对受益人应给付信托利益的受益人债权。我国《信托法》的第三十七条第一款的规定充分说明了信托债权和受益债权之间的关系。参照日本《信托法》的规定，我们认为信托债权和受益人享受的受益权之间的关系应界定为信托债权优先于受益债权[①]。

2. 优先受偿权的行使方法。"以房养老"信托的信托财产是住房或者是以住房抵押获得的贷款，该信托的宗旨是以老年人养老为目的的信托，换言之，信托财产和运用该财产所获得利益都是要用于老年人养老的。市场的行情不是一成不变的，当出现受托人已恪尽职守、竭尽全力地也没有实现收益高于银行抵押贷款的利息部分或者实现的收益虽高于银行每年的抵押贷款利息，但离满足老人的养老费用尚有一定距离时，信托财产就会因首先要保证老年人养老之需而逐渐减少，那么在将来信托结束时，就会发生不处分抵押物就不足以偿还银行贷款的本息的情形，自然还有受托人的报酬也需要支付。于此情形，根据信托文件的约定，受托人可通过处分信托财产，从所得款项中扣除偿还银行抵押贷款的本息和自己应得的信托报酬以及垫付款项。上述这些扣除部分均属于信托债权的范畴，受益人的受益债权只能劣后于信托债权。因此，受托人享有优先受偿权是法律赋予的法定权利。

（四）辞任权

如上述，"以房养老"信托是一个设立期限比较长的信托。按照老人年龄68—70岁作为入住养老院的年龄的话，参照我国人的平均寿命计算，可认为"以房养老"信托第一阶段的自益信托差不多应为10年左右，如在受益人方面作出了子女为第二顺位的收益受益人、孙子辈受益人为第三顺位的信托财产最终权利归属人的连续受益人信托的话，信托的期限应该

---

① 参见日本《信托法》第101条"受益债权，置于信托债权之后"。

至少在 20—30 年。在这漫长的信托存续期间里,受托人为机构的,虽然没有寿命的限制,但会受市场的影响,受托人事业发展越发壮大的,只要受托人不提出辞任,受益人又没提出信托终止的意思表示,信托当然可以继续下去,但也不排除因经营不景气而导致无能力再继续担任信托受托人的情形。社会上任何事物都会发生变化,这是亘古不变的道理,任何组织和个人都不例外。受托人出于对信托的负责,可向受益人提出辞去信托受托人的请求。因为信托要求受托人必须具有一定受托能力,在自己认为受托能力不具备的情形下有权提出辞任[①]。如果信托目的尚未实现,受益人又认为信托有必要持续下去的话,就须重新选任新的受托人。前任受托人有义务向新受托人转交信托财产并对信托财产管理作出完整的报告。换言之,在新受托人没有接任之前,为了不使信托财产处于游离状态而导致信托财产的损失,原受托人仍然要继续履行受托人管理信托财产的义务直到新老受托人交接完成。

(五) 委托他人代为处理的权利

有句俗话叫作专业的事交给专业的人去做。"以房养老"信托中涉及的事务较多,作为设立"以房养老"信托的委托人,在信托设立当初,考虑的主要是如何将房屋产权或住房反向抵押贷款的资金(信托财产),怎样变换成现金或让抵押贷款的资金安全而创造更多的收益,也就是说,委托人是根据财产管理上的实际需要选择在资金管理和运用上的具有专业能力者。因此说,在金融和资产管理运用方面以外,受托人可能就有不专业的一面。例如聘请律师完成有关信托的法律事务、委托房屋中介对外出租、或将来处分作为信托财产的住房等。在现代信托中,受托人出于处理信托事务的需要而聘请专业人士完成一些具体工作,已经得到了普遍的承认。一般也会在信托文件中事先约定在出现受托人不得已之事由的情形时,而且这种委托第三人代为处理信托事务的结果只会比自己处理还会更加经济安全时才可以将上述事务委托第三方办理。各国信托法都强调受托人的亲自管理义务,但也都认为只要信托文件中有约定或受托人有不得已之事由的,可以委托第三人予以代为处理。我国《信托法》第三十条也就受托人是否可以委托第三人代为处理信托事务作出了明确规定:"受托人应当自己处理信

[①] 我国《信托法》第三十八条规定:"设立信托后,经委托人和受益人同意,受托人可以辞任。"

托事务,但信托文件中另有规定或者有不得已事由的,可以委托他人代为处理。"他人代为处理信托事务的责任由受托人承担。当然,在信托文件中如无事先约定,受托人应将委托第三人代为处理信托事务的事宜向委托人和受益人做出报告,并作为变更事项以书面形式予以表示。

二、"以房养老"信托受托人义务概述

从权利义务对等的角度出发,法律在赋予受托人拥有对信托财产所有权的同时,也产生了必须以所有权人的名义,为受益人的利益处理信托事务的义务。

"以房养老"信托从委托人和受托人签订信托合同并将财产权转移给受托人之时起,双方就因彼此的信托当事人关系,从实质上形成了"受人之托、忠人之事、代人理财"的信托法律关系。因受托人担负着信托目的能否实现的重任,在信托关系中处于非常重要的地位,所以各国信托法都从保障信托目的的实现和保护受益人的利益上,对受托人的义务作出了比较严格的规定。除此之外,还允许委托人就其信托的特点在信托文件中作出一些其他任意性的规定。总之,就受托人的义务而言,笔者认为应概括为两大义务,即忠实义务和善良管理人的注意义务。两者之间系忠实义务为纲,善良管理人注意义务为辅的纲举目张之关系。但是,在对两个义务的主次关系认识上,学术界存有争议。有学说认为忠实义务义务寓于善良管理人注意义务之中,也有学说认为两者之间应该是忠实义务为主,善良管理人注意义务为辅。因为其中涉及受托人忠实义务的实施对象(详见本书第三章第一节),所以在此有必要就两大义务的关系进行梳理。笔者之所以主张忠实义务为主,善管义务为辅的观点,完全是因为脱离了忠实义务下的善管义务是没有任何价值的。

(一)受托人忠实义务与善管义务的关系

明确受托人忠实义务与善管义务的关系,咋看起来似乎是纯理论性研究,与具体研究"以房养老"信托并无实质性的意义,但是由于它直接涉及信托法基础理论的应用,在维护委托人和受益人的利益上,当然有着密切的关系和极其重要的作用。

其实,两大义务的主次关系在我国《信托法》开宗明义的第二条中就已经作出了极为明确的表示。"由受托人按委托人的意愿,为受益人的利

益或者特定目的"处理信托事务。一般来讲，信托目的或宗旨就是委托人设立信托意愿的纲领性表示。同条第二款又以此为前提，明确了受托人处理信托事务的原则性要求，即受托人必须"遵守信托文件的规定"，"恪尽职守，履行诚实、信用、谨慎、有效地管理信托财产。"之后在该法第二十五条第一款又进一步规定了"受托人应当为受益人的最大利益处理信托事务"。

受委托人不在信托关系的传统信托"二主体"论思想的束缚或影响，为了给该观点以合理的逻辑性解释，就将"为受益人的最大利益处理信托事务"①作为了最高义务。也有学者认为，"为受益人的最大利益处理信托事务"，是来自英美法系的一种法律用语，原意为最大勤勉（Utmost diligence）或格外谨慎（Exact diligence），日本译为"以善良管理人的注意处理信托事务"，是对受托人的一种原则要求。② 而且日本法还以受托人不得享受信托利益作为忠实义务的重要内容来界定信托受托人的忠实义务（虽然修改后的日本新《信托法》中为委托人设立了专章并赋予了很大的权利，但是从根本上还没有完全走出信托成立后委托人脱离信托关系的信托"二主体"论的阴影。详见本书第三章第一节）。

总之，这种在未把信托目的、信托文件与忠实义务的内容有机联系起来就草率地界定忠实义务，或曰寓于善管义务之下的忠实义务的观点显然是不能成立的。换言之，忠实义务反映的是判断受托人是否严格遵守委托人设立信托的宗旨，恪尽职守地处理信托事务的行为标准，即被冻结的委托人的意思表示③就是一只看不见的手，一直在约束着受托人的行为。没有"忠实义务"作为处理信托事务的行动的基准，就不存在"善管义务"。

于"以房养老"信托而言，首先是要求受托人必须在忠实委托人设立信托的目的之前提下处理信托事务。否则，就是违反信托，须承担由此造成的所有责任。

（二）忠实义务

当委托人回归信托当事人行列之前，即在没有委托人存在的信托关系

---

① 周玉华主编：《信托法学》，中国政法大学出版社2001年版，第180页。

② 全国人大《信托法》起草工作组编：《〈中华人民共和国信托法〉释义》，中国金融出版社2001年版，第84页。

③ 参见张军建：《信托法基础理论研究》，中国财政经济出版社2009年版，第69页。

中，用来约束受托人忠实于信托的表现方法，要么就是"死手"（制定的信托目的）理论，要么就是应指向受益人的观点①。根据受托人概述一节中所述，很长时间都受信托"二主体"论的影响认为受托人忠实义务的指向应该是受益人。而现代信托告诉我们，受益人的利益不但要服从于委托人的控制，就连受托人的职责也完全为委托人承担和必须遵照委托人的指示行事，即便是与信托条款相反的指示也必须执行。根据现代信托的发展，我们认为受托人忠实义务的对象应该非委托人莫属。那么，具体在"以房养老"信托中受托人的忠实义务应该体现什么特点，这倒是本节需要阐述的主要内容。

"以房养老"信托和其他类信托一样，信托目的就是委托人设立信托的真实意思表示，就是受托人处理信托事务遵照的基础，也是受托人承受信托实现信托目的的、更是衡量受托人是否忠实履行受人之托，忠人之事的标志。

这种信托设立后长期需要严格遵守的信托目的，又被称之为委托人的意思冻结，它对抗于委托人意思能力的丧失和死亡等主观情形的变化。这里体现的就是受托人对委托人的忠实。在老龄化程度越来越高的今天，作为财产管理制度越发凸显了它的优越性。受托人自始至终履行忠实义务，处理信托事务，其本身反映了两个方面的法律效果，即信托法保护受益人享受信托利益和受托人必须按照信托宗旨恪尽职守地处理信托事务。

万一受托人违反信托给信托财产造成损失，信托法都有对受托人强制性责任承担的明文规定。即便委托人或受益人监督不力，法律上的强制性规定也使得信托财产遭受损害的危险性变得越来越小。

（三）善良管理人的注意义务

1. 给付信托利益的义务。信托利益是指受托人在管理信托财产过程中产生的所有利益，无论是信托财产的直接利益或者间接利益都属于信托利益。比如，信托财产产生的利息收入、租金收入等。向受益人支付信托利益是受托人的首要义务，而且支付方法、支付时间也需要严格按照信托文件实施。因为"以房养老"信托属于生前遗嘱信托的类型，受益人有收益受益人和信托财产最终权利归属人的受益人之分。换言之，收益受益人只

---

① 认为是受益人的主张主要来源于受托人不得享有信托利益、不得利用信托牟取私利、不得以固有财产与信托财产进行交易的法律规定。参见［日］别册 NBL 编集部：《信託法改正要綱試案と解説》，株式会社商事法務 2005 年版，第 28 页。

享有信托财产的收益,收益在后的其他受益人虽然存在,但是由于取得收益的条件尚未具备而无法获得收益。根据"以房养老"信托的特性,享受养老之需的收益受益人在身体尚还健康的阶段,养老费用一般不高,受托人管理信托财产所创造的收益绰绰有余,加之养老受益人本身还有一份退休收入(如入住养老院,原住房还可有对外租赁的收入),受托人只需按照养老需求向养老需求受益人支付信托收益就行,剩余的收益存入信托财产以备将来有更多支出之需。换言之,信托财产金额越高(或价值越大),其收益就会越大。当信托收益完全能覆盖养老需求人所有开支的,受托人只要按照信托文件的规定将信托利益支付给养老需求的收益受益人就可。

　　按照信托原理,信托一旦成立,受托人就因信托当事人之间的信托法律关系对信托受益人负有信托利益的给付义务。管理信托财产,向受益人给付信托利益是受托人接受信托的基础条件。如果受托人不履行给付信托利益义务,当属债务不履行,其结果将导致受托人严重违反信托义务,单独向受益人承担责任。受托人违反信托导致的法律后果,一是会被解任;二是要以其固有财产赔偿损失。

　　2. 审慎管理意义。用于设立"以房养老"信托的信托财产,是老人晚年养老生活的保命钱。该财产对养老需求人来说何等重要不言而喻。"以房养老"信托的受托人管理信托财产必须是在安全、稳定的原则下实现受益人的利益最大化。我国《信托法》第二十五条第二款明确规定"受托人管理信托财产,必须恪尽职守,履行诚实、信用、谨慎、有效管理的义务"。从内容上看,"必须恪尽职守"指的就是受托人在诚实、信用的前提下,必须履行审慎有效的管理义务。而这种审慎管理义务也在其他国家和地区的信托法中有明确的规定。如美国《统一信托法典》第 804 条规定"受托人应当像一位审慎人一样管理信托,考虑信托的目的、条款、分配要求和其他情况。为达到该标准,受托人应当给予合理的注意(care)、技能和谨慎(caution)"。美国在较早的路易斯安那州《信托法》第 2090 条也明确规定受托人的审慎义务。并认为审慎义务是指"受托人承担以与通常的慎重者处理自己的财产同等的技能以及注意处理信托财产的义务"。而在日本《信托法》和我国台湾地区"信托法"中,均将审慎义务概括在了善良管理人的注意义务之中[①]。审慎义务之所以受到各国立法的重视,

---

① 参见日本《信托法》第 29 条第 2 款,我国台湾地区"信托法"第 22 条。

因其关系到信托财产的安全和信托目的的实现，所以其重要性毋庸置疑。正因如此，在"以房养老"信托中，就要求受托人必须以审慎管理人的注意来管理信托财产。

3. 信托财产的分别管理义务。由于和住房抵押贷款以及和住房本身有着密切的关系，所以受托人必须严格按照信托法的规定，将信托财产实施分别管理义务。

依信托原理和信托制度，"以房养老"信托的信托财产，如果是来自于房屋抵押贷款的资金的话，就用不着办理信托登记，如是房产权的话还需办理信托登记，前者自信托签订生效，后者则生效于办理信托登记。按照我国《信托法》对信托财产管理方面的要求，"受托人必须将信托财产与其固有财产分别管理、分别记账，并将不同委托人的信托财产分别管理、分别记账。"① 受托人对信托财产实施分别管理义务的法律效果直接反映于信托财产的独立性，有利于避免除以下三种情形外对信托财产的强制执行的原因所在（三种除外情形，是指除设立信托前债权人已对该信托财产享有优先受偿的权利，并依法行使该权利的、受托人处理信托事务所产生债务，债权人要求清偿该债务、信托财产本身应担负的税款②。）另外，受托人实施分别管理义务，可因此严格划分信托财产和受托人固有财产两者之间的界限，对受托人实施有效监管发挥作用，有利于受托人信托财产管理的透明化和将来信托终止时对信托财产进行资产评估和分配。

4. 亲自管理义务。在受托人的权利内容中，我们曾对受托人有权委托第三人处理信托事务作过论述。但是，受托人有权委托第三人处理信托事务是有条件的，因为"以房养老"信托委托人设立信托，完全是基于对受托人在信托财产管理上综合能力的信任。也就是说，"以房养老"信托的委托人对受托人代自己管理财产并能获得相应的收益寄予了满腔而深切的期望。信托当事人因信托财产的管理彼此之间体现的是互相信赖的关系。正是因为委托人设立信托很大程度上是冲着对受托人的诚信和专业能力的信任，我国《信托法》才规定了"受托人应当自己处理信托事务，但信托文件另有规定或者有不得已事由的，可以委托他人代为处理。"我国《信托法》的这一要求，就是本节所说的受托人的亲自管理义务。如果受托人

---

① 我国《信托法》第二十九条。
② 我国《信托法》第十七条。

不能以充足的理由证明委托第三人处理信托事务的话,受托人的行为将被视为处理信托事务的懈怠,给信托财产和受益人的利益造成损失的,受托人必须承担由此造成的损失。而且,即便有充足的理由,若因被委托人的行为致使信托财产遭受损失的,受托人应当以自己的固有财产承担由此而产生的所有损失①。

5. 受托人的公平义务。"以房养老"信托的受益人可以是一人,即自益信托,但更多的情形是多个受益人共存其中,在对信托财产分别享有利益的同时,对受托人也分别享有信托利益的给付请求权,这是因为我们之前所言的"以房养老"信托中受益人存在有顺位受益之分的缘故（连续受益人）。在养老需求人存在养老需求期间,信托利益只有该受益人享有,其他的受益人还没有满足享有受益权利的条件。至于受托人的公平义务,只是存在于第一顺位的受益人,即养老需求人不在以后,才存在对第二顺位受益人和第三顺位受益人之间的信托利益的公平分配。信托以受益人的多寡分为单一受益人信托和共同（也称多数或复数）受益人信托。"以房养老"信托的连续受益人的特点决定了其为共同受益人信托的类型。对于共同受益人的信托,我国《信托法》第四十五条规定,"共同受益人按照信托文件的规定享受信托利益。信托文件对信托利益的分配比例或者分配方法未作规定的,各受益人按照均等的比例享受信托利益"。委托人如何分配其身后的财产,是委托人设立生前遗嘱信托关于财产分配的意思真实表示,受托人依信托文件为准分配信托利益就是体现受托人的公平义务。我国《信托法》虽然没有明确该条所指的就是受托人的公平义务,但却是以设定受益人的权利的方式来折射受托人公平义务的。日本《信托法》在2006年修改以前,学术界实务界都呼吁要就受托人的公平义务作出规定,新法满足了这一要求,在制度层面作出了明确规定。"受益人为两人以上之信托的,受托人必须为受益人公平地履行自己的职责",但在公平义务的实施方法上却留下了大量的推定空间,不如我国《信托法》明确。由于"以房养老"信托是以自己生前财产（住房）为支付养老费用的依据而设立的信托,在"以房养老"信托的整体运用下,其信托财产的额度无疑远大于自身的养老支出,所以"以房养老"信托还具有遗产分配上的职能。如果委托人在信托文件中只就信托财产的最终权利归属做出了安排,没有

---

① 参见我国《信托法》第三十条第二款。

对养老需求人身后的收益受益人如何享受信托财产的收益给出明确的分配规定的话，受托人就须按照委托人设立信托的宗旨，以自由裁量权的形式，从相对公平的角度对信托财产的收益作出分配。如果全体收益受益人放弃收益受益权并在获得最终权利归属人同意终止信托的话，受托人就可根据全体受益人的意见终止信托，作出信托清算报告，并依照遗产继承的法律处分信托财产。

6. 受托人保存记录义务和守密义务。"以房养老"信托要求信托受托人自信托行为依法成立之时起，受托人就必须信守信托文件的约定，将信托财产分别管理，建立"以房养老"信托的档案，将每个信托事务的处理和信托财产的收支情况及其有关信托事务的所有资料真实而完整地记录在册并予以妥善保管，以备委托人或受益人随时查阅。受托人完整真实地保存所有信息，除了是履行信托财产管理的法定义务外，也是自身利益保护的有效手段。因为万一发生纠纷，受托人因优势地位会被要求举证倒置。这种保存记录的义务非但履行了受托人承受信托后理应承担的义务，同时也可起到自保的法律效果。

有关保存记录的义务，当然涉及受托人向委托人和受益人提供的定期报告。所谓定期报告是指"受托人应当每年定期将信托财产的管理运用、处分及收支情况报告给委托人和受益人"，报告的方法应是根据信托文件的要求，将信托财产的变化汇制账册或制定详细的分类账簿和资料。

另外，对于上述提供定期报告的内容，受托人需要履行保密义务。我国《信托法》第三十三条第三款中明确规定，"受托人对委托人、受益人以及处理信托事务的情况和资料负有依法保密的义务"。笔者认为，保密义务的内容是指委托人、受益人以及处理信托事务的情况和相关的资料，其中包括委托人以及受益人的姓名、职业、身份证书、银行账号、信托设立和收益的情况，以及为避免再婚家庭内部的矛盾怎样给前妻或前夫之子分配信托利益等的深层次原因，需要受托人对信托当事人和处理信托事务的情况承担保密义务[①]。

---

① 一般认为银行等金融机构应当承担守秘义务。像瑞士一样，如果保密信托本身的话，则交易的安全就会成为问题。参见全国人大《信托法》起草工作小组：《中华人民共和国信托法释义》，第43页）。因为动产、债券等没有法定公示方法的财产，有关处理信托事务的资料同时具有公示的效力。参见四宫和夫：《信托法（新版）》，法律学全集33-Ⅱ，有斐阁1989年版，第227页脚注（1）。

7. 清算报告书的制作义务。"以房养老"信托终止时，受托人应按照《信托法》第五十八条规定的"信托终止的，受托人应当作出处理信托事务的清算报告。受益人或者信托财产的权利归属人对清算报告无异议的，受托人就清算报告所列事项解除责任。"与此同时，受托人制定的处理信托事务的清算报告书需要征得受益人的认可，并完成将信托财产移交给权利归属人。

"以房养老"信托是个长期的信托计划，信托事务的清算内容也比较多。受托人有义务对因处理信托事务所产生的债权和债务进行清理。

"以房养老"信托的结束，一般都是在委托人去世之后，若信托就此结束，则需要受益人对受托人提交的清算报告书作出是否同意的结论。有异议的，应尽快提出异议。若无异议，则受托人就清算报告所列事项解除责任。反之，如果受益人对受托人的清算报告所列事项有异议的，受托人应就清算报告书作出解释，在取得同意之前，受托人不得解除信托责任。

第三节 "以房养老"信托受益人的权利义务

一、受益人的权利

（一）受益人之受益权的取得

"以房养老"信托和其他信托一样，在信托存续期间，委托人和受益人享有诸多的法定权利，而该项权利又突出表现在享受信托利益上，被称之为信托利益给付请求权。不过，当一个信托存在多数受益人，且有收益享受顺位之规定的信托中，享受信托利益的权利就有先后之分。依前述，"以房养老"信托兼具自益和他益信托、生前信托和遗嘱信托于一身的信托，所以设立"以房养老"信托的委托人一般都会在信托的文件里作出如下规定，即养老需求人的委托人兼受益人为信托的第一顺位受益人，之后才是他益信托的其他顺位的受益人等。我国《信托法》第四十四条规定的受益人享受信托受益权须受信托文件的约束，系当事人之间的任意性规定，体现了"以房养老"信托在享受信托利益上存在阶段性约束的特点。换言之，信托文件就受益权的归属规定有附加条件的，在该附加条件成熟时，受益权归属受益人；信托文件就受益权的归属规定期限的，在该期限到来时，受益权归属受益人。在未满足信托文件规定条件的其他受益人虽然暂时不享有信托受益的权利，但是这些受益人在信托生效之后所获得的信托受益权，虽然属于尚未满足信托文件规定条件之前的受益权，具有期待性权利的特点，但也是受法律认定和保护的受益权。这种受益权人在信托存续期间，同样可以受益权对受托人拥有约束力。

（二）受益人的权利内容

依前述，受益人的权利比委托人多了一项信托利益给付请求权，其他权利内容相同，由于在委托人权利内容一节中已就委托人的各项权利内容和行使方法等一一作了阐述，在此只对各项权利从新列举，具体内容不再赘述。归纳起来如下：

（1）信托利益的给付请求权；

（2）对非法强制执行信托财产的异议申诉权；

（3）信托财产的管理运用、处分以及收支情况的调查权以及说明请求权；

（4）信托账目以及信托事务处理的其他文件的查阅、抄录或者复制权；

（5）信托财产的管理方法的变更权；

（6）信托财产的原状恢复请求权、损失补偿请求权以及撤销请求权；

（7）受托人的解任权以及受托人的解任请求权；

（8）受托人的辞任同意权；

（9）新受托人选任权；

（10）信托文件中规定的其他权利。

（三）受益权的放弃

"以房养老"信托的委托人出于自身的养老目的设立信托并指定受益人，受益人也因信托的生效而获得了"以房养老"信托的受益权。受益权是一项权利，被指定的受益人按照本人的意思既可以取得也可以放弃，而且委托人不得强制受益人接受信托的受益权，各国信托法均对受益人放弃信托受益权均持允许态度。如前述，"以房养老"信托的特点是存在有多数受益人，信托生效时，被指定的受益人只要无明确拒绝的意思表示，即表明其接受了信托的受益权。换言之笔者认为受益人不但可以在信托设立时，也可以在信托存续期间放弃受益权。因为"以房养老"信托是个长期存续的信托，存在有顺位受益人。在委托人即第一顺位收益受益人去世后，该信托就有了遗嘱信托的效用。委托人在设立信托时会按照自己家人的经济状况，通过信托给自己身后财产作出适当的安排。但是，家族成员中的受益权人也会随着时间推移而出现经济状况不同的变化。如因自己经济状况良好，想将自己那份受益权贡献于其他家族成员时，可以向受托人说明自己的意愿，由受托人按照委托人设立信托的宗旨，征求其他受益人的同意，将主动放弃受益权的部分分配给其他受益人。这也符合我国《信托法》第四十六条第一款规定的不但明确了受益人可以放弃信托的受益权，而且还就个别受益人放弃信托时，被放弃的信托受益权，按照信托文件的宗旨分配给其他受益人的优先原则。如果信托文件没有规定的，则按照我国《信托法》规定的受益权归属人的先后程序予以分配[①]。一些国家的信托法也明确规定了受益权可以转让、可以放弃。如日本《信托法》第99条规定，"受益人可以向受托人作出放弃受益权的意思表示；在信托设立时作出放弃受益权的表示时，当视为自始没有接受受益权"；还如我国台湾地区"信托法"第17条第1款也有类似规定。

（四）受益人的到期债务

委托人设立"以房养老"信托，其目的就是自身的养老，除了将信托收益用于自身养老以外，还会在信托文件中就身后财产作出安排。因为"以房养老"信托是个长期存续的信托，又有多数受益人存在，所以在信托漫长的存续期间，有的受益人会因经济状况变得越来越好，可能会出现放弃受益权，也有可能会因经济状况越变越差而负有债务。当负有债务的受益人以自己的固有财产无法偿还到期债务时，我国《信托法》第四十七条规定，"受益人不能清偿到期债务的，其信托受益权可以用于清偿债务，但法律、行政法规以及信托文件有限制性规定的除外。"这里有几种情形

[①] 我国《信托法》第四十六条第三款"部分受益人放弃信托受益权的，被放弃的信托受益权按下列顺序确定归属：1 信托文件规定的人；2 其他受益人；3 委托人或其继承人。"

需要说明。

1. 如负有债务的受益人是信托文件规定的信托结束后之剩余信托财产的权利归属人，该权利对应于在前顺位的收益受益人而言，即在信托文件规定的条件实现之前，属于期待性权利，其债权人不得对信托财产提出追及主张。

2. 如负有债务的是信托文件中规定的收益受益人，收益受益权是享有信托财产的收入或收益的权利，与信托财产的最终归属权（日本《信托法》将其称为本金受益权，我国台湾地区"信托法"将其称为原本受益权，称谓不同内容相同。）存在性质上的不同，信托文件中作出这种设置，其法律效果就在于收益受益权的转移或限制债权人对信托收益受益权的追索[①]。这种限制也可避免收益受益人一次性地转移收益受益权或受到其债权人的追索提前清偿到期债务，损害最终权利归属人的信托利益，有悖于委托人设立信托的目的。也就是说，信托文件对信托收益受益权转移或限制债权人对信托收益受益权的追索作出这种限制性条款是有效的。但是，从维护债权人利益的角度考虑的话，收益受益人的债务偿还可以在其信托文件规定的可获得的受益范围内对其债权人承担责任，尚未发生的收益不在偿还的范围，其债权人无权对信托财产主张权利。

3. 如果负有债务的受益人是信托文件中指定的惟一受益人，也是信托财产最终权利归属人的，而且养老需求的委托人，即第一顺位受益人已经去世，那么为维护债权人的利益，我国《信托法》规定在受益人无能力清偿到期债务的，其受益权可以用于清偿债务。虽然法律规定受益权可以用于清偿债务，但其债权人也不得对信托财产主张执行，而应该是由受益人通知受托人终止信托。在受托人终止信托并作出清算报告后才可以剩余财产偿付债务。但是，如信托财产负有债务（包括受托人的报酬等）的话，那么因信托债权优先于受益债权，须以信托财产作出清偿后才能将剩余的信托财产归还受益人。也就是说，受益人在得到归还的信托财产后才可以对其债权人进行清偿。

二、受益人的义务

各国信托法都没有在信托法中具体规定受益人的义务，换句话说，即

[①] 谢哲胜："不动产信托受益人的权利义务及责任"，《南京大学法律评论》2009年春季卷，第10页。

原则上并无义务①，但是让受益人承担一定义务的信托行为也可以有效成立。即便是在我国的现行《信托法》下，只要信托文件中就受益人的义务作出其他约定的，就应以信托文件为准。换言之，受益人有一个不容忽视且无法否认的义务，即必须严格按照信托文件的规定，把受领的信托利益全部用于信托文件规定的用途上，否则可视受益人违反信托。对此，委托人、受托人和其他受益人均有权提出警告，委托人和受托人可依职权撤销或变更受益人（参见委托人的权利内容）。于"以房养老"信托之情形，如果信托文件规定在委托人兼第一顺位收益受益人去世后，第二顺位的收益受益人只能以信托财产的收益用于其家庭生活之需，那就不能将信托收益用于投资或其他事项。

至于受益人还有无其他义务，还应从其享有的权利上反过来看，比如受托人因不得已之情由而提出辞任信托受托人时，受益人有义务另行选任新受托人等。这应该可以说也是受益人的义务之一。另外，如果信托财产因第一顺位的收益受益人的养老支出使得信托财产负有债务时，在将来信托结束需要归还抵押贷款的本息并解除抵押权时，受益人如果想继承作为信托财产的住房，就有义务偿还信托财产负有的债务和配合受托人处分住房偿还抵押贷款的本息以及受托人的信托报酬。极端地说，如果信托财产不足以偿还以上债务时，受益人则有偿还债务的义务。周小明博士在其《信托制度比较法研究》一书中提到关于受托人处理信托事务所涉及的信托债务，如以信托财产不足以偿还时，其不足部分由受益人补偿②。

第四节 信托管理人的权利义务

一、信托管理人的权利

我国现行《信托法》中虽然尚未创设信托管理人制度，但是法律并没

---

① 谢哲胜教授认为，受益人系非信托当事人，原则上不会有义务，然而也有负有义务的例外情形。参见"不动产信托受益人的权利义务及责任"，《南京大学法律评论》2009年春季卷，第15页。

② 周小明：《信托制度比较法研究》，法律出版社1996年版，第207—208页。

有禁止在信托文件中指定信托管理人,因此在"以房养老"信托中,委托人可以在信托文件中指定信托管理人,并就其权利内容作出具体设定。我们在第三章中已就信托管理人的概念和创设信托管理人制度的价值和意义作了论述,同时也列举了设立信托管理人的四种情形。这四种情形其实可以概括为受益人不能或无法作出意思表示之必要,也是出于为保护受益人的利益,监督受托人圆满地履行受托人的义务,保障信托目的实现之目的,同时也是信托管理人的实质性价值或曰核心价值之存在。毋庸置疑,信托管理人制度引入我国信托制度,是对在日益严重的高龄化社会中老人通过财产管理提高晚年养老水平以及在身后财产分配方面都具有极大的意义。从信托管理人在信托中所起到的作用出发,借鉴日本《信托法》的立法经验,除法律规定的权利以外,还可在信托行为中作出特殊约定。

信托管理人具有独立的法律地位和诉讼资格,而该独立的法律地位来自于法律规定和信托行为的约定。可以自己的名义为委托人和受益人行使与委托人和受益人权利相关的一切诉讼和诉讼外的权利。如果信托行为有其他约定的,则从其约定。以下是笔者对信托管理人的基本权利义务作出的概括,当然适用于"以房养老"信托。

二、信托管理人的权利内容

"以房养老"信托的管理人,同于一般信托法意义上的管理人,为委托人和受益人的利益,可以自己的名义为委托人和受益人行使与其权利相关的一切诉讼和诉讼外的权利。在"以房养老"信托中,委托人可能存在也可能已不存在,但受益人始终存在。换言之,就是因为委托人不在或者意思表示上有一定障碍才有信托管理人的设置。因此,"以房养老"信托的信托管理人的权利内容同于委托人的权利内容。具体表现在:

(一)对信托财产管理情形的知情权

信托财产的运营好坏直接关系到养老需求人的养老生活,所以"以房养老"信托的管理人和委托人及受益人一样都对此非常关注。那么,受托人就有义务定期或者在特殊情况时及时向委托人、受益人和管理人报告信托财产管理的收支及其现状。当然这一权利包括对信托账目以及信托事务处理的其他文件的阅读、抄录或者复制权,对信托财产的管理运用、处分及收支情况的调查权和说明请求权。信托管理人通过知情权了解信托管理情况，是监督受托人的前提。

（二）信托财产管理方法的变更权

如前述，之所以设置信托管理人，一般是出于以下两种情形：一是委托人不在或者是委托人没有时间或能力对受托人管理信托事务行使监督权之情形（他益信托）；二是委托人和受益人同为一人（自益信托）时，本身就因年事已迈无力对受托人行使监督权或对受托人作出相应的意思表示。因此，信托管理人必须以确保实现信托目的为原则，以兼顾信托财产安全和收益最大化为前提，当认为出现了原来设定信托时未能预见的特别事由，致使信托财产的管理方法不利于实现信托目的或不符合受益人的利益，需要就信托财产的管理办法作出相应变更时，可向受托人行使变更申请权，但须对为何变更如何变更作出详细的说明。受托人有义务认真考虑并及时向信托管理人作出回复。如有不同意见，双方应进行深入细致的商讨，还可征求相关利害人的意见。当双方各持己见坚持不下时，可以申请法院裁决。

（三）对非法强制执行信托财产的异议权

于信托法的规定和信托法理，信托财产不但独立于受托人的固有财产，也独立于委托人未设立信托的其他财产和受益人的财产。信托一旦设立，除了因处理信托事务所发生的信托债权以外，信托财产作为独立财产，任何人都不得对信托财产强制执行。如发生强制执行之情形的，信托管理人作为该项信托的当事人，既有权会同受托人，也可单独向法院提起异议之诉[1]。我国《信托法》下虽不存在信托管理人制度，但可以借用信托监察人的规定赋予信托管理人的权利[2]。而且只要信托合同中就信托管理人的权限作出约定，即便我国《信托法》中尚无信托管理人制度上赋予的法定权利，也可通过信托合同创设权利[3]，与《信托法》所赋予的权利

---

[1] 日本《信托法》在其125条中就信托管理人的权限作出了规定："信托管理人有权以自己的名义为受益人行使与受益人权利相关的一切法庭上和法庭外的行为，但信托行为另有规定的，从其规定。"

[2] 信托监察人有权以自己的名义，为维护受益人的利益，提起诉讼或者实施其他法律行为。

[3] 合同权利具有相对性，一般只对合同义务人发生效力。但是，在发生有可能损害合同权利的情况下，合同权利人有保全合同权利的权利，可对第三人行使代位权或撤销权，为合同权利的法定权能，是保障合同权利的实现的必要手段。

并行不悖。

(四) 信托财产的恢复原状、损害赔偿请求权

日本的《信托法》经过 80 多年的实践，为了进一步维护委托人和受益人的权利，对信托受托人有效行使监督权而充实了信托管理人制度。该法赋予了信托管理人与受益人和委托人相同的权利，即当受托人将信托财产转为自有财产、未将信托财产分别管理或分别记账、违反信托义务或者管理信托财产不当致使受益人的利益遭受损失时，有权请求恢复原状或者损害赔偿。

(五) 受托人违反信托的行为中止权

当信托受托人的行为或因违反信托目的、违背管理职责有可能会致使信托财产遭受损失的，信托管理人有权请求受托人就其行为作出解释或请求受托人中止当前的行为。日本《信托法》中的信托管理人和信托监督人和受益人的代理人一样，为维护信托受益人的权利，被赋予了该法第 44 条规定给受益人的权利。即"当受托人的行为违反法令或信托行为的规定，或者有可能发生此类行为之情形时，受益人可请求该受托人停止其行为。""当受托人的行为违反法令或信托行为的规定，或者有可能发生此类行为之情形时，可能会因其行为对一部分受益人造成显著损害的，于此情形，受益人可请求该受托人停止其行为。[①]"

(六) 撤销请求权

当信托受托人违反信托目的处分信托财产或因违背管理职责、处理信托事务不当致使信托财产遭受损失的，信托管理人有权申请人民法院撤销该处分行为，要求受托人恢复信托财产的原状或者予以赔偿。另外还可借鉴域外立法例，依形成权之法理，直接对受托人交易的第三方行使信托撤销权。日本《信托法》第 27 条第 4 款规定，"当受托人为信托财产所实施之行为不在其权限范围之内时，受益人有权行使信托的撤销权（有信托管理人时，为信托管理人）"。该项制度除明定了信托管理人的权限外，其效

---

① 在老龄化社会日益严重的当今，信托制度对老人的财产管理越发重要。为切实维护委托人（受益人）的权益，像信托管理人等制度等，这些域外的，尤其是日本法的立法例，诚挚我们在修改信托法时予以借鉴。

果还体现在司法资源的节约和受益人权利维护和救济的及时性。当然，在行使该项权利时，还要厘清受托人与其交易第三方的行为是恶意或是善意等①。

（七）报酬请求权、支出费用及损害补偿请求权

信托管理人依法履行职责的，信托管理人可以依信托文件的约定向受托人请求报酬。如果信托文件中没有就信托管理人的报酬作出具体规定的，法院可以视情况对管理人的报酬作出决定。除此之外，当管理人为受益人的利益在处理相关事务中垫付了必要费用，甚至包括自支出之日后的利息，应有权向受托人提出支付请求②。因为信托管理人所享有的报酬请求权是缘于受益人的权利维护或实现，所以就信托财产而言，管理人所享有的报酬请求权应同于受托人管理信托事务的报酬请求权③，属于信托财产所负之债务，应优先于其他债权。

（八）信托管理人的其他权利

如前述，我国《信托法》虽没有在私益信托中就信托管理人作出制度性的设计，但也没禁止私益信托中不得设定信托管理人。尤其是在老龄化社会日益严重，人们在财产管理上对信托产生越来越大的需求的当下，为了维护受益人的利益，在《中华人民共和国信托法》尚未引进信托管理人制度前，利用信托行为设定信托管理人是非常必要的。在其权利设置上可援用现行我国《信托法》第六十五条，约定凡涉及受益人利益的，信托管理人均有权以自己的名义，为维护受益人的利益，提起诉讼或者实施其他法律行为。也就是说，有关信托管理人的权利，除了上述列举的以外，还应包括：受托人的辞任同意权、新受托人选任权、报酬请求权等。也就是说，为了受益人的利益，信托管理人可以行使法律赋予委托人（受益人）的一切权利。日本《信托法》根据长期的实践，在其125条中对信托管理人作出了具体规定："除信托行为另有规定的以

---

① 日本《信托法》第27条。参见中野正俊："受托人的善管注意义务"，《法学志林》102卷第3.4合并号，第118页。

② 日本《信托法》第127条第1、第2款。

③ 我国《信托法》第三十七条规定："受托人因处理信托事务所支出的费用、对第三人所负债务，以信托财产承担。受托人以其固有财产先行支付的，对信托财产享有优先受偿的权利。"

外，信托管理人有权以自己的名义为受益人的利益实施与受益人权利相关的一切法庭内外的行为。"因为在委托人一节中已就其权利作了详述，在此不作赘述。

（九）信托管理人的权利与信托受益人的权利的关系

信托管理人虽可被赋予各种权利，但其权利行使的前提是必须恪尽职守地遵照信托文件的规定，积极维护受益人的权利，信托管理人的存在并不必然会限制受益人的权限。也就是说，信托管理人的权利系建立于维护信托受益人权利基础之上的权利，即该权利是完全为受益人的权利实现而设置的。没有信托受益权就没有信托管理权，因此信托管理权不得与维护受益人权利背道而驰。由此而言，只要受益人依法、依信托文件的规定行使自身的权利的，信托管理人不但不得妨碍受益人的权利行使，而且还应积极配合促进受益人的权利实现。

如上述，信托管理人存在的意义仅在于监督受托人积极履行信托文件中约定的各项义务和维护受益人的权利，因此说其权利性质表现为监督性权利，即便信托受益人不特定或暂时不存在，信托管理人也不具有以实现受益人权利的名义受领给付将来的受益人的信托利益。换言之，该项信托利益应当由受托人暂行管理。此外，为防止信托管理人和受托人沆瀣一气损害受益人的利益，信托法在未来引进信托管理人制度时，也应明确信托管理人没有免除受托人责任的权利。尤其是在"以房养老"信托下，委托人与受益人同为一人时，日趋年迈必将导致监督能力和维护自身权益能力的减退，明确这一点尤为重要。

三、信托管理人的资格

我国《信托法》在公益信托中设置有信托监察人制度，但对监察人的任职资格并没有作出明确规定，只是在其第六十四条中有"公益信托应当设置信托监察人。信托监察人由信托文件规定。信托文件未规定的，由公益事业管理机构指定"的笼统规定，并没有提及监察人的任职资格。如前述，我国《信托法》中类似于信托管理人制度的是只存在于公益信托中的信托监察人制度，忽略了私益信托中信托管理人制度存在的重要性。然而，相对于公益信托在监管上除有信托监察人以外，还有公益信托的主管机关的存在，我国的私益信托除了委托人和受益人以外就没有直接对受托人实施监督的主体。

当今经济社会的发展和老龄化的日益严重，对私益信托的发展提出了制度上的强烈要求。一般情况下，受益人为保护自身的权益，往往是对受托人亲自进行监督，但在某些信托中，如老年人为自身养老而设立信托后，随着日渐年迈导致行为能力的减退或丧失，从而对受托人的监督形同虚设，又如受益人尚未存在（胎儿为受益人）、受益人多而分散（连续受益人）等，设置信托管理人代为行使监督权就显得尤为必要。为了区别公益信托，笔者提出了私益信托（民事信托）应设置信托管理人的观点。由于我国当初在引进信托制度时把精力主要放在了一般信托上，并没有预想到老龄化社会发展的如此之快和人们在财富管理方面对私益信托产生了如此强烈的需求。所以在日后的信托管理人制度的建设方面，应就任职资格作出具体规定。日本《信托法》和我国台湾地区"信托法"在信托管理人的任职资格上具体规定为"未成年人或禁治产者或准禁治产者，以及该信托的受托人"不得担任该信托的管理人。也就是说在资格认定方面与信托受托人的任职资格处于同等标准[①]。我国《信托法》第二十四条就受托人的任职资格规定为"受托人应当是具有完全民事行为能力的自然人、法人。"既然域外立法例在信托管理人的任职标准上同于信托受托人之标准，那么，笔者认为我国将来在引进信托管理人制度上也应同于受托人的标准规定，即"信托管理人应当是具有完全民事行为能力的自然人、法人"。

四、信托管理人的义务

我国的信托监察人制度除了对"信托监察人有权以自己的名义，为维护受益人的利益，提起诉讼或者实施其他法律行为"的笼统性规定以外，并没有就监察人的权利义务作出具体规定。与此相对的是日本《信托法》和我国台湾地区"信托法"均采取专章的形式[②]规定了信托管理人的权限和义务。在对日本《信托法》和我国台湾地区"信托法"就信托管理人的义务进行梳理的过程中，笔者认为应同于受托人的义务，将其分为两大类，即忠实义务和善良管理注意义务。

[①] 日本《信托法》第7条"信托不能由未成年人，或禁治产人，或准禁治产人担任受托人"。我国台湾地区"信托法"第21条"未成年人、禁治产人及破产人，不得为受托人"。

[②] 我国台湾地区"信托法"从第52条到第59条是为信托监察人设立的专章。日本《信托法》从第123条到第130条以专节的形式，就信托管理人的选任、任职资格、权限、义务、报酬、解任与辞任和任务的结束等均作出了详细的规定。

(一) 信托管理人的忠实义务

在"以房养老"信托中,所谓信托管理人的忠实义务,就是指通过自身的行为,在担任信托管理人期间,忠实、积极地监督信托受托人实现委托人设立信托的意愿。委托人设立信托是为了让自己指定的受益人最大地享受信托利益,换言之,忠实就是要求信托管理人事事处处都以信托受益人的利益为重,监督信托受托人恪尽职守地管理信托财产和处理信托事务。如果发现受托人在处理信托事务中有不利于受益人的情形,就应及时通过监督权的行使,请求受托人中止侵害行为,如已造成信托财产损失的,还须要求受托人赔偿损失。当然,在信托存续期间,如受托人处理信托事务不但无过错,而且还自始至终地都恪尽职守,那么信托管理人就不得滥用监督权。也就是说,不得任意干预受托人正常处理信托事务。能圆满地履行上述职责,信托管理人就是兑现了对委托人的承诺,就是履行了忠实义务。

(二) 善良管理人的注意义务

"善良管理人的注意"起源于罗马法,指罗马法上的良家之父的注意,意指要有同富有经验、精通人情世故的人一样所具备的良苦用心、勤勉以及与其实际能力相符的注意。简言之,就是要以足够的审慎和管理财产的专业能力来管理信托财产,与美国的慎重人原则 (Prudent - man Rule)[①] 近似。因为受托人的善良管理注意义务,向来都是大陆法系学者们议论的热门话题,在管理和处分他人财产的人而言,绝对是一个不可忽视的重要义务[②]。尤其是"以房养老"信托,其存续期限本来就长,社会和信托关系人均存在很大的变数,受托人仅按照信托文件的规定处理信托事务是远远不够的,必须根据市场的变化,信托关系人具体情况的变化,以善良管理人的注意对信托财产实施适当的管理或处分。面对这些同样的变化,当然也要求信托管理人付出同样的注意,否则不可能圆满地行使信托监

[①] 根据路易斯安那州《信托法》第 2090 条的规定,所谓慎重者的原则即指"受托人承担以与通常的慎重者处理自己的财产同等的技能以及注意处理信托财产的义务"。加利福尼亚州《信托法》第 16014 条的规定也具有同样的意旨。

[②] 善良管理人的注意义务是适用于受托人处理信托事务的所有情形下的重要义务 (四宫和夫: 前揭书,第 248 页)。

督权。

如上述，我们仿照对信托受托人义务的类型划分，也将信托管理人的义务作了两大类划分。在善良管理人的注意义务方面又进一步作了下位细分。

1. 监督受托人信托利益给付的义务。一般信托的受托人在承诺信托后，有义务为了受益人的利益恪尽职守而积极地管理信托财产，并按照信托文件的规定向受益人给付因信托财产管理而产生的各种收益（无论是信托财产的直接利益还是间接利益，包括因信托财产的反射性效果取得的事实上的利益[①]）。"以房养老"信托的受托人也是一样，实现委托人设立信托的目的，就在于通过受托人对信托财产的管理向受益人给付信托利益。如前述，经济社会在不停地发生变化，养老需求人的身体状况也一年比一年衰退，作为信托管理人第一要务就是要对受托人如何管理信托财产才能在符合信托宗旨的前提下使信托利益最大化。换言之，该监督权的行使，必须是积极的，一旦发现受托人信托财产的管理方法虽然符合信托文件中的规定，但不会实现信托利益最大化时，在立足于信托财产安全的前提下，可以向受托人提出变更信托财产管理方法上的建议。如果明知受托人一成不变的管理办法不利于信托财产的收益还置之不理的话，应该说信托管理人在监督权的行使上存在懈怠，应负一定责任），并能按照信托文件的规定按时向受益人给付信托收益付出自己最大的注意。当然，在信托存续期间，更应该对受托人在处理信托事务上是否存在违背信托目的处分信托财产并致使信托财产蒙受损失予以严格的注意。发现有此情形的，首先必须请求受托人中止损害行为，并请求恢复信托财产的原状或赔偿其损失。当损失无法挽回的，须请求受托人以自己的固有财产加以赔偿。也就是说，信托管理人的信托收益给付监督权必须是积极地行使，不能被动地行使。只有这样，才能保证实现"以房养老"信托的目的。于此意义，信托管理人在"以房养老"信托中肩负的责任极其重大。

2. 监督受托人公平给付信托利益的义务。设立"以房养老"信托必须首先满足实现信托财产的收益用于委托人兼第一顺位受益人的养老消费，即便是信托利益有剩余也要留存于信托财产，以备日后养老费用增

[①] 中野正俊：《信托法讲义》，[日] 酒井书店 2005 年版，第 52 页。

加之需。因此，公平给付信托利益是产生于委托人即第一顺位收益人死亡之后。这是"以房养老"信托区别于其他信托的根本特征。如前述，因为"以房养老"信托一般都具有自益信托和他益信托的混合性和本金受益人与收益受益人的同时存在性以及受益人取得受益权的渐次性等特点，只有在养老需求人百年之后，剩余的信托财产，或曰信托收益才能按照信托文件的规定进行分配。这是受托人分配信托收益必须严守的原则。换言之，"以房养老"信托的受益人，不仅仅是信托受益人的养老需求人，还有其他顺位的受益人的存在。处于第一顺位的受益人，是必须保证的收益受益人，处于最后面顺位的受益人才是本金受益人（因为在后面的受益人中也会设定不同顺位的受益人）。鉴于此，作为"以房养老"信托的管理人如何行使受托人公平给付信托利益监督权最重要的是在确保养老需求受益人，即第一收益受益人的养老需求的前提下考虑信托收益给付的公平。此外，在"以房养老"信托存续期间，作为第一顺位的收益受益人的养老需求人死亡后，如何就剩余信托财产的分配，或信托继续存续下的信托利益的分配等，信托管理人应严格遵循信托宗旨判断受托人处理信托事务（信托利益分配上）是否体现了公平义务。而这种遵照信托宗旨或曰信托文件的约定，本身就是对信托利益给付是否公平的一个判断标准，就信托管理人如何行使公平给付的监督权来说，也应以此为判断标准。

因"以房养老"信托具有相当长的存续期限，所以在相当长的存续期限内，谁也不可能保证用于养老的信托财产会不断升值，不出现信托财产减少的情形。极端地说，如果信托财产全部或用于甚至还不够养老需求益人的养老所需的话，信托财产就不会有剩余或出现信托财产的破产，位列其后的受益人就得不到信托收益，甚至还会背负信托财产破产的债务。于此情形，信托管理人对受托人公平给付信托利益的监督义务就不仅仅是就信托利益给付的面面俱到，也不仅仅是如何在保证养老需求受益人的养老所需前提下寻求公平给付的监督，而是还要考虑因信托而产生的债务承担。也就是说，信托管理人还要公平地对受托人负有维护其权利的义务。所谓公平，系要求当事人应当遵循公平原则确定各方的权利和义务，在权利与义务一致的条件下，享受公平合理的对待。因此，信托管理人的信托利益公平给付监督权的行使应以公平的观念平衡各方的利益为前提。当然，考虑到我国《信托法》规定受益人属于单纯的享受信托利益的人，其享受信托利益不是以负担债务为前提的因素，在设立信托时，就应考虑到万一发生信托财产破产情形时的应对措施。笔者认为，让受益人承担一定义务的信托行为也可以有效成立。即便是在我国的现行《信托法》下，只要信托文件中对就受益人的义务作出约定的，就应以信托文件为准。纵观域外信托法，也有规定受托人为处理信托事务所付出的费用以及对第三者所负之债务须由受益人支付的立法先例①。这里表现出来的是受益人承担的义务。但是在考虑到我国《信托法》下的受托人因处理信托事务所支出的费用以及对第三人所负的债务由信托财产承担（我国《信托法》第三十七条）的规定，必须在信托文件中予以特殊约定。也就是说，应当在"以房养老"信托的文件中明确规定顺位在后的受益人不仅仅是享受信托利益的受益人，而且也是负有信托财产破产时的信托报酬和养老需求人的养老费用支付义务人，而且该信托的成立是建立在顺位在后的受益人之同意的。信托管理人可按照信托文件的约定，要求受益人在信托财产破产后承担支付信托报酬和养老需求人的养老费用的义务。话又说回来，如果信托文件中没有就信托财产破产时支付义务人作出事先约定的，受托人则应根据信托财产所剩的多少和养老需求人需要实际支付的养老费用，提前告知信托管理人和其他信托当事人，请求"以房养老"信托的终止。总而言之，虽然信托管理人存在的主要价值在于维护信托受益人的权利，但在公平原则下也不能置受托人的权利于不顾②。

---

① 我国台湾地区"信托法"第40条第1款规定，信托财产不够支付费用以及债务的，受托人可以请求受益人补偿费用或者偿还债务。同样，日本《信托法》第36条第2款以及韩国《信托法》第42条第2款规定，受托人可以请求受益人补偿费用或者赔偿损害。

② 关于信托财产破产，或者信托财产变卖也不足以补偿第三人的损失时，于公平公正而言，确定其支付义务人或曰求偿对象，是我国《信托法》中的缺失，也是我国《信托法》修改时需要认真考虑的内容。在现行法下，将受益人作为求偿对象的制度支持只能是《信托法》第四十四条但书中的欲成为受益人者，须通过"信托文件另有规定时，从其规定"的规定，将受益人作为接受信托受益权的附加条件写入信托合同之中。但是，将受益人列入求偿对象和支付义务人的，有日本《信托法》（第36条第2款）、韩国《信托法》（第42条）、我国台湾地区"信托法"（第40条）、路易斯安那州《信托法》（第2193条）。

第五章 "以房养老"信托的设立、变更与终止

第一节 "以房养老"信托的设立

以设立信托为目的的法律行为称作"信托行为"或"信托设立行为"。具体"以房养老"信托来说，应是采取"以房养老"的方式，通过信托所设立的行为。"以房养老"信托合同同经济活动中其他合同一样，是一种当事人之间达成合意的一种形式，至少需要两方当事人①。当事人之间因此而确立彼此之间的信托法律关系，使他们在信托法律关系中分别具备委托人、受托人、受益人的身份。但也有别于其他经济类型的合同，如其他合同在订立合同时不见得非要把合同的目的或怎样履行合同写得一清二楚，信托合同签订当事人的委托人和受托人基本上也不会出现讨价还价的

---

① 信托当事人分为两种，即签订信托合同的当事人和信托法律关系的当事人。我国《信托法》虽然没有将信托当事人分为信托合同当事人和信托法律关系当事人，但在《信托法》中却将受益人单独作为一方当事人明确了其权利义务。受英美信托传统信托法理——委托人在信托成立之后变脱离信托关系的影响，如果不把受益人列为信托当事人，那么信托当事人就只有受托人，信托将失去监督，受益人将失去主张权利的可能，和赠与无区别。近些年来，受美国《统一信托法典》的影响，包括大陆法系中较早引进信托制度的日本《信托法》也承认了委托人信托当事人的法律地位。于此意义而言，我国《信托法》是最早承认委托人为信托当事人的。

情形。信托合同至关重要的是约定的信托目的必须合法，受托人面对信托合同中记载的信托目的、信托管理事项等，如承诺接受信托，则信托合同具备了成立的要件。另外，与其他合同不同之处，还有必须因设立信托而将财产权转移至受托人名下、合同中应载明必须按照委托人的意愿处理信托事务、必须明确受益人或受益人的范围，且委托人可以根据信托目的变更或撤销信托受益人。再者，于他益信托时，信托合同与一般合同的不同之处还在于设立信托的委托人并不享受信托的收益，但是信托于自益信托时，委托人当然可以享受信托收益，但作为受益人的委托人和仅仅是设立信托的委托人两者在法律层面上被视作两种人，其享有权利的内容也不同。另外，信托还可以设定若干个受益人。像"以房养老"信托，就存在多数受益人。

英美法系特别重视委托人的意图，不太重视设立信托的形式，只要委托人有设立信托的确定意图，并采取了将信托财产转移给受托人所必需的步骤，信托即有效成立。从比较法来看，大陆法系的信托法则与此不同，极为重视信托设立的形式，都采取较为严格的形式和程序，要求必须以书面形式明确合同的内容。如果在信托文件的制作上对强制规定表现怠慢，或者制作的合同文书欠缺必备要件，将会因违反强制法的规定而导致信托合同的无效。

我国《信托法》第八条规定："设立信托，应当采取书面形式。书面形式包括信托合同、遗嘱或者法律、行政法规规定的其他书面文件等。采取信托合同形式设立信托的，信托合同签订时，信托成立。采取其他书面形式设立信托的，受托人承诺信托时，信托成立。"而订立信托合同，还需要满足信托成立的法定条件，即信托合同中应当载明的事项，如"信托目的；委托人、受托人的姓名或者名称、住所；受益人或者受益人的范围；信托财产的范围、种类及其状况；受益人取得信托利益的形式、方法。"除此之外，双方也可就"以房养老"信托的特殊事项在信托合同中作出约定。如信托期限、信托财产的管理方法、受托人的报酬、设立信托管理人及其信托管理人的报酬、新受托人的选任方式、信托终止和变更的事由等事项。

此外，在设立"以房养老"信托时，还要关注我国有关信托成立和生效的规定。因为我国《信托法》规定了信托生效的两种情形。即当信托财产系非法律、行政法规规定应当办理登记手续之外的财产权，均以信托合同签订为信托的成立要件。但是法律同时还规定了用于设立信托的财产属于法律、行政法规规定应当办理登记手续的，应当依法办理信托登记的财产。未依照前款规定办理信托登记的，应当补办登记手续；不补办的，该信托不产生效力[①]。因为信托行为的成立或生效存在两种不同的情形，所以在"以房养老"信托合同中，应按照设立信托财产的种类来订立信托合同，办理相应的事项。本书第二章"以房养老"信托的两种模式中所言之第二种就需要办理信托登记，不履行信托登记将面临不发生效力的结果。

在以下的各部分里，笔者将根据"以房养老"信托的特点在"以房养老"信托合同中必须载明的事项分别予以阐述。

一、设立以房养老信托法定的记载事项

（一）设立"以房养老"信托的目的

信托的财产长期管理功能、能力转换功能和破产隔离功能等告诉我们，在老龄化社会日益严重的今天，激发了人们认识信托，或者通过信托进行财产管理的愿望。众所周知，所谓信托，主要体现在受托人能否在信托长期存续期间，圆满实现委托人设立信托的目的（或曰委托人意欲实现的愿望），而且依信托法理，没有明确的信托目的，信托是不得成立的。由此来看，明确的信托目的是直接涉及信托行为能否成立的关键因素，非但如此，也是受托人在信托存续期间如何处理信托事务的座右铭，还是其他信托当事人（包括信托关系人）维权的重要依据。既然信托目的在信托行为中占据如此重要的地位，那么信托法中又是如何定义信托目的的，诚挚委托人在设立"以房养老"信托时予以认真的考虑。

信托目的的具体内容非常丰富，每一个信托，都会因委托人的不同、信托财产收益用于领域和对象的不同、需求的不同甚至设立信托时背景的不同而千差万别。无论任何国家的信托法都只是在信托的成立上规定了必须载明信托目的，而无法就信托目的的具体内容作出规定，但却就信托目的给出了纲领性的规定，即设立信托，必须有合法的信托目的[②]。

---

① 参见我国《信托法》第十条。
② 参见我国《信托法》第六条要求信托目的必须合法；我国台湾地区"信托法"第5条明定信托目的不得属于违反强制或禁止规定、违反公共秩序或善良风俗、以诉讼为主的三种情形；日本《信托法》第2条规定信托设立必须有一定的信托目的；美国《统一信托法典》第402条在信托设立上首先规定委托人必须有设立信托的意图；在第404条信托目的上，规定信托目的必须具有合法性、不违背公共政策和在实现可能性的范围内。

"以房养老"信托之所以区别于其他类型的信托,就在于信托财产的收益必须用于受益人养老之目的。根据委托人设立"以房养老"信托目的的具体内容不同,笔者将该类信托再进一步细分如下:

(1) 委托人和养老需求受益人为同一人的信托(自益信托)。信托文件约定信托因受益人死亡而结束,剩余信托财产按照信托文件的约定予以分配。

(2) 委托人和养老需求受益人不为同一人的信托(他益)。信托文件约定信托因受益人死亡而结束,剩余信托财产归属本金受益人的委托人。

(3) 委托人和养老需求受益人为同一人,但系在委托人死亡后信托因设定有顺位连续受益人(自益→他益)的信托。该类信托在信托文件中约定养老需求受益人死亡后,信托继续存在,信托财产的收益须按照信托文件的约定,在不同的受益人中进行分配。

(1) 和(2) 两种信托的设立目的明确表现在以养老需求人为受益人的单一养老目的下的信托。相对于(1) 和(2) 的第(3) 种的信托目的,则表现于两种目的兼具的信托:即以养老需求人为收益受益人的养老目的与养老需求人的收益受益人死亡后的信托财产收益分配和本金的继承性分配的目的。第(3) 种信托也是眼下被热议的连续受益人信托。

信托目的构成信托行为的内容,是信托存续过程中受托人实施行为的座右铭,是衡量受托人是否忠实、谨慎、圆满地尽到了受托人义务的量具。"以房养老"信托既然被冠之以"养老"之名,突出养老目的自然系该信托的特点。换言之,偏离养老目的下的信托收益分配将被认为是违背信托目的,受托人将会因此而承担相应的法律责任。

(二) 设立"以房养老"信托的信托财产

1. 确定的信托财产。我国《信托法》第七条规定,"设立信托,必须有确定的信托财产,并且该信托财产必须是委托人合法所有的财产。"即没有确定的信托财产,信托是无法设立的。而且用以设立信托的必须是现存的、可确定的财产。信托财产在我国《信托法》规定的信托文件中是必须明确记载的事项,处于核心位置。没有信托财产,信托就失去了设立的基础和存在以及处理信托事务的载体。根据信托的这一特点,信托法学界将信托财产称之为信托设立的"三大确定性"之一(另外两个确定性:信托目的和受益人)。"三大确定性"是否俱全,是衡量一个信托是否可以成立的基础性判断要件。在必须有确定的信托财产方面，我国《信托法》第九条第四款进一步规定了在信托文件中因明确记载"信托财产的范围、种类及状况"。

具体到"以房养老"信托的财产形态，依第二章所述之"以房养老"信托的模式，"以房养老"信托的信托财产一共有两种形态，顾名思义，都是围绕房屋产权的信托。一是资金形式。即委托人以通过抵押自己的住房所获得的资金设立的信托。二是实体物的形式。即委托人以自己的房产权设立信托。对以上两种形式下的财产都要求必须是合法所有之财产。

2. "以房养老"信托的信托财产性质。所谓信托财产，是指"受托人因承诺信托而取得的财产是信托财产"。（参见我国《信托法》第十四条）。换言之，信托财产是因委托人设立信托和受托人承诺信托而取得的财产。这时的财产被称之为信托财产。一旦成为信托财产，它就具备了信托财产的特点："信托财产与委托人未设立信托的其他财产相区别"，与受托人的固有财产相区别，不得归入受托人的固有财产或者成为固有财产的一部分"（参见我国《信托法》第十六条）。当然也区别于"受益人的固有财产"。换言之，信托财产作为信托的对象物或者信托的客体，原本由民法规范的财产权则因信托的设立而发生质变，成为信托法调整下的财产权。从该意义上来说，所谓信托，就是围绕信托财产而形成的信托法律关系。信托的这一特点反映的是信托的闭锁功能，也就是信托财产的独立性。而信托财产的独立性又可以通过《信托法》第二条进一步作出诠释。即受托人基于委托人的信任，要以自己的名义，为受益人的利益，管理或处分委托人托付给自己的财产，并承担处理信托事务的法律责任。信托财产不因委托人、受托人的死亡、破产而受到影响，也不因受托人的变更而受影响。[①]"以房养老"信托虽然时间跨度较长，但是信托财产在法律上所具有的独立性给信托长期存续奠定了制度上的安全，因此设立"以房养老"信托的委托人和受益人不用担心信托财产长期置于受托人名下是否会发生损失。法律规定，如果系因受托人处理信托事务不当或行为懈怠而给信托财产造成损失的，受托人必须为此承担法律责任并以固有财产对信托财产造成的损失予以赔偿[②]。

---

① 参见我国《信托法》第十五条、第十六条、第十七条。
② 参见我国《信托法》第二十五条、第二十六条、第二十七条、第二十八条、第二十九条。

正因为信托财产因信托的成立（生效）而发生信托法律上的独立性，所以信托财产形态为房屋产权时，一定要办理信托登记，否则信托不发生效力。也就是说，该项信托即便信托合同已经订立，也将因没办理信托登记导致原订立的信托合同无效。我国《信托法》就法律和行政法规规定的必须办理登记的财产要求办理信托登记，由此导致我国《信托法》下的信托成立和生效的两种不同情形。即信托财产为动产的（除去必须办理产权登记的特殊动产），如金钱，信托合同签订就标志信托生效，而对需要产权登记的财产权设立信托的，则以办理信托登记为生效要件。而办理信托登记则意味着委托人必须在产权登记机关向受托人办理财产权的转移登记。一般意义上的财产权转移必然伴生相应的税收，但信托法下的财产权转移在本质上与一般意义上的财产权转移不同，因为受托人对信托财产形式上的占有并不导致自身的经济收益。从税收公平原则出发，对实质上并未享有任何利益的形式上的占有者（受托人）实施课税显失公平。因此，信托性的财产权转移和一般意义下财产权转移在应税方面应该区别对待（关于"以房养老"信托的税制问题的论述，请参见本书第六章）。由于我国涉及信托的税收制度至今尚是空白，使得信托法第十条的规定沦为摆设。但是在讨论"以房养老"信托方面，无论如何也避不开因涉及房产权设立信托必须办理信托登记的规定，但是如何处理因办理登记而发生不应发生的税收，则是十多年来学界和实务界一直非常关心的问题。

关于信托税制建设，早在2001年信托法颁布实施之际，学术界和实务界就尖锐地提出应构建信托税制，但至今未见有所进展，极大地束缚和影响了我国信托业的健康发展。为"以房养老"信托能真正在中国生根发芽，本书在第六章"以房养老"信托税制中就信托税制的法务与实务作出了专述，以期不会因为税制的缺失而无法设立信托。

（三）"以房养老"信托的受益人

如上述，信托受益人是信托设立的"三大确定性"之一，是信托的利益的归属人，是设立信托的关键要素，当然更是信托文件中必须载明的事项。因为缺少受益人或者受益人不明确的信托是不被承认的。

（四）委托人的姓名或者名称、住所

1. 准确记载委托人信息的意义。信托是由捐出财产权的委托人设立的，可以说没有委托人的信托是不存在的。如上节所述，信托就是委托人向受托人提供信托财产，在信托机理下通过受托人管理财产，为受益人输送信托利益的"三主体"之间的法律关系。因此，"以房养老"信托必须按照我国《信托法》的规定，在信托文件中准确载明委托人的姓名或者名称、住所。也正因为信托文件中记载的委托人设立信托等必要信息，法律才会赋予信托委托人相应的法律地位和使其享有相应的权利，负有相应的义务。因此，在"以房养老"信托的设立环节，准确记载委托人的必要信息不但涉及信托是否生效，而且在信托存续期间对受托人行使监督权也是非常重要的。

2. "以房养老"信托委托人的资格。关于"以房养老"信托委托人的资格，笔者在第三章的委托人的适格中，从多层面多角度地分析了设立"以房养老"信托的委托人的资格。认为应满足完全民事行为能力、拥有独立的房屋产权和有设立"以房养老"信托的意愿的三项基本条件者，才有资格成为委托人。于此意义，在"以房养老"信托文件中也必须明确核实并记载委托人的相关信息和联系方式。

（五）受托人的姓名或者名称、住所

信托就是通过受托人，并依靠其专业能力和善良管理人的注意，忠实地为实现委托人设立信托的目的而通过管理信托财产将信托利益予以分配的信托法律关系。从中我们可以看出，受托人在"以房养老"信托中处于极为重要的地位。因为笔者在第三章中结合"以房养老"信托的特点，提出凡成为"以房养老"信托的受托人者，必须是除具备信托法所规定的一般条件以外，还必须具备一定的信托财产管理运用的能力。从某种程度上说，强大的专业管理能力在这类信托中应该是委托人在选择受托人时应主要考虑的因素。

由于"以房养老"信托是由受托人具体管理运用的，所以在信托文件中，必须按照信托法的规定清楚地记载受托人的姓名或者名称、住所和联系方式。

（六）受益人取得信托利益的形式、方法

"以房养老"信托的受益人所获取的信托利益，均依赖于受托人对信托财产管理运用产生的收益。其利益获取的形式与方法如下：

1. 自益信托下受益人取得信托利益的方式和方法。受益人以现金的形式获取。即由受托人按照养老机构给出的养老费用的清单代受益人支付。其支付方法，可视养老机构的规定，需要每月支付的，可每月支付；需要年度支付的，则年度支付。

当信托实现了约定目的时，信托结束，受益人不再获取信托利益。自益信托的受益人死亡的，剩余的信托财产按照《中华人民共和国继承法》的规定，由委托人的继承人继承取得。

2. 他益信托下受益人取得信托利益的方式和方法。受益人以现金的形式获取信托利益。即由受托人按照养老机构给出的养老费用的清单代受益人支付。其支付方法，可视养老机构的规定，需要每月支付的，可每月支付；需要年度支付的，则年度支付。

当信托实现了约定目的时，信托结束，受益人不再获取信托利益。信托财产归还给设立信托的委托人。

3. 自他益信托下受益人取得受托利益的方式和方法。第三种情形较前两种复杂，前两种仅是以养老为目的的信托，后一种则是以保障实现第一顺位的收益受益人（养老需求人）的养老目的为前提，兼顾信托财产的收益分配和继承。受益人的人数不但为多数，而且还在信托利益获得上存在时间和顺位上的差异。

因此，该类信托的受益人的信托利益获取方式和方法，应为：

第一顺位的收益受益人获取信托利益的方式方法同前两种。

第二顺位的收益受益人以现金的形式获取信托利益，获取的时间可视具体情况约定。

第三顺位的受益人，即信托财产的权利归属人，可按照信托文件的约定，既可以信托财产的现状获取，也可以信托设立时的形态获取。

当然，如信托存在信托债务时，应在偿清信托债务后再获取剩余信托财产。

当信托实现了约定目的时，信托结束，受益人不再获取信托利益。

二、设立"以房养老"信托的任意记载事项

第一节涉及的均是"以房养老"信托文件中法定的记载事项。本节主要探讨"以房养老"信托中哪些应当作为任意记载事项，明确于"以房养老"信托的文件中，旨在维护受益人的权利和监督受托人妥善处理信托

事务。

(一)"以房养老"信托的期限

关于信托的期限,法律并没有强制性规定予以载明。但是,一般来说,信托文件中都会就此作出相应的约定①。信托的存续期限关系到信托目的实现与否,取决于更广泛的利益关系所决定的因素②。即便信托文件规定的信托期限到期,而信托目的尚未实现,这时的信托也不应因所定期限的到期而终止,因此说规定信托的存续期限并非信托设立的必备要件。所以说在设立信托时,也可以不规定信托的具体存续期间。也就是说,信托期限不直接以具体到某年某月末日为止来表述,而是以信托目的实现和信托目的无法实现来约定信托的期限。

"以房养老"信托的显著特点在于养老目的,只要作为养老需求人的受益人还存在养老需求,即信托目的尚未实现,信托就应存续。换言之,"以房养老"信托的期限无法以具体时间予以约束。因此来讲,这也是"以房养老"信托区别于其他信托的一个特点。

于此意义,信托的期限并非信托终止的决定因素。能否决定信托终止的是信托目的的实现或无法实现,因此"信托的存续期间"在信托法中被定位于信托文件的任意记载事项。换言之,"以房养老"信托的期限长短并非需要过多关注。在上一节中,我们依据信托目的提出了三种不同情形下的"以房养老"信托。前两种信托均因人之生命有限的客观存在,信托期限不会很久(养老需求人死亡,信托终止)。但于第三种存在连续受益人的情形时,信托期限当然不受养老需求人生命长短的影响,即第一个目的实现并不等于信托目的的全部实现。那么是否可以永无止境地设立多个连续受益人,让委托人的财产实现永远意义上的传承呢。由于我国《信托法》并未就信托期限作出制度上的任何限制,而《信托法》又要求受托人必须严格遵照委托人的意愿管理信托财产,因此委托人财产传承的意愿将会因受托人忠实义务的履行而无限期的延伸。委托人确保自己的财产在死后仍继续用于一定的目的是人类自然的愿望,如果这种愿望一直延续下

---

① 我国《信托法》第九条第二款规定除必须载明的事项以外,还可以载明其他事项,其中包括信托期限。

② 中野正俊:"Peter Thellussonの遺言と永久蓄積禁止の原則について",[日本]《信託》111 号 1964 年,第 4 页。

去，则会造成财富无限制的累计和委托人借设立信托来永久控制财产未来的归属，从而导致财产因此而冻结，丧失流通性①。于此意义，英美法禁止永久信托，规定不在一定期限内确定受益人的信托，其受益人部分为无效，其理由被解释为违反公序良俗，意即死亡人的意思不得永久性地拘束财产。

与我国现行《信托法》不同，英美信托法对私益信托的存续期限有所限制。英国专门制定反对永久积累和永久信托的法律②，明确规定以受益人终生受益为目的的信托，一般在该受益人有生之年持续有效，如果未指明受益人"终生"受益，则一般在该受益人死后一定年限内（通常是21年）有效。未明确规定期限的，最长为80年。美国采纳"禁止永续原则"（Rules Against Perpetuities），为了实现社会资源的有效配置，对个人自由和私法绝对自治采取了一定干预，其目的表现在限制委托人的三大自由。即控制财产未来归属、禁止财产流通、强制财产持续积累的自由。在这一精神下，美国在信托立法中就私益信托规定"一项财产必须自让与时存活之人的一生加上21年的期间内归属于受让人。"③

在2006年以前，以日本为代表的大陆法系的信托法也未对信托存续期限作出过任何限制性的规定，但是日本在后来的修法中仿照英美引进了禁止永久信托制度。日本《信托法》第91条规定，"信托因受益人的死亡，该受益人享有的受益权消灭，但如有其他人取得新的受益权（包括因受益人的死亡，其他人按照顺序取得受益权的规定）之约定的，在该信托设立满三十年之后，在现存受益人根据该约定已取得受益权之情形下，该受益权到该受益人死亡时为止或到该受益权消灭为止的期限内拥有效力。"

当社会财富差距过于悬殊时，不可避免地对共同富裕产生影响，这样就会出现富者更富，穷者更穷。基于此，笔者认为日本信托法正是为了避免财富的永久性累积和促使财产的流动，才就信托设立了期限上的限制。我们知道，委托人设立信托，其主要目的就是为受益人的最大利益而利用信托这一制度实现对经济自由的追求，而禁止永久信托实际上正是对委托

---

① 参见方嘉麟：《信托法之理论与实务》，中国政法大学出版社2004年版，第163页。英美禁止永续信托的具体规定为：美国规定一项财产必须自让与时存活之人的一生加上21年的期间内归属与受让人。英国规定80年或者一生加上21年。

② 关于信托的最长存续期间，英国通过了"永久权禁止原则"以及"永久积蓄禁止法（Perpetuites and Accumulation Act 1964）"。

③ 参见美国《统一信托法典》第409条。

人这一目的的限制和约束。①

综上，社会发展至今，禁止永久性信托是所有引进信托制度国家的共识。具体到"以房养老"信托的存续期间，本人赞成禁止永久性信托的观点，可以通过连续受益人的设定，将信托期限设定到第三代人为信托财产权利归属受益人（因为设立"以房养老"信托之委托人，自己作为第一收益受益人的期限（如从 60 岁起享有"以房养老"信托的利益的话，再根据我国人均寿命接近 80 岁来测算的话，信托则因此而成立 20 年，之后子女辈也作为收益受益人的话，基本上也会有 20 年左右的收益受益取得权，此时信托已存续了 40 年。最后一个信托受益权人为孙子辈时，既可以设定为该受益人终生享受信托利益，信托存续直至该受益人死亡为止。当然也可根据信托文件的规定终止信托，由受益人享受信托财产的最终权利归属。如此以来，就不会发生通过信托无限期地拘束信托财产的情形，同时也与日本法上规定的信托成立 30 年后，信托期限将以最后一个获得受益权的人死亡而终止大同小异。不过这只是笔者的拙见，有关信托期限非常有探讨的价值。但话又说回来，在现行法的环境下，信托期限是可以任意设定的。

（二）信托财产的管理方法

信托法虽赋予了委托人和受益人信托财产管理方法的变更权，但还是要在信托设立时尽可能地就信托财产的办法作出细致的约定。受托人安全妥善地管理好信托财产是实现养老需求人安度晚年的基础保障。信托文件可以要求受托人在养老需求人依赖于信托财产的收益支付养老费用的情况下，应以确保信托财产安全为原则确保收益，即可以债权类投资为主，一般情形下不得将信托财产用于股权类投资。另外，在考虑债权类投资方面，还要兼顾养老信托财产的成本（抵押贷款的利息）。但是，正如本书第四章所言，当"以房养老"信托存在连续受益人，且又实现了养老需求人（即第一顺位收益受益人）的养老目的后，受托人管理信托财产的方法则可在以安全为主的前提下兼顾受益人的利益最大化不拘束于原来的仅运用于债权类投资范围，如有安全可靠的股权类投资项目亦可予以考虑。当然，为事后不至于出现不必要的麻烦，信托文件中最好规定受托人在作出

---

① 张军建："连续受益人制度"，《湖南大学学报社科版》2011 年第 4 期。

股权类投资时应向受益人作出报告,并征得受益人(有信托管理人的,也应征得信托管理人)的同意。

(三)受托人的报酬

1. "以房养老"信托受托人的报酬确立方式。信托报酬是指受托人接受委托人的委托,为委托人提供财产管理服务,由委托人按照双方的约定向受托人支付的佣金。信托报酬在商事信托中也是受托人管理信托的价值体现[1]。但是,传统的英美法基本规则在信托报酬上还是对各国信托立法产生了较大影响。大陆法系国家在继受信托制度的过程中,也继受了受托人不得收取报酬的原则,承认信托通常应是一种无偿的法律关系,但也存在收取报酬的例外。规定受托人为营业性的信托公司,当然享有获得报酬的权利。比如日本《信托法》第 54 条第 1 款规定,"受托人由信托财产获得信托报酬,仅限于在信托行为中规定了受托人可由信托财产获得信托报酬(作为处理信托事务的对价,系受托人获得的财产上的利益。以下亦同)之情形。"韩国《信托法》第 41 条、我国《信托法》第三十五条也有类似规定,"受托人有权依照信托文件的约定取得报酬"除去合理报酬外,信托公司不得以任何名义直接或间接以信托财产为自己或他人牟利[2]。也就是说,受托人取得报酬的前提是要存在约定,这种约定可以是在信托文件中已有的事先约定,也可以是信托文件中没有约定,但信托当事人协商同意后作出的补充约定。总而言之,受托人取得信托报酬的形式必须是符合《信托公司管理办法》第三十二条以信托合同形式确定信托报酬的取得。

2. "以房养老"信托的信托报酬的计算及其支付。信托报酬是有关"以房养老"信托合同的效力事项之一。参考《信托公司管理办法》的规定,尽可能地在"以房养老"信托合同中就信托报酬的计算标准、支付方

---

[1] 关于信托报酬,英美法起初的基本规则是受托人无权要求因作为受托人行事而取得报酬。因为信托起源于一种高度信任的关系。早期判例认为对受托人支付报酬意味着受托人在处理信托将存在自我利益,在处理心头事务上偶可能会与为受益人的利益发生冲突,因此加以禁止。因此而出现了以不收取信托报酬为原则,以收取信托报酬为例外的基本规则。但是随着商事信托的发展,专业化受托人的出现,信托的有偿化,即受托人收取一定的信托报酬便成了相对于民事信托之商事信托的一大特点,也因此一些国家专门为商事信托立法,使受托人获得信托报酬有了制度上的保证。

[2] 参见我国《信托公司集合资金信托计划管理办法》第五条第七款。

法、支付时间或者具体支付义务人等都要在信托文件中作出约定。

（1）信托报酬的支付主体。将信托财产约定为信托报酬的支付来源。

（2）信托报酬的支付时间。支付时间可约定为按月固定领取，或按年固定领取。根据"以房养老"信托的特点，留在信托财产中的资金越多，运作收益就会越大，建议设立信托的委托人在信托文件中选择以该信托成立日为计算时点，把每年的最后一个星期作为当年的信托报酬支付时间。

（3）信托报酬支付的计算标准。

①固定式支付。按照受托信托财产的初始值，为确定信托报酬的计算标准。这里可能会存在养老需求人的养老支出大于信托财产的收益，而非受托人因懈怠或处理信托事务不当而导致信托收益减少时，应以信托财产初始值计算信托报酬。

②激励或连动式支付。选择以超过净收益的比例约定信托报酬。将超过信托财产成本后的信托净收益分级管理，约定不同的报酬比例。设定年信托净收益低于信托财产成本（即银行抵押贷款的年利息）时，信托报酬率为0。

（四）信托受托人的选任方式

信托关系的特点之一就是当受托人死亡、破产或者辞任、解任时，信托并不因此而终止，信托关系继续存在，为了继续实现信托目的，需要选定新的受托人。"以房养老"信托因具期限长之特点，在信托存续期间就有可能因上述情形而发生受托人辞任的情形。因此，在信托文件中应按照信托法的要求事先将新受托人的选任方式作出约定。其法律效果将保证辞任的受托人受此约束，完成信托财产向新受托人的转移以及为完成该转移所必须履行的各项义务。

具体到"以房养老"信托而言，因为大都存在连续受益人，而且鉴于对受托人的信托监督权的有效行使，信托合同中存在信托管理人的话，则应在信托文件中事先约定信托管理人和收益受益人与信托财产的最终权利归属人之受益人均有权参与新受托人的选任。在确定了有选任权的主体后，就是选任方式。所谓选任方式，笔者认为，可由原受托人（当然是在前期信托中圆满地履行了信托受托人义务的）按照"以房养老"信托的现有情形和受托人的专业能力和信誉等提出推荐，由委托人、受益人和信托管理人同意。也可由委托人、受益人和信托管理人提出新任受托人的人选，经全体利害关系人同意。如果信托利害关系人的意见不能取得一致时，笔者认为可以申请人民法院根据委托人设立信托的目的（信托宗旨）予以裁定。

（五）信托终止事由

信托终止事由。虽非设立信托的必须记载事项，但却对信托的存续或曰管理有着极其重要的作用。委托人可在"以房养老"信托设立时，就将预想到的信托终止事由加以约定。例如约定如发生以下情形：达到一定的信托期限、达到了信托目的、出现不利于信托财产的情形和损害受益人的利益、信托当事人协商同意等，委托人存在时由委托人，委托人不在时由信托管理人和受益人解除信托合同[①]。总之，在信托文件中，事先作出明确而具体的约定，有利于及时处理信托活动中发生的问题，防止出现不必要的纠纷。

第二节 "以房养老"信托合同的变更和终止

一、"以房养老"信托合同的变更

"以房养老"信托和其他信托一样，都可以根据不同信托的特点和内容，在信托文件中规定一些可以变更的事项。一般而言，所谓变更事项，可分为两大类，一是受托人的变更，另一个则是信托管理方法的变更，也称为信托约定的管理事项内容的变更。

（一）受托人的变更

如前述，"以房养老"信托具有长期存续的特点。在信托存续期间，发生受托人变更无外乎存在两种情形。即因受托人违反信托使信托财产发生损失而受到信托当事人解任情形下的变更，再就是受托人因本身的情

---

① 参见我国《信托法》第五十三条"有下列情形之一的，信托终止：（1）信托文件规定的终止事由发生；（2）信托的存续违反信托目的；（3）信托目的已经实现或者不能实现；（4）信托当事人协商同意；（5）信托被撤销；（6）信托被解除。"

况，认为不再适合担任受托人而提出辞任情形下的变更。

前者是指在信托中享有受托人解任权的信托当事人根据信托实施的情况，在认为受托人不再适合信托的要求时，即认为受托人不适格时，有权通过解任权的行使而变更受托人。但是，如果受托人在无过错而遭解任时，委托人、受益人和信托管理人应依信托合同中的规定赔偿因提前终止信托合同给受托人带来的损失。

后者是指受托人根据自身情况主动提出辞任，并获得信托当事人同意情形下的变更。

（二）"以房养老"信托管理方法的变更

所谓"以房养老"信托管理方法的变更，是指就原来在信托合同中事先约定的管理办法所作出的合理变更。一般来讲，信托一旦设立，无论是委托人（受益人、信托管理人）还是受托人都不得轻易变更信托文件约定的事项。"以房养老"信托设立的目的首先在于实现养老需求人的养老目的，其次才是后期连续受益人的信托收益，这一不同阶段的信托目的决定了整个信托行为的内容。也就是说，信托受托人管理信托财产、处理信托事务的方法是允许在遵守信托宗旨的前提下合理变更的。换言之，信托合同中约定的事项并非一成不变，而惟一不能变更的是信托目的。换言之，只要违背信托目的，在判断原定之管理方法已明显不适用于当前的情形时，而且也能推断如沿袭原来的管理方法甚至会造成弊害，导致背离信托目的之效果。这时受托人，受益人或信托管理人均有权相互通知，要求其调整信托财产的管理方法，更改信托合同中相应的条款。如前节中所述的除执行债权类投资外，也可以在安全的前提下实施股权类投资。

二、"以房养老"信托的终止及其法律效果

（一）"以房养老"信托的终止

"以房养老"信托同一般信托并无二致。所谓"以房养老"信托的终止，是指信托发生了法定的终止事由，或者是发生了信托文件上规定的事由。养老信托，顾名思义是为养老需求人的养老而设立的信托，无论是自益信托还是他益信托，只要信托文件中规定的养老目的业已实现，就意味着信托已失去了存在的价值或意义，信托将因此而终止。除上述两种类型

很清晰的信托以外,还有自他益混合型信托。"以房养老"信托的目的是双重的,即第一重目的是完成养老需求人的养老目的;第二重目的则表现为连续受益人享受信托收益的目的。该类信托终止的事由存在以下四种情形:(1)信托文件规定的信托期限届满。(2)信托文件规定的信托目的已经实现。(3)受益人按照信托宗旨要求提前终止信托的。(4)当信托财产不足于偿还债务的。关于第四种情形,虽然我国《信托法》没有给出任何规定,但是由于"以房养老"信托存续的长期性和管理运用的因素,不见得就不会出现该种情形。就此日本《信托法》第52条规定当信托财产出现不足于偿还信托费用等或提前应支付的费用的,受托人可就此通知委托人和受益人。受托人在规定的期间内,没有收到委托人或受益人偿还的费用等以及提前支付之费用的,可终止信托。这一规定对信托实践有着非常重要的实践意义,值得我国《信托法》借鉴。

在发生以上四种情形时,信托关系归于消灭。信托关系与其他任何法律关系一样,都有一个发生、变更和消灭的过程。信托关系的终止,标志着信托行为的依法结束。

(二)"以房养老"信托终止的法律效果

信托关系是一种特殊的民事法律关系,信托财产的归属权是明确的。它虽为受托人控制和占有,但却独立于受托人的固有财产,当然也因信托的成立而独立于委托人的非信托财产;同理,受益人对信托财产虽享有受益权,但对信托财产并不享有所有权。因此,信托依法终止形成的法律效果是信托关系的消灭,依信托法之要求,受托人应当退出对信托财产形式上的占有和控制,并按照信托文件的规定将信托财产交付于信托财产最终权利归属之受益人名下。换言之,当信托终止时首先要解决的就是信托财产的归属问题,因为信托终止所带来的法律效果就是信托财产的最终权利归属[①]。

关于剩余信托财产的权利归属,我国《信托法》规定"信托终止的,信托财产归属于信托文件规定的人"。在信托的设立一节中,我们曾建议委托人在设立"以房养老"信托时,应在信托文件中就各种事项尽可能地

---

① [日]井土嘉弘:"私益信託における信託終了の効果",[日本]《信托法研究》第21号1997年,第3页。

作出明确约定，尤其是信托财产的最终归属，虽然法律上明文规定如果信托文件就剩余信托财产的权利归属未作特别规定的，信托财产应归属于受益人。当受益人死亡的，信托财产归属于其继承人。

（三）"以房养老"信托受托人的责任与信托财产的权利转移

信托终止有形式终止和实质终止之分。所谓形式终止是指信托虽然从形式上解除了信托关系，但在未办理完信托财产交付于受益人之前，信托还不能称之为真正的结束，"信托财产转移给权利归属人的过程中，信托视为存续①。"与此相对的实质终止，则是指受托人依法办理完了信托财产向权利归属人转移的所有手续。

法律作出这样的规定，其意义就在于保护受益人的权利不受侵害。因为受托人办理信托财产的转移手续需要一定的时间，到办理完这些手续为止，信托财产将会因形式终止与实质终止混为一起而处于无主状态。而无主状态下的信托财产很可能引发他人在这一期间对信托财产行使权利，造成权利归属人的利益受损。信托法意义上的信托终止，实际上是指实质意义上的终止。换言之，受托人在信托形式终止后，其责任不只限于移交信托财产，而要到信托财产完全归属于权利归属人为止，受托人须继续履行作为受托人的职责和义务。当然，受托人在这一期间不得像原来一样处理信托事务，必须依法办理原信托备案登记等注销手续，向权利归属受益人移交信托财产转移，否则本来应当转移给权利归属人的信托财产便有缩减的可能②。

如本章在"以房养老"信托的设立一节中所说，设立"以房养老"信托的信托财产有金钱（住房抵押贷款）和房屋产权两种。信托财产为通过抵押贷款而获得金钱的，信托受托人就应当以信托财产清偿抵押权人的本息，解除住房抵押权，之后再将剩余信托财产交付给受益人。如果信托财产（抵押贷款的金钱）出现不足于清偿抵押权人的本息等费用时，信托受托人有权按照信托合同的约定，一是由最终权利归属受益人（或信托文件约定的受益人）支付其不足部分；二是由受托人通过处分抵押物将所得款项在清偿抵押权人的本息以及其他费用后，再将剩余部分交付受益人。如

---

① 日本《信托法》第176条规定，在未完成清算前信托都被视为存续。
② 日本《信托法》第176条；我国台湾地区"信托法"第66条。

果信托财产为房屋产权的,因为是受托人以自己的名义办理的抵押贷款,所以受托人应同第一种形式一样,当剩余信托财产足以覆盖抵押贷款的本息,则受托人可在清偿抵押权人的本息后解除房屋抵押权,与信托设立时反向操作办理信托财产向最终权利受益人的转移。如果抵押贷款部分剩余部分不足以覆盖清偿抵押权人的本息时,处理方法可按信托合同的约定:一是由受托人以处分房屋产权的所得清偿抵押权人的本息;二是由最终权利归属受益人(或信托文件约定的受益人)支付其不足部分。受托人处理完所有信托债务后再将剩余信托财产转移给受益人。当然,受托人有义务协助受益人办理与此相关的应交税款的事务。

概言之,"以房养老"信托是否终止,是以受托人将"以房养老"信托的剩余信托财产向最终权利归属受益人的转移以及完成了与此相关的所有事务为衡量标准的。

(四)"以房养老"信托终止后受托人的权利保护

"以房养老"信托能否实现委托人设立信托的目的,关键在于受托人如何管理信托财产。当然,不管信托的受托人具有多么强大的专业能力,但毕竟不是神,面对瞬息万变的市场,无法确保在信托财产运营过程中全部都能超出或实现"以房养老"信托的预期收益。虽然我们衡量一个受托人是否圆满地履行了信托受托人的职责,主要是看能否实现受益人的利益最大化,但利益最大化应该是既包括信托财产的安全,也包括利益产生的多寡。不能单纯地以追求利益最大化而不顾信托财产的安全,也不能紧盯着信托财产的安全而置利益最大化于不顾。也就是说,只要受托人恪尽职守、积极谨慎、妥善处理信托事务,不出现行为上的懈怠和事务处理上的不当,就应认为受托人圆满地履行了受托人的职责,即圆满地履行了信托受托人的善良管理注意人的义务。如果在上述情形下,受托人没能实现信托的预期收益,受托人的信托报酬也应受到保护。

另外,在"以房养老"信托终止前,如果信托本身存在应负担的税款、受托人在处理信托事务中所支出的费用、对第三人所负的债务以及根据信托文件的规定,受托人可以取得的信托报酬,都应由信托财产承担。对以上费用以及债务,受托人以自己的固有财产先行垫付的,对信托财产则享有优先受偿的权利。法律规定受托人享有信托报酬给付请求权和从信托财产中获得补偿的请求权,所以受托人为维护自身的权利,可依法留置信托财产，或者向权利归属受益人提出补偿请求①。

（五）"以房养老"信托终止后受托人清算报告书的作成义务

受托人清算报告书的作成义务不但是信托实质终止的一个内容，也是我国《信托法》有关信托终止时受托人必须履行的强制性义务之一②。日本《信托法》将信托终止时的受托人称为"清算受托人"（参见日本《信托法》第177条）。作为"以房养老"信托的受托人，应就"以房养老"信托作出全面细致的清算报告，并将此提交给全体受益人和信托管理人（如果信托中存在信托管理人的话），征得他们的认可。受益人和信托管理人对清算报告无异议的，受托人方可就清算报告书所列的事项解除责任。只要受益人和信托管理人认可了受托人在清算报告中所列的事项，就不得在事后以清算报告有误为由追究受托人的责任。但是，受托人如有伪造记载事项内容的或者隐匿事实等不正当的行为的，即使受益人和信托管理人认可了其所作出的清算报告，其责任也不得解除。

---

① 我国《信托法》第五十五条规定："信托终止后，受托人依照本法规定行使请求给付报酬、从信托财产中获得补偿的权利时，可以留置信托财产或者对信托财产的权利归属人提出请求。"

② 我国《信托法》第五十八条规定："信托终止的，受托人应当作出处理信托事务的清算报告。受益人或者信托财产的权利归属人对清算报告无异议的，受托人就清算报告所列事项解除责任。但受托人有不正当行为的除外。"

第六章

"以房养老"信托税制的法务与实务

第一节 "以房养老"信托税制概述

一、信托税制的一般理论

委托人设立信托是通过信托实现向受益人的利益输送。受托人在其中仅发挥着管道作用,本身并没有因为是信托财产的所有人而获得信托利益。

就受托人在信托中的地位而言,与其说是信托财产的所有人,毋宁说是信托财产的恪尽职守的忠实管理人[①]。也就是说,信托设立时信托财产的名义虽然由委托人转移给了受托人,但实际上享受信托财产受益的并不是受托人,而是受益人。因此税法上认为归属于信托财产的资产和负债均由委托人转移到了受益人身上,信托的受托人起到的仅仅是个通道作用。委托人的这种利用受托人向受益人输送信托利益,在税法上被称作信托通

[①] 各国和地区信托法均明定禁止受托人享受信托利益。参见我国《信托法》第二十六、二十七、二十八、二十九条;我国台湾地区"信托法"第9、10、11、34、35条;日本《信托法》第16、25、31、34条;美国《统一信托法典》第105、404、801、802条。

道，也叫导管。鉴于此，认为信托课税的客体既不归属于委托人，也不归属于受托人，而应以实质性所有为基准归属于受益人①。在学术界也被称之为实质受益人课税或受益人课税信托。

实质受益人课税原则建立于信托导管原理的基础上，是学术界认为的信托作为财产输送的导管理论的具体体现。该理论"重视实质所得者为何，较符合经济及赋税公平原则，故目前实行信托之国家，多依此为依据。"②郑俊仁教授提出，"因信托行为而产生的税收客体原则上应归属于受益人，对受益人课税。"③ 换言之，由于通过导管将信托利益输送到了受益人手中，才有了实质受益人课税的原则，并非信托本身（信托财产）在税法上构成课税主体④。

"信托所得应归属于谁？这是事关信托所得税制设计的基本问题。对这个问题的不同回答，决定了信托所得税制在实体法和程序法方面的不同规范设计，也决定了信托所得实质的价值追求与基本原则的分属，并最终决定了信托所得税制的类型结构。"⑤ 总之，信托课税主体的确定不但体现了信托本质，厘清了信托纳税义务人的定位问题，也解决了信托税制上的"属人归属"的基本问题，从实质上实现了税收公平主义原则。

综上所述，受托人因承受信托，从形式上接受了转移至自己名下的信托财产，这种所有只是代人理财形式下的所有，而非实质性所有。针对这种信托财产在私法上的归属，与信托所得在税法上的归属有着密切联系。明确这一归属关系，直接关系到信托财产在税法上的归属，关系到信托所得税纳税义务人的确定，关系到信托利益的计算。因此，信托税制的建设一般都是基于信托财产的归属来判定纳税主体的。私法上以信托财产和信托利益的归属为着眼点的理论基础是信托导管理论。该理论是基于解决信托所得归属而提出的一项基本理论，它植根于信托财产的"名义所有权"与"实质所有权"相分离的客观现实之中。在私法中，信托财产所有权的

---

① 刘继虎：《法律视觉下的信托所得税制》，北京大学出版社 2012 年版，第 38 页。
② 转引自刘继虎：《法律视觉下的信托所得税制》，北京大学出版社 2012 年版，第 26—27 页。葛克昌、李礼仲："遗产赠与税规划与信托行为遗产赠与税制规划之研究"，载于信托业商业同业公会编《信托法治学术研讨会信托税制相关议题论文集》，2002 年，第 12 页。
③ 参见郑俊仁："信托税制与实质课税原则"，《月旦法学》2002 年第 80 期。
④ 将受益人作为课税主体，其意义表现在不会因采取信托而发生所得税负的增减，实现税收的实质性归属，保持税收的中立性。
⑤ 刘继虎：《法律视觉下的信托所得税制》，北京大学出版社 2012 年版，第 25 页。

分割所产生的形式归属和实质归属不一致的矛盾，则通过借由信托财产和信托利益两个概念分别表达不同的归属关系而使矛盾缓和①，实现了税收的公平主义。

在这一理论下，多数制定有信托法的国家均以实质受益人为课税原则，就受托人接受委托人转移至自己名下的信托财产和新旧受托人更替时不予课税。就"以房养老"信托而论，日本学者折原诚先生认为该类信托因为是养老需求人出于自身养老的目的，将自己的房产权设立信托，这一行为本身就是信托制度的自我利用，是形式上的转移，非实质上的转移，按照信托税制要求应不予课税②。了解这一点，不但对设立"以房养老"信托的需求人还是对信托税制尚未完善的我国信托税务都具有极其重要的意义。

二、信托受益权

（一）信托受益权在信托税制中的概念

信托受益权产生于信托行为，是委托人和受托人通过信托行为的约定，受托人在管理信托财产时将产生的收益向受益人作出分配的一种债务。受托人的这种债务对应的是信托受益人对受托人的法定专属权利。受益人的这种受益权除了享有信托收益以外，还包含诸多内容。如对信托事务处理情况的报告请求权、对受托人违反信托的行为停止请求权和损失赔偿请求权等等（参见我国《信托法》第二十条至第二十三条）。换言之，受益权就是受益人通过对受托人的监督来确保或实现自身受益权和与此相关的各项权利的总称。

根据信托行为的约定，信托受益权可以是单一的，也可以是复数的。甚至在信托行为中还可以将受益权设定为各种不同性质的受益权，如在信托存续期间只享有信托财产收益的受益权和只享有信托财产的本金（剩余财产）的受益权。除此之外，还可以在信托行为中就指定的受益人享受受益权的时间或条件作出具体规定，这在"以房养老"信托中不但极为重要，而且这种在受益权上所作的不同分配也是"以房养老"信托自身的一大特点。"以房养老"信托也可因此就受益权中对受托人的监督权作出具

---

① 刘继虎《信托法视觉下的信托所得税制》，北京大学出版社 2012 年版，第 30 页。
② 折原诚："信托的新发展"，载法与经济学会：[日本]《法与经济学研究》2007 年第 3 卷 4 号，第 7 页。

体分配。总之，信托是一种极具灵活性的财产管理制度。信托的这种灵活的设计，在日本等信托发达的国家或地区的信托税制中均有明确的规定相对应。

（二）信托受益权的让渡

依信托法之规定，信托受益权具备可转让性，但是如果信托文件中就某种受益权规定为专属性受益权的话，该受益权就会因其专属性而不具备可转让性①。比如，信托文件规定必须要有受托人的承诺，或者委托人在信托文件中就受益人的受益权让渡设置了在限制范围内不得让渡的条件等。换言之，只要符合信托文件的要求，受益人就可将自己的信托受益权予以让渡。

（三）受益权的放弃

受益人有权向受托人作出放弃受益权的意思表示（参见我国《信托法》第四十六条）。受益人放弃受益权的权利是法定权利，不受信托文件的限制。如果因受益人放弃受益权而导致信托不存在受益人时，信托将会因受益人缺失而终止。

三、信托税制下的信托分类

涉及信托税制的信托种类，从大的方面可分为确定受益人信托和不确定受益人信托两大种类。确定受益人信托是指委托人在设立信托时，已明确指定了受益人或就成为受益人的条件做出了明确的规定；不确定受益人信托主要是指公益信托和慈善信托等。前者多发生在私益信托，后者多发生在公益信托。由于"以房养老"信托可能会涉及公益信托，所以在此一并归入其中。

（一）确定受益人信托

确定受益人信托，是指在委托人设立信托时受益人已明确存在或虽不能确定到某个具体人，但却规定了可以成为受益人的条件。在确定受益人

---

① 我国《信托法》第四十八条规定，"受益人的信托受益权可以依法转让和继承，但信托文件有限制性规定的除外。"

信托中,还可分为自益信托和他益信托、生前信托和遗嘱信托等。

(二) 不确定受益人信托

在私益信托中,没有受益人或没有具体能成为受益人的条件的信托是不被承认的,但是公益信托就完全相反。因为公益信托的显著标志表现在:首先信托的目的必须用于公益事业;其次在公益信托中,受益人不得确切地规定于某个具体人,凡是符合公益信托要求条件的人都可成为公益信托的受益人,因此公益信托的受益人是不确定和多数。

综上所述,信托受益权的性质和信托的种类是确定受益人等课税原则的关键。

四、信托的变更

在第五章,我们就"以房养老"信托的设立、终止和变更作了一般情形下的阐述,没有就信托变更所涉及的税收问题作出深入的论述。本章所谈及的信托变更主要是围绕信托税制而言的。

如前述,"以房养老"信托的显著特点就是横跨生前信托和遗嘱信托两大领域。在这一漫长的信托持续期间里,根据委托人设立信托的宗旨,并不排除信托发生变更的情形。如发生受托人的变更和受益人的变更以及受益权的放弃或信托撤销之情形,都会涉及信托的变更,而信托的变更自然也会涉及相应的纳税主体,所以从信托实务角度出发,当然要涉及信托变更的诸个环节。

就信托变更来说,当有以下几种情形:

(一) 信托当事人合意上的信托变更

我国《信托法》将信托的委托人、受托人和受益人统称为信托当事人。虽然信托是由委托人和受托人签订信托合同而宣告信托的成立,受益人并非信托行为的当事人,但是法律规定私益信托必须有确定的受益人,此外还由于信托受益人在信托成立后对受托人享有的受益债权和由此而形成的受益权下的诸项权利[①],都说明了受益人在信托中的重要地位,从而

---

① 参见我国《信托法》第二十条至第二十三条,第四十七条至第四十九条关于受益人权利的规定。

赋予了受益人在行使权利时,如与委托人意见不一致时,可以申请人民法院做出裁定①。因此,各国信托法都将受益人作为信托当事人。

(二) 非当事人合意上的变更

一般而言,信托反映的是委托人设立信托的意愿,信托要求受托人按照委托人的意愿管理信托财产和处理信托事务,而委托人的意愿都体现在受益人享受信托财产的利益上。一般来说,当初设立信托时,信托文件都尽可能地制定得很细很全面,所以即便出现一些需要变更事项的,也属特殊情形或原来的管理方法可能不适应现代社会的发展的缘故,否则一般不会发生变更事项的。

如信托需要变更,一般来说都需要信托"三主体"(三当事人)之间就变更事项达成合意。然而,也不是说任何变更都必须经过"三主体"之间的合意才能进行信托变更,只要不造成对当事人的不利益,也可由一方当事人作出意思表示之后再进行信托事项的变更。因为在信托存续期间,会出现委托人因死亡而不存在的情形,也会因委托人在信托文件中的特殊约定而导致需要信托变更的情形等②,如美国《统一信托法典》第603条规定:"信托可以被撤销且委托人有资格撤销信托的,受益人的权利服从于委托人的控制,受托人的职责完全为委托人承担。"第416条规定:"为了实现委托人的税收目标,法院可以采取与委托人意图相一致的方式变更信托条款。"属以下五种情形的③,不见得都需要三方当事人合意:

(1) 明确不违反信托目的时,可由受托人和受益人之间达成合意。

(2) 明确不违反信托,且符合受益人的利益的,由受托人作出意思表示。

(3) 明确不损害受托人利益的,可由委托人和受益人之间达成合意。

(4) 明确不违反信托目的,且不损害受托人利益的,由受益人作出意思表示。

---

① 参见我国《信托法》第四十九条。
② 参见我国《信托法》第五十一条。美国《统一信托法典》第603条:委托人的权力;撤回的权力(a)信托可以被撤销且委托人有资格撤销信托的,受益人的权利服从于委托人的控制,受托人的职责完全为委托人承担。
③ 税利士法人山田与帕特纳斯、TEP咨询服务集团株式会社、株式会社TEP业主企业综合研究所、山田经济咨询株式会社、TMI综合法律事务所编著:《信托实务的法务与税务》,2008年12月,第9—10页。

（5）信托文件规定的连续受益人下的受益人变更。

五、信托的终止与清算

信托的终止与清算相伴而生，必然涉及信托财产的最终归属。而信托财产的最终归属又与纳税主体有着无可分开的关系。因此我们有必要了解信托终止的情形和信托财产的如何归属。"以房养老"信托终止除了我国《信托法》规定的6种情形外，还会因为在长期以来的信托存续期间，可能会出现信托本身产生的费用（债务）已导致信托财产不足于偿还或提前应支取费用的情形。于此情形下，受托人在告知受益人后，可有权终止信托。除去信托财产消失殆尽下不存在财产分配之外，其他几种情形下的终止都带来信托剩余财产的清算和分配。根据我国《信托法》的规定，信托受益人有两种：一种是仅享有信托财产收益的收益受益人；另一种是仅享有信托终止后剩余信托财产的最终权利归属的受益人（也被称作本金受益人）。

依前述，"以房养老"信托的显著特点一是自益信托；二是他益信托；三是自益信托和他益信托的混合型。前两者之情形时，由于"以房养老"信托的目的实现导致信托的终止，剩余信托财产将由最终权利归属人获得。第三者之情形，因为是收益受益人和最终权利归属受益人共寓一体，信托的目的并不因为享受"以房养老"信托的收益受益人的死亡而完全实现。换言之，只是整个"以房养老"信托计划欲以实现的目的之一，还没触及信托终止的条件，信托还处于存续之中。于前者情形时，"以房养老"信托终止所导致的效果表现为剩余财产的继承性分配，受托人有义务将剩余信托财产作出清算并交付给最终权利归属受益人。作为最终权利归属受益人在获得清算后的剩余信托财产时，就注定成为纳税主体。于后者之情形，因尚未触发信托目的最终实现的条件，即信托尚在存续，只是不同性质的受益人发生了变更而已，尚不涉及信托的终止，取得信托受益权的人属于自益信托的受益人和他益信托之受益人的，则按照其收益的性质确定是否应税或者应税的种类（参见本书第三章"以房养老"信托的适格委托人）。就此，自益信托与他益信托共寓一体的"以房养老"信托属于连续受益人信托，有关其税收问题将在本章之连续受益人信托的信托税务部分予以专项阐述，在此不以赘述。

第二节 "以房养老"信托税制相关法务

一、信托税制下的信托法务基础

所谓信托是指委托人基于对受托人的信任,将财产权转移给受托人,由受托人按委托人的意愿,以自己的名义,为受益人的利益或者特定目的,进行管理或处分的行为①。具体来说,委托人将自己的财产权(动产和不动产)设立信托,与受托人约定,由受益人享受信托财产所产生的收益。图6-1、图6-2是信托设立和信托存续期间的关系图。

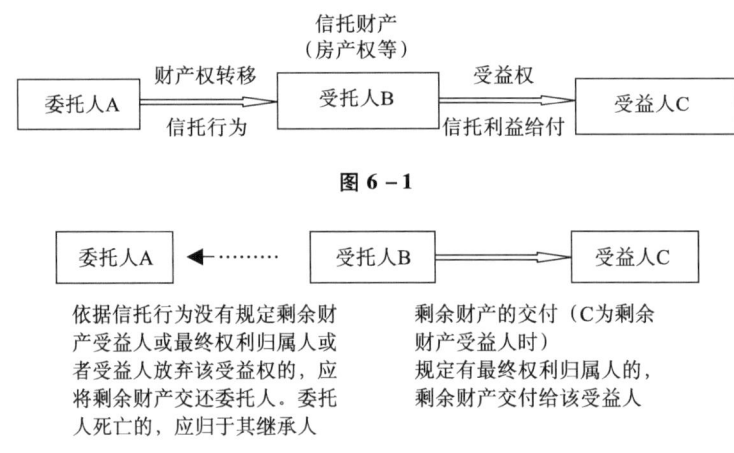

图6-2 信托终止时的表现

于图6-1得知,作为信托财产所有人的受托人,并没有因承受信托而自身获得任何信托利益,相反作为信托财产的管理人必须恪尽职守地管理好信托财产。信托这一本质决定了信托税制建设的方向。

---

① 我国《信托法》第二条就财产权使用的是"委托"给受托人,而不是"转移"。但是笔者在此却用了"转移"一词。因为依信托本质而言,信托财产必须向受托人进行转移,否则不但会与其他财产管理制度相混淆,抹煞信托制度的本质,而且也与本条中的受托人以自己的名义管理或处分信托财产,并由此承担信托财产管理之责的表述发生逻辑冲突。况且各国或地区的信托法在界定信托概念时都明定了委托人设立信托,必须将财产权向受托人作出转移,否则将不得以信托对抗第三人或者该信托不产生效力。

二、自益信托下的信托税务

如前述,信托原理所奠定的信托税制建设的归着点就是受益人课税信托原则。所谓受益人课税信托就是指信托设立时信托财产的名义虽已由委托人转移至了受托人名下,但实际上享受信托财产收益的并不是受托人而是受益人,因此税务上均是将属于信托财产的资产、负债都视为从委托人处转移到了受益人身上。因此,在信托存续期间,实际上享受收益的受益人享有信托财产的资产和负债,由信托财产孳生的收益和费用理应归属于受益人,因此作为信托的纳税义务人自然应该是受益人。而在信托终止时,如果信托财产尚有剩余,该项信托财产就直接归属于信托财产的最终权利归属受益人,纳税主体当然也是最终权利归属受益人,其他信托当事人,如收益受益人、受托人、委托人等均不予以课税。最终权利归属受益人对承受的这笔信托剩余财产被课以赠与税。基于此,让我们依照实质受益人课税原则和实际发生主义原则,从信托的设立和信托的终止探究"以房养老"信托的应税主体和应税种类。

所谓自益信托,就是委托人将自己合法的财产权设立信托,交由受托人管理运用,指定自己为享受该信托利益的受益人。这类信托在税务上被认为实质上并没有产生财产权的转移,故不予以课税。

"以房养老"信托方面,当房屋所有权的持有人设立信托,在信托文件中指定自己与配偶为受益人的,该类信托在信托设立时不发生纳税义务。

(一) 自益信托设立时的税务 (图6-3)

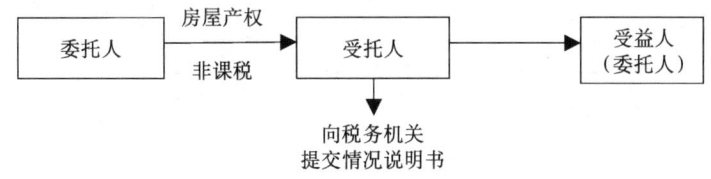

图6-3 自益信托设立时税务图示

(二) 自益信托存续期间的税务

自益信托存续期间,因委托人和受益人同属一人,所以视同委托人享有发生于信托财产的资产与负债。即归于信托财产的收益与费用当然由委托人负担。当获得收益时，委托人应对减去相关费用后的所得承担所得税纳税义务（图6-4）。

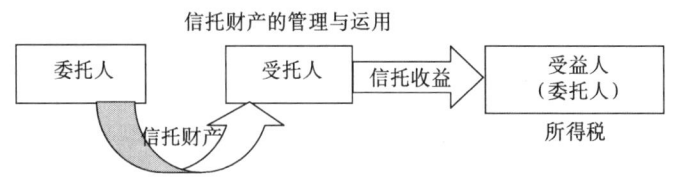

图6-4 自益信托存续期间的税务图

（三）自益信托终止的税务

"以房养老"信托的目的就是利用房产所创造的金钱收益实现补充自身养老的费用支出，当信托文件中规定享受信托收益之委托人（本人与配偶）死亡即信托目的宣告实现，该信托无存在的基础。此时，作为信托的受托人应该就信托财产作出清算报告，将信托剩余财产交付给最终权利归属人（仅限于信托文件中有规定的。而有此规定的，体现的是他益信托的性质。作为他益信托的受益人接受该项信托财产当然需要缴纳相应的税收，而这种税收应该划入赠与税）或继承人（信托文件没指定时由其法定继承人继承，缴纳遗产继承税，见图6-5）。关于继承税，虽然我国现阶段尚未就遗产继承有明确的税收规定，但开征该税种只是迟早的事。

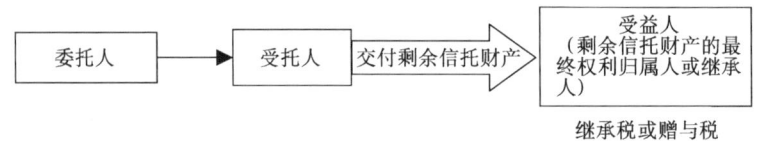

图6-5 自益信托终止的税务图示

三、他益信托下的信托税务

在第三章中就"以房养老"信托适格委托人一节中，笔者提出可以其名下的房屋产权为有养老需求者（如自己的父母等）设立"以房养老"信托。在该信托中，持有房屋财产权的为委托人，接受信托并承诺管理运用信托财产的人为受托人，养老需求人为该信托的受益人。

(一) 信托文件中指定有收益受益人存在的他益信托设立时的税务（图6-6）

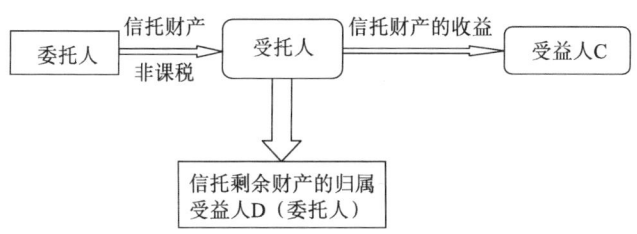

图6-6 他益信托下的信托税务图示

按照实质受益人课税原则，受托人虽因接受信托而成为信托财产的所有人。但这种转移至受托人名下的信托财产并非因该项占有而获得了任何利益，因此这种财产权的转移又被称为形式转移，或非实质性转移。又或曰信托性转移。这种形式性转移的本质奠定了税法上不对因承受信托而取得信托财产的受托人课征所得税。这种信托财产形式性转移下对受托人不予课税，从另外一个方面也印证了信托税制上的另一个原则，即实质受益人课税原则。黄俊杰博士在其"信托课税之规范设计"一文中提出，"实质受益人课税原则，是指信托关系中所产生的信托所得、在税法上应归属于实质受益人，对实质受益人课征所得税[①]。"形式转移不课税原则和实质受益人课税原则以及所得发生时课税原则的信托税制"三原则"在制定有信托税制的国家或地区已经有了长期的实践，并取得了良好效果。

(二) 信托文件中指定有收益受益人存在的他益信托存续期间的税务

从图6-7看出，该项信托中存在两个受益人，即一个是仅享受信托存续期间信托所产生的利益的受益人。另一个就是设立信托的委托人兼信托剩余财产的归属权之最终权利归属受益人。委托人设立信托的目的是通过信托为信托文件指定的特定人提供养老方面的各种支持，即在信托存续期间，该特定人作为惟一享受信托财产利益的人负有纳税义务，因此税法对收益受益人按照个人所得税法的规定课征个人所得税。

---

① 参见黄俊杰："信托课税之规范设计"，《月旦法学杂志》2003年第95期。

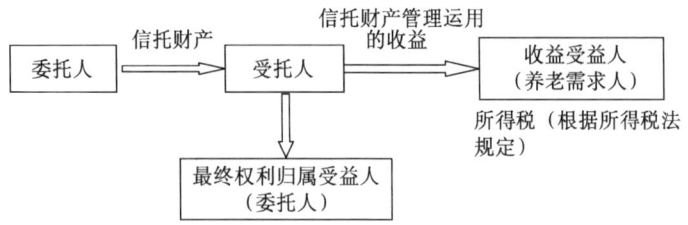

图 6 – 7　收益受益人存在的他益信托存续期间的税务图

（三）信托文件中指定的收益受益人不存在时信托终止的税务（图 6 – 8）

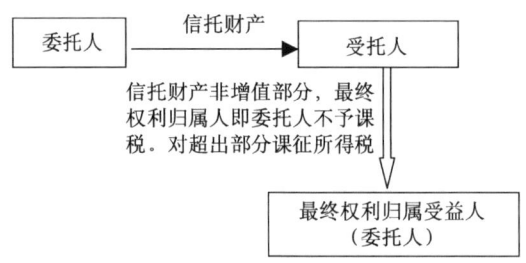

图 6 – 8　收益受益人不存在时信托终止的税务图

信托文件中指定的特定收益受益人不存在时，或曰信托目的已实现或已无法实现时信托终止。设立信托的委托人系信托文件中确定的剩余信托财产的最终权利归属受益人，于此情形，最终权利归属受益人的受益权正式启动，获得信托剩余财产。"以房养老"信托通过受托人的专业管理与运用，一是有可能实现了财产的增值（增值部分应表现于金钱）；二是也有可能因利用信托财产为养老需求人，即收益受益人在养老方面的费用支出而动用到了信托财产的本金（银行的抵押贷款），致使信托负有债务。属于第一种情形时，最终权利归属人构成所得税应税义务人，应对增值部分按照所得税法的规定缴纳所得税。该信托从最终信托本金归属上来讲，属于自益信托，非增值部分的信托本金不存在收益，应属原状返还，当然不在课税之列。属第二种情形的，因信托文件明确约定当信托负有债务时，委托人即最终权利归属人应在偿付信托债务后方能获得剩余信托财产。于第二种情形时，作为最终权利归属人的委托人当然不发生纳税义务。

第三节 "以房养老"信托连续受益人信托法概述

一、连续受益人信托的概念

在本书第二章第二节中的第三部分,笔者在"以房养老"信托动态化财产管理的效果上虽对身后财产作出巧妙安排的连续受益人制度作了简述,但是本节在此讨论连续受益人则是出于信托税制,从不同的角度对连续受益人进行论述。我国《信托法》实施于日本和我国台湾地区之后,受当时域外立法例的影响,并没有在连续受益人上作出制度上的详细安排。随着时代的发展,日本受英美信托制度和实践的影响,在 2006 年新修《信托法》中引进了连续受益人制度,为我国未来的《信托法》修改提供了可资借鉴的宝贵经验。话虽如此,我国的《信托法》虽没有明确连续受益人的制度性设计,但也没有禁止信托的连续受益人设定。

"以房养老"信托,是委托人通过信托的方式进行财产长期管理的选择,如前述,此类信托的种类有自益信托、他益信托、自益他益信托混合、生前信托与死后信托结合的连续受益人信托等多种形式。但共同点都在如何将财产实现保值或增值,不但让信托财产为自己的养老服务,也想让身后财产按照自己的意愿作出适当安排。

连续受益人信托于税法意义而言,日本税法实务上认为连续受益人信托,应是因死亡或其他原因而引起的信托受益权的顺次转移的信托,称之为受益人连续型信托[①],因此在税收上采取的是与通常信托不同的处理方法。这种连续型受益人信托在税法上的概念,与信托法并非是一对一的相应概念。笔者就连续受益人相关税制结合信托法上的规定,介绍一下日本法就连续受益人信托在税法上是如何认定该定义的。日本信托法务认为,连续受益人信托在税法上必须是满足以下条件的信托:

(1) 信托文件中必须规定有原受益人死亡后,其他受益人因此而取得

---

① 税利士法人山田与帕特纳斯、TEP 咨询服务集团株式会社、株式会社 TEP 业主企业综合研究所、山田经济咨询株式会社、TMI 综合法律事务所编著:《信托实务的法务与税务》,2008 年 12 月,第 68 页。

受益权。

（2）因原受益人死亡而取得受益权的受益人，在委托人（原受益人）死亡前，不享有受益人的权利。

（3）信托中有关于委托人死亡后受益人接受给付信托财产之规定的。

（4）信托文件中有关于指定或变更受益人的权利者之规定的，应通过意思表示向受托人行使受益人指定权等（参见日本《信托法》第89条第1项）。

日本《信托法》第89条、90条就是对连续受益人信托中的受益人的规定，突出了维护委托人通过设立信托实现自己财产管理和财产分配的真实意愿。

根据日本《信托法》第90条的内容，笔者认为所谓连续受益人就是指在享受信托利益方面，由信托设立者在信托文件中规定存在两个或两个以上并在信托利益享受上附有前后顺序的受益人。即第一顺位受益人死亡后或条件实现后，由第二顺位受益人享受信托利益，第二顺位受益人死亡后或条件实现后，再由第三顺位受益人享受信托利益。各受益人的受益权启动呈渐次出现之状。这种情形下的受益人，又有收益受益人和最终权利归属受益人（也称为本金受益人）之分[①]。该类信托和继承法上的顺位和份额继承不同，反映的是委托人生前就身后财产如何具体地让后人继承的意思表示，也是委托人设立信托的宗旨。委托人死亡后，受托人有义务按照信托文件中记载的委托人的意愿处理信托事务，管理信托财产。

连续受益人信托在学界一度被称为"生前遗嘱代用信托"，是20世纪90年代日本从美国引进的，此后的十多年间呈两位数发展，受到了社会的广泛关注。当时学界就此现象和实质将这类信托称之为""生前遗嘱代用信托"，在2006年的日本《信托法》修改上通过第88条到91条的规定，使该类信托有了自己的地位。

美国人发明的生前代用遗嘱信托不但更新了信托法的理论，更是给信托实务吹进了沁人心扉的春风。因为早期的信托表现出来的均是他益信托，是在后来的发展过程中才逐渐产生了自益信托。而可撤销性信托作为信托的核心性制度因之出现胎动，使信托突破了一旦成立，原则上不可撤销的传统观念。美国的2000年出台的《统一信托法典》（Uniform Trust

---

① 张军建："信托连续受益人制度"，《湖南大学学报社会科学版》2011年第25卷第4期，第149页。

Code of 2000）第 602 条规定："可撤销信托的撤销或变更：（1）除非信托条款明确规定信托是不可撤销的，委托人可以撤销或变更信托；（2）可撤销信托由一个以上的委托人设立或提供财产的；（3）委托人可以通过下列方式撤销或变更一个可撤销信托。"只要信托文件没有特殊约定，就可视为该信托是可撤销信托。即委托人可根据自己的意愿随时撤销信托。这种可撤销信托在生前遗嘱代用信托方面得到了很好的发挥。该制度规定了顺次受益人和受托人对顺次受益人负有义务，对他们的各自利益公平地予以适当的注意。为此，规定在指定的时间内将受益支付给一位受益人，最后再把本金支付给其他受益人[①]。

二、"以房养老"信托连续受益人的特征

与连续受益人信托必须满足前述之四个基本条件遥相呼应的是其具备以下六个特征：

（1）信托连续受益人有两个或者两个以上。信托只有一个受益人的话，就不可能称作连续受益人。换言之，连续受益人只能出现在两个或两个以上的受益人之情形。

（2）信托连续受益人在享受信托利益上有顺次之分。即第二顺次受益人在符合一定条件（即顺位在前的受益权消灭）后从第一受益人处承继信托受益权。以此类推，第三顺次受益人在符合一定条件后从第二顺次受益人处承继信托受益权。

（3）位于前面顺次的受益人不享有信托财产的最终权利归属，只是收益受益人。

（4）信托文件一般都对连续受益人享受受益权的时间或享受受益权的条件作出规定。即分别以一定的条件或规定的期限为前提条件来区分信托利益的受益人。

（5）不但与普通情形下的继承不同，而且也与非连续受益人不同。按照各国信托法的规定，受益权可以继承、转让，但是在连续受益人之情形下，顺次在前的受益人为收益受益人，不具备信托终止时财产归属的权利，所以就收益受益权来说无权继承和转让。换言之，于连续受益人之情

[①] 张军建："信托连续受益人制度"，《湖南大学学报社会科学版》2011 年第 25 卷第 4 期，第 149 页。

形,第一受益人死亡,由第二受益人享受信托利益。第二受益人死亡,再由第三受益人享受信托利益,直到顺位在前的收益受益人不存在时,剩余信托财产才归属于最终权利归属受益人。

(6) 收益受益人无权以受益权偿还债务为目的请求受托人终止信托①。

综上,不同顺次的受益人获取受益权的条件各不相同,进而言之,连续受益人信托中的信托受益权,从税法上来说,其受益权因收益受益权和剩余财产归属受益权的不同而存在性质上的区别。也就是说,如果我们把收益受益权和最终权利归属受益权进行分割考虑的话,顺次在先的收益受益权是指优先获得信托收益分配的权利②,即按照信托文件的要求,信托财产的运用所产生的收益应优先满足优先收益受益权。相对于优先受益权的是作为劣后受益权的收益受益权和最终权利归属受益权。这在商事信托实务中被称作结构型设计。劣后收益受益权在没有获得实质性收益之前,只能是基于信托文件的受益期待权。这种受益期待权也有无法实现的可能。如我国《信托公司集合信托资金信托计划管理办法》第八条第一款规定,信托公司不得"以任何方式承诺信托资金不受损失,或者以任何方式承诺信托资金的最低收益"同办法第十一条规定"信托计划不承诺保本和最低收益"。因此,在信托财产管理运用过程中,也可能会发生不能产生预期收益的情形,因此,对信托文件中规定的只享有信托财产产生的收益的收益受益权者来说,就不会获得任何信托收益。还有,于日本法之情形,连续受益人中的某个后顺位的受益人有可能就会碰上信托设立已满30年,且其前面的顺位受益人已取得信托受益权并构成现受益人之情形时,该信托就会触及法定期限,直接引发该现受益人死亡信托终止的后果:受托人将隔断在该现存收益受益人后面的顺位受益人直接将剩余信托财产交付给最终权利归属人。也就是说,虽然收益受益权人还没到实质获得收益的时间,但却因信托的法定期限已满③,信托不得不终止之由而无法实现信托受益权的。

因此,信托受益权应从性质上予以划分,不能简单地将全部受益权简单地作为同一性质予以处理。受益权相互间的具体关系将会因信托存续期

---

① 参见我国《信托法》第四十七条。
② 参见喜多绫子:"信托课税中的所得计算规则的课题与理论探讨",[日]《立命馆法学》2010年3号(331号),第133页。
③ 日本《信托法》出于禁止永久性信托,在第91条中特规定了信托的最长期限:从信托设立30年后的现存受益权人死亡为止。

间发生流动，信托项下的资产和负债等都将通过信托存续期间在整合受益权的内容后予以归属。也就是说，"应以不同性质的受益权对信托进行税务上的分割。参照日本《所得税法》第 13 条第 4 项的所得税法实施令，就"课税关系而言，虽然规定在两个以上的受益人时要予以考虑，但在同一个信托契约下，必须明确存在获得现有利益的受益人和现在并没享有利益的受益人的课税关系①。

因此，笔者认为对信托文件中指定的劣后收益受益人的课税应以是否获取了实质性收益为判定的基准。于信托法理和信托税务两者结合而言，不但是准确把握属时属税和属人属税的关键，也是实质性受益和实际性发生两原则的正确理解与运用。以实质受益人课税和实际发生主义为原则，在信托税法上把有顺位之分的连续受益人享有的不同性质的受益权所做的划分②，将是信托法理与信托税务巧妙结合下的产物。该观点的提出，将会对信托税制的建设和实务提供极大的理论与实践支持。

三、"以房养老"信托连续受益人的信托税务

图 6-9 的连续受益人信托的结构图，清楚表明了信托设立、存续和终止的各个不同的时间节点。下面我们依据该图分别阐述一下该类信托在各个不同时段的税务情况。

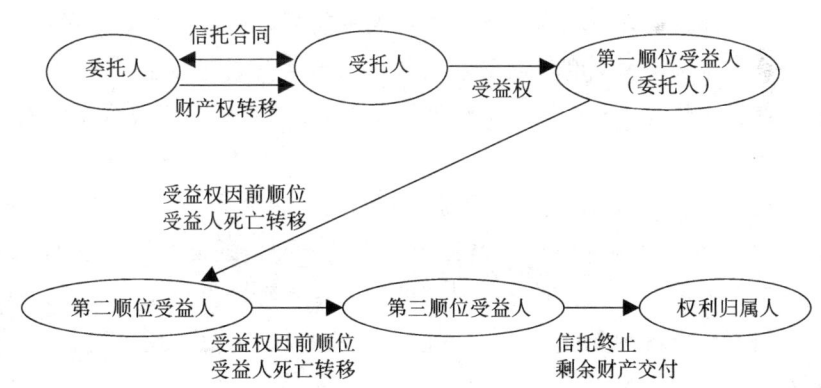

图 6-9　"以房养老"信托连续受益人的信托税务图示

---

① 喜多绫子："信托课税中的所得计算规则的课题与理论探讨"，[日]《立命馆法学》总第 331 号 2010 年第 3 号，第 124 页。

② 笔者赞成喜多绫子博士在"信托课税中的所得计算规则的课题与理论探讨"一文中所提出的观点。

(一)"以房养老"信托设立和于第一顺位收益受益人存续期间的税务

当"以房养老"信托的委托人为自己的养老需求设立自益信托与他益信托相结合的信托时,因为信托中的受益人存在多数并在获取受益权方面设定有附条件和时间顺位,所以在信托设立和第一顺位收益受益人为自己本人时,应视信托财产未发生实质转移和并未致使他人获得信托利益,在信托成立环节和委托人本人为第一顺位收益受益人的信托存续期间不予课税。

(二)"以房养老"信托转入他益信托的存续期间的税务

所谓信托进入他益信托存续期,是指作为第一收益受益人,即设立信托的委托人死亡或信托中规定其他条件出现时,信托的受益权已由第二顺位(包括身处后面顺位的收益受益人)的收益受益人取得并获得信托利益的,由于该类受益人都非信托终止时剩余财产的最终权利归属人,在税务上应本着谁受益谁负有课税义务和按照所得税的规定就实际发生的收益缴纳个人所得税。而不是在信托成立时作为信托受益权人确定为纳税主体和纳税金额。如前述,连续受益人信托中的身处后面顺位的收益受益人取得收益受益权是附有条件的,对这类尚未实质成为信托受益人以及尚不能断定其能否或能享受多少收益的收益受益人提前征收所得税或其他税种,显然不符合税收公平原则和实质受益人课税原则,因此笔者建议应以实质发生确定纳税主体和纳税金额。刘继虎教授指出,"对所得归属时点的确认,不仅关系到某一纳税年度收入与支出总额的确定,还关系到收入与支出的配比,税前扣除的计算和应税所得额的确定,最终影响了应纳税额的确定。"[①] 因为连续受益人信托不是基于分时段分配信托财产而设立的信托,在信托存续期间并不存在对信托财产的赠与或者继承性分配。因此,在信托设立时就认定各种受益权发生而提前予以课税,显然违反了税收的公平原则和实质性发生原则。

综上,笔者认为包括"以房养老"信托的连续受益人模式在内的其他信托存在同样模式的(在家族信托中应有突出的表现),应以实质性受益的发生为信托存续期间课税的时点予以课税。换言之,"以房养老"信托

---

① 刘继虎:《法律视觉下的信托所得税制》,北京大学出版社2012年版,第159页。

的连续收益受益人可就自己获得的每个财税年度的信托收益并结合自己的其他收入，根据税法规定就其所得一并缴纳相应所得税。

（三）"以房养老"连续受益人信托终止时的税务

本书第二章列举的"以房养老"信托模式都是以动态性的财产管理为基础，以信托财产的收益来补充养老需求人的养老费用为基础的，所以在本章的"以房养老"信托税制的法务与实务中均是以此为基础展开论述的，加之未来信托剩余财产的多寡取决于信托财产的运营效果，可能增值也可能减值，即其价值为动态性的表现。在信托终止时，无论是抵押贷款形成的金钱信托，还是房屋产权直接设立的信托，都会因信托的运营管理对信托财产的增值或减值产生影响，因为该类信托的目的是用于养老需求人的养老用途的，信托财产即便全部用尽也完全符合信托合同的约定内容。换言之，信托是为信托目的而存在，并不是以留下多少信托财产为前提而存在的。于此意义，信托财产剩余多寡完全服从于信托目的，因此在信托设立时，最终权利归属受益人究竟能获得多少信托财产尚为不确定因素。当对应税客体，即信托财产归属时的价值都无法给予正确判定时，就在信托设立当初以最终权利归属受益人接受全部信托财产为由确定财产继承或赠与税的应税金额当然显失公平。如前述，剩余财产在信托存续期间完全是处于动态性的变化之中，只能在最终权利归属人真正而实质性获得可以准确确定权利价值时才能依据税法的规定核定应税标的的应税金额。总而言之，笔者所提出的"以房养老"信托因实现信托目的（或无法实现信托目的）而导致信托终止时，所涉及的是剩余信托财产向最终权利归属受益人所作出的转移。由于信托的最终权利归属人所接受的是来自委托人设立信托的财产，属于他益信托的范畴，所以剩余财产的最终权利归属人应按照税法的规定就归属于自己的信托剩余财产缴纳继承税（见图6-10）。

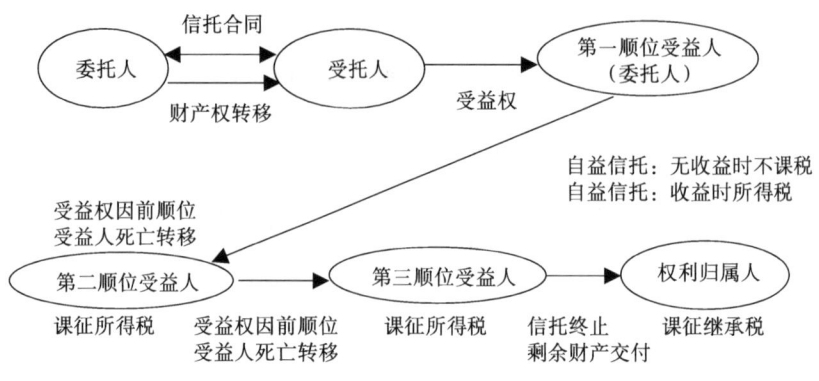

图 6-10 "以房养老"信托转入他益信托的存续期间的税务图示

第四节 信托税制的完善

一、信托税制缺失导致的后果

如前述，"以房养老"信托的设立形式有两种：一是以房产权设定抵押将获得的贷款（"以房养老"形势下的反向抵押贷款）用以设立信托；二是以房产权[①]设立信托。前者不涉及信托登记在信托成立上无法律上的障碍，但后者由于法律要求必须办理信托登记，否则信托不产生效力。然而，办理信托登记必然伴随财产权转移，而财产权转移在税法上并没有设置信托性转移的规定。无此规定的法律效果将反映为财产权交易。交易者应按税法规定缴纳相应的税收，但这又与作为财产管理的信托制度发生冲突，有悖税收公平原则和实质受益人课税原则。就我国信托税制的建设，早在 2001 年引进信托制度前后，学术界和业界就明确地提出过信托法与税法如何衔接的问题。这种呼声一直持续了十几年，至今仍未见任何来自立法机构的实际回应。致使由于我国信托税制的缺失极大地影响和阻碍了信托业的健康发展。在 2016 年以信托登记为主题的上海信托法研讨会上，学者们从各个方面指出凡涉及信托登记的，只能是法律意义上的财产权信托

---

① 当然办理信托登记的还有一些必须办理财产权登记的特殊动产，如航空器、机动车辆、有价证券等。

登记，而绝不是信托计划的信息登记。前者是涉及如何解决"有关法律、行政法规规定应当办理登记手续的，应当依法办理信托登记"的信托生效问题[①]，后者则只是信托计划信息的登记，与信托是否生效和财产权的转移伴生的税收并无任何关系。为使信托不至于被仅仅锁定在以金钱信托的形式运用于投资或融资的狭窄用途上，让信托早日真正回归到财产管理的本业上，强烈呼吁加快信托税制的建设，蔡概还博士指出，如果解决了法律法规要求的信托登记问题，我国信托业的管理规模上升到百万亿级也是指日可待。因此，从信托业健康发展的意义出发，完善信托税制建设已是刻不容缓的问题。

二、信托税制建设的原则及其课税时点

在本章第一节的信托税制一般理论中，笔者提到信托的本质就是委托人为受益人如何享受信托利益而设立，委托人在信托中是提供信托财产的人，受托人是遵照委托人的意愿管理信托财产的人，并非是因形式上占有信托财产而获得了任何实质意义上的收益。受托人只是委托人利用信托制度向受益人输送信托利益的导管。为受益人的利益而设立和委托受托人为受益人的利益而管理信托财产的本质无一不反映在受益人的利益上。基于此，各国信托税制的建设都基于信托这一本质，采取的是受益人课税原则。

在受益人课税原则下，信托税务的课税主体当然非受益人莫属，对此各国信托税法表现基本一致，在具体的课税时点上有两种操作方法可供选择：一是信托利益发生时，即信托受益权确定时；二是信托收益实际支付受益人时，即信托利益实现时。我国信托法学者认为"信托收益是一种高风险投资性质的收益，具有较大的不确定性，是或有收益"[②]，况且《信托公司管理办法》中也强调信托不能承诺信托财产不受损失或者保证最低收益[③]。也就是说，信托虽经成立，受益权也得到了确定，并不等于发生了受益人实际获得信托利益的给付。如果因受益权的确定而采取在信托成立时就对受益人课税显然有失公平。对此，笔者建议采取信托收益实际给付

---

① 参见我国《信托法》第十条。

② 参见刑成："我国信托税制的主要问题及应对原则"，转引自刘继虎：《信托法视觉下的信托所得税制》，北京大学出版社 2012 年版，第 227 页。

③ 参见我国《信托公司管理办法》第三十四条第三款。

受益人时为课税时点的选择。如信托中存在有顺位之分的连续受益人时，顺位在后的受益人可能会出现不能获得信托收益的可能。采取将信托收益实际给付受益人时作为课税时点，既在突出信托本质的同时，也通过实质受益发生主义反映了税收的合理与公平。

当然，在第一顺位收益受益人之后的收益受益人，接受的并不是信托财产的分配，而是按照信托文件的约定享受部分信托财产产生的收益时，多余的收益将被归入信托财产。于此情形，有权接受该阶段的信托财产产生的收益的收益受益人构成自身实际所得的纳税主体，对实际所得部分承担纳税义务。多余收益部分归入信托财产，"作为累计收益，随同累计收益的最终分配向受益人转嫁，实现税收公平"。

在税法的"属时归属"方面，日本税法在集合信托和证券投资信托、集合资金信托等存在多个受益人时，为避免双重征税，规定在收益归于信托财产的阶段不予课税，只是在受益人领取收益的阶段课征利息所得税或红利所得税①。之所以在信托税务上采取以信托收益被分配至受益人为课税时点，是因为信托财产的相关收益与费用，并不等于作为受托人的信托银行的收益与费用。同理，在信托存续阶段不予课税的退休金给付信托等都是因为收益未获得，即未实际发生的缘故②。因为信托收益的累积只是暂时现象，受托人最终会将其交付给其他顺位的收益受益人或最终权利归属人的。"③ 这样"不会破坏谁收益谁纳税的税负公平原则。"④

日本在信托税务上的多年来的实践为我们的信托税制建设提供了诸多宝贵的经验。笔者在本书中围绕"以房养老"信托的几种模式下的受益人课税的观点，希望在未来的信托税制建设中能起到抛砖引玉的作用。

---

① 三菱日联信托银行著、张军建译：《信托法务与实务》第五版，中国财政经济出版社2010年版，第349页。

② 三菱日联信托银行著、张军建译：《信托法务与实务》第五版，中国财政经济出版社2010年版，第332页。

③ 参见刘继虎：《信托法视觉下的信托所得税制》，北京大学出版社2012年版，第233—234页。

④ 同上，第234页。

第七章

"以房养老"信托财产的管理与运用

第一节 信托财产的管理运用方向

一、老龄化社会孕育的市场价值洼地

(一) 存在决定市场

中国进入老龄化社会已是不争的现实,而且正在向老龄化经济体转变①。社会上普遍认为中国是处于刚步入老龄化社会的初期阶段。笔者认为之所以称之为初期阶段,一是因为进入时间不久;二是来势迅猛,以至于社会尚未做出相应的准备。这一初期阶段是在国民财富和人口老龄化极不协调下形成的,不单只是未富先老的问题,还有与养老相关的社会福利制度的缺失和完善的问题。也正因如此,国家才在近年来十分重视养老产业的发展,密集出台了多个重要文件,对养老服务标准、养老服务市场放

---

① 吴玉韶、党俊武主编:《中国老龄产业发展报告》,中国社会科学出版社2014年版,第1页。

开、医养（康养）结合、养老互联网建设等作出了明确的规定和说明①。2017年3月国务院发布《"十三五"国家老龄事业发展和养老体系建设规划》（简称"十三五"规划），该规划就明确提出了到2020年，要进一步建设和完善多支柱、全覆盖、更加公平、更可持续的社会保障体系。健全以居家为基础、社区养老为依托、机构养老为补充、医养相结合的养老服务体系。在这一形势下，国内养老产业市场规模发展迅速，2014年不到5万亿元人民币，2016年略超5万亿元人民币的市场规模，预计到2020年，将达到7.7万亿元人民币，复合年增长为11.4%，预计2030年超过20万亿元人民币。也就是说，到2020年前的这一阶段里，中国养老业市场的发展速度和规模将会大幅度的提高和增加。（图7-1）是引自中国报告大厅的养老产业市场规模的预测图。

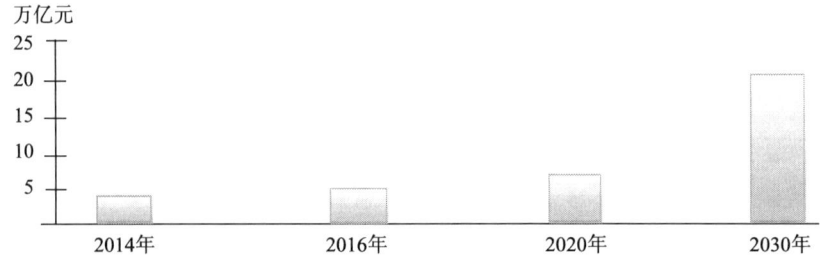

图7-1 国内养老产业市场规模预测

另外一组是关于养老机构和养老床位迅速增长的数据。2013年国务院发布《关于加快发展养老服务业的若干意见》文件之后，养老机构从4.2万家增加到2014年9.4万家，其中民营养老机构数占据大多数，到2017年年底，养老服务机构增加速度加快，全国各类养老服务机构和设施15.36万个，养老床位数也随之不断增加。截至2017年底，全国各类养老

---

① 2017年2月国务院关于印发"十三五"国家老龄事业发展和养老体系建设规划的通知、同月又颁发了《智慧健康养老产业发展行动计划（2017—2020年）》，6月又出台了《关于印发创新发展大纲（2017—2025年）的通知》，全面放开养老服务市场，加快发展居家和社会去养老服务，支持社会力量举办养老机构，鼓励发展智慧养老。6月又发出了《关于制定和实施老年人照顾服务项目的意见》，进一步明确提出发展居家养老服务，为居家养老服务企业发展提供政策支持，加大推进一样结合力度，鼓励医疗卫生机构与养老服务融合发展，倡导社会李刘昂兴办医养结合机构。8月份为了推动养老机构的建设与发展，推出了《关于运用政府和社会资本合作模式支持养老服务发展的实施意见》，为加快养老服务也培育与发展，鼓励运用政府和社会资本合作（PPP）养老服务也供给侧结构性改革。11月又发出《关于确定第二批中央财政支持开展居家和社区养老服务改革试点地区的通知》，确定了北京西城区28个试点地区。

床位合计714.2万张；每千名老年人拥有养老床位约30.3张（"十二五"规划的目标是30张床位数①）。但是，据民政部最新发布的《2016年社会服务发展统计公报》，全国各类养老服务机构和设施14.0万个，各类养老床位合计730.2万张（每千名老年人拥有养老床位31.6张），其中社区留宿和日间照料床位322.9万张。床位数是在迅速增加，但发挥应有作用的却不多，导致床位数虽大幅度增加，但社区床位空置率却居高不下。这种床位高空置率的现象极其容易对养老业发展带来错误的判断，与此相反的却是养老服务机构的床位明显趋于紧张。

全国社会力量办养老机构数占养老机构总数的比例已达到45.7%，同时护理型床位占比达47%，预计到2020年，社会力量办养老机构占养老机构总数比例将超过50%。另外，养老机构和护理床位的增加，说明养老机构在设施设备提质提标方面有了较大进步。

另外，从事养老护理专业的护理人员也在不断增多，根据2017年民政部联合公安部等部门开展的养老院服务质量建设专项行动数据统计，养老院配备社会工作者、康复师、营养师等专业人员由8%提升到56.2%。

社会的强大需求注定养老产业的快速发展。随着老年人口增长，与养老服务相关的产业必然应运而生。由于民政部门对从事养老服务的机构和从业人员的专业化程度的要求，2017年全国已有北京、天津、上海、江苏、浙江、安徽、福建、江西、山东、河南从省级层面出台养老护理员专项培养培训文件或方案，经过几年的发展，我国养老人才培养已基本形成学历教育和职业培训的两大人才开发体系。养老护理员是民政行业职业技能鉴定中全年人数最多的职业，高达13037人，占鉴定总数的75.5%②。参加鉴定人员主要来源于以下八大模式：院校培养、政府依托基地培养、校企合作、校政合作、医企合作、养老企业和机构自行培养、社会组织培养、专业培训机构培养等。

在社会需求和国家政策全面支持养老产业发展的形势下，我国的养老产业无可置疑地将在2025年前后迎来老龄产业黄金井喷期的历史性拐点。回顾我国养老产业刚刚起步时，市场刚性有效需求主要局限在保健、医药等少数领域。经过十多年的积累和发展，除了上述领域继续保持强劲势头

---

① "十三五"规划规定每千人养老床位数为35—40张，西方国家最低是每千人50张。
② 数据来源于民政部职业技能鉴定指导中心，时间：2018年1月3日16:12分。

外，老龄设备中的智能型的电子、助行、助浴、康复、护理等方面的器材以及养老用品的广大需求，还有丧葬等市场的刚性且有效的需求，使得养老产业的发展呈现了良好的发展态势。

在国家政策指引下，为有效减少养老机构的护理风险，鼓励有能力的养老机构创办康复医院，实现医养结合。加之在医养结合深入社区的医养供应链的建设上，逐步实现医养结合深入社区养老和居家养老体系之中。因此，老龄服务中的老年病医院、老年护理院以及居家服务机构成为老龄产业发展新的增长领域，针对上述老龄化社会衍生出的新的市场，老龄金融中的保险、理财和长期债券等领域也有了积极进展。

产业的井喷取决于多种因素，但根本因素是中等收入群体的海量增长（到2025年前后，将占到全部老年人口的6成以上）。而这部分中等收入群体的"生不带来死不带去"的自身养老理念又远不同于以往的老年人群。老年人群的消费理念的根本性变化决定了其领域的消费增长。随着这部分中等收入老年人群的海量增加，在2020年前后，我国养老业市场将会有20万亿元供求的巨量市场出现（参见图7-1预测），而之前的养老产业的培育和发展完全可以理解为迎接2025年前后黄金井喷期的到来的准备期。

综上，我国政府十几年来在解决社会老龄化问题方面，一方面在加大制度建设；另一方面从关注民生方面也在不断加大财政的支持力度。市场的客观（刚性）需求和政府的主动培育与引导，使得我国的养老产业逐步走到了和市场接轨与同步发展的格局。在此局面下，养老产业无可置疑地将为未来的市场提供巨量的贡献。顺着这一思路，我们认为在我国现在和未来足够长的经济发展期内，养老产业将占据市场很大的份额。换言之，现在和未来的市场价值洼地已经明确地摆在了我们面前，顺势而为是存在决定意识的体现。如何顺势而为，在未来的市场上获得应有的收获，就是要跟踪有效刚性需求的变化态势设计产业的发展战略和运营策略，尤为重要的是在刚性有效需求战略的导向下发展有效产业链、培育成熟业态。

二、价值洼地折射下的养老金融"三供应链"

（一）养老金融

胡继晔教授在"金融服务养老需要创新"一文中指出，金融与养老已经不再是泾渭分明的不同研究领域，而呈现出越来越互相融合、互相影响的趋势，因为养老问题本质上是重大的金融问题。所谓养老金融，即指从时间维度上，养老实质上是个人在年轻时通过金融工具储备自己的劳动价值，再运用跨时金融资产配置手段，进入老年后用储备的金融资产置换生活所需的产品和服务①。换句话说，即通过基本养老保险、企业年金、商业养老保险、养老储蓄、住房反向抵押、养老信托、基金等方式，人们从年轻时就进行养老金供款，期间由金融机构管理运营，等到退休后发放。这种持续时间长达数十年的养老金融产品，即资产管理计划对金融体系的安全性、收益性、流动性都提出了很高的要求。由此得知，养老金融，实质上就是通过某种金融手段将未来供养老所用的财产实施管理运用的方法。

本节的标题虽然也是养老金融，但侧重点并非是论述或界定什么是养老金融，而是旨在养老财产的管理运用，即通过"以房养老"信托的模式探讨信托财产如何投向价值洼地，如何明确信托财产的投融资方向，从而使信托财产产生更大的收益，用来补充老年人养老需求的费用。

（二）"三供应链"的内容

我国的养老产业尚处于初级阶段，具体表现在：一是养老体系尚在建设当中；二是养老机构非常紧缺；三是养老设备非常落后②；四是各个环节的养老专业护理人才极端紧缺；五是养老经营管理人才的极端短缺导致的养老机构管理水平欠佳③。把握以上现象，就是研判信托财产投融资方向的前提。历年来国家不但开放了养老市场，而且还一直鼓励社会资本进入养老产业，并给出了诸多的优惠政策。毫无疑问，受托人管理的"以房养老"信托的财产属于社会资本，如何为受益人的利益寻找既安全又稳定且高收益的投资项目，就是摆在受托人面前不得不认真考虑的问题。根据我国养老领域表现出来的五大特点，在"以房养老"信托的信托财产管理

---

① 胡继晔："金融服务养老需要创新"，财新网，2018 年 1 月 3 日。
② 国务院关于印发"十三五"国家老龄事业发展和养老体系建设规划的通知，国发〔2017〕13 号明确规定护理型床位占当地养老床位总数的比例不低于 30%。
③ 参见国务院关于印发"十三五"国家老龄事业发展和养老体系建设规划的通知，国发〔2017〕13 号就我国养老领域的明显短板明确指出，涉老法规政策系统性、协调性、针对性、可操作性有待增强；城乡、区域老龄事业发展和养老体系建设不均衡问题突出；养老服务有效供给不足，质量效益不高，人才队伍短缺；老年用品市场供需矛盾比较突出；老龄工作体制机制不健全，社会参与不充分，基层基础比较薄弱。

方向，笔者提出了"三供应链"的信托财产管理与运用的观点。

1. 金融供应链。大量资本进入养老市场，其中99%的资本进入了老年照顾体系。涌入市场的主要资本有：保险资金，无论保险公司大小，无一例外统统涉及养老；基金公司开始收购养老机构，进行养老领域方面的投资；房地产商进入养老产业，衍生出地产和养老结合的养老度假村，或者是物业与养老结合，如从事老年人照护工作。各种资本之所以瞄准养老市场，是因为社会正孕育着巨大的需求，况且国家"十三五"养老计划已表明了这一强大市场的发展方向。金融机构以其敏锐的市场嗅觉，不失时机地捕捉市场是其本能所在，提前做好市场布局当然也是机构必须的战略性安排。上节我们将未来（来势迅猛的未来）的这一巨大的市场比喻为价值洼地，不言而喻，其意义就是要说明此乃掘金的最好去处。

日渐庞大的老年人口将带来持续增长的养老服务需求，对政府保障能力形成的压力将越来越大。全面放开养老市场，不断引入社会资本，发展养老服务和建设养老机构，就显得十分必要。作为社会福利的养老行业，各级地方政府必须完成国家"十三五"养老计划明定的目标，但受财政力量的制约，要一次性地拿出巨额资金完成规定的目标还是存在一定的压力，尤其是对财政力量薄弱的地方政府更是存在对社会资本的需求。

"以房养老"信托的信托财产，属于社会资本的范畴，笔者认为可结合"十三五"养老规划，基于地方政府对社会资本的需求，通过信托受托人将该信托财产向政府提供资金供应，并藉此获得应有的利益。基于这一思考，笔者认为该金融供应链主要体现在"公办民营"改造和"公建民营"建设上需要投入的资金①。因为这两种养老服务机构（区别仅在于一个是已经建成且已投入运营的养老服务机构；另一个是计划建设或建好尚未投入运营的养老服务机构）均表现在养老服务机构由政府出资建设（财产权属政府所有，经营权为民营机构或个人享有），所以政府不但要在一次性投资建设上肩负着巨大的财政压力外，还有每年相应的购买服务。这两个类型的养老机构的投资建设都因被列入政府的财政预算，而对财政形

---

① "公办民营"的养老服务机构，是指各级政府和公有制单位已经办成的公有制性质的养老机构，按照市场经济发展的客观要求进行改造、改组和创新，与行政部门脱钩，以政府购买服务的形式，将经营权交由交由企业、社会组织或个人的运营模式。与"公办民营"处于基本上同一个概念的是"公建民营"。所谓公建民营是指，政府通过承包、委托、联合经营等方式，将政府尚未投入运营的新建养老设施运营权交由企业、社会组织或个人的运营模式。

成了一定的压力。为缓解财政一时或一次性的投资压力,又能促进养老产业的发展。在国家这些年来一直鼓励社会资本进入养老产业,并给出了一系列优惠政策的背景下,"以房养老"信托财产作为社会资本介入其中,一是可给地方政府提供资金支持;二是还可与地方政府合作以 PPP 的形式参与养老机构的建设,从而获得安全稳定的投资汇报。

除了上述两种类型的养老机构外,"以房养老"信托财产作为社会资本还可以适当选择营利性的民营养老机构,并向其提供金融支持。所谓民营养老机构又分为非营利性养老机构和营利性养老机构两种。前者是指民办非企业类型的养老机构。主要是指由私人成立,在民政部门登记注册,具有独立的法人资格,为老年人提供养老的非盈利性社会公益活动的养老机构。后者则是在工商局注册登记,民政部门审批成立,为养老需求人提供养老服务的营利性养老机构。

笔者从市场上了解到,不论是公建民营还是纯民营的养老机构,都普遍存在融资难的问题。事业要发展而苦于没有或缺乏可供抵押的不动产而无法迈入银行或其他金融机构门槛的矛盾,严重阻碍了养老产业的健康发展。这些养老事业经营有方的养老机构,仅靠每年产生的利润来扩大经营规模显然无法适应养老市场快速发展的需求。而怀揣强烈事业心的这些养老机构才不得已向资金价格高得离奇的民间借贷伸出求援之手。作为国策,虽在养老领域出台有支持养老事业的金融政策,但从清一色的无足够抵押物者就入不了银行等金融机构的法眼之现状的另一面来看,也给"以房养老"信托的社会资本提供了用武之地。笔者认为,信托是一个集投、融资和与财产管理于一体的金融股机构,本身具有横跨资本市场、货币市场和实体经济的制度特点和设计上灵活的优势,作为金融业第二大子行业,通过信托的灵活设计,必将在养老金融领域充分发挥功能多样、模式灵活、资源整合的强大优势,走出一条一体化的养老综合金融发展道路。笔者在前不久湖南省社会福利与养老产业协会主办的"解决民营养老机构融资难"的讨论会上提出了通过信托为湖南省登记在册的优良养老机构为客户对象引入社会资本,解决无担保下的融资困难的方法。其实,笔者在此想要说明的是作为"以房养老"信托的财产只要运用得当,就能创造出既安全又稳定,还可获得较高收益的效果。

2. 产品供应链:信托财产的投向与养老机构的刚需性使用相结合。

政府除了在养老服务机构建设上的支出以外,还有对既有的养老服务机构在养老设施设备完善方面的补贴支持。如在"十三五"期间，每千人的养老总床位数应按照每千名老人不少于 40 张床进行配置，其中护理型床位比例不得低于 30%。该数字背后意味着未来 3 年内老机构将获得更多的政府支持。换言之，这也反映了政府对民生方面不断加大的财政投入力度。在新建的公建民营的养老服务机构中，一开始可能就会完成护理型养老床位的数量，对公办民营的养老服务机构，政府也会依照"十三五"规划的标准要求，从养老机构的设施设备的提质提标方面给予财政支持。而这些都是要根据地方政府的自身财力事先做出预算。对此，一种可预见的社会资本，毋庸置疑将会受到政府的青睐。例如，北京市民政局、北京市老龄工作委员会办公室在关于给予社会办托老所全托型床位运营补贴有关事项的通知（京民老龄发〔2013〕175 号）中规定，"全托型托老所床位运营补贴按月计算，每张床位每月给予 300 元运营补贴。月服务时间 18 天以上的床位，按照一个月的运营补贴标准计算。"当然，还有智能化养老设备的引进，养老机构的智能管理体系的引进、社区日间照料中心等养老服务机构依托社区综合服务设施和社区公共服务综合信息平台、鼓励有条件的地方推动扶持残疾、失能、高龄等老年人家庭开展适应老年人生活特点和安全需要的家庭住宅装修、家具设施、辅助设备等建设、配备、改造，对其中经济困难的老年人家庭给予适当补助等，这些都可归类于产品供应链的范畴。

  作为社会资本的信托财产，在产品供应链上可通过融资租赁的方式，为各种养老机构提供购买养老设备的融资服务，助力养老产品的供应。

  在产品（设备）供应链上，"以房养老"信托的信托财产还可以投向养老机构必须负担的能源使用费用上。如供暖、供冷和一般生活的洗漱和洗浴热水。供暖供冷和供热水，不但是每个养老机构必须绝对保障的，也是考量养老机构的养老生活、环境是否舒适的重要内容，还是提高养老机构的入住率和高度评价的重要因素。除此之外，温暖适宜的居住环境在维护老年人的身体健康方面发挥着重要作用的同时，也是预防护理风险的一项重要保证。因为老年人一年四季中发病率最高的就是酷暑和寒冬两个季节。保障冷暖和热水供应的入住环境也是有效预防的方法之一。如果养老机构比照医院对病房 23—26 度的室温予以控管的话，能源费用将会成为养老机构一笔不小的硬性支出。因此，利用当今的节约能耗的高科技成果将是不二之选。笔者近期有幸遇到在供暖供冷和供热水的"三位一体"的高效节能的一家高科技企业，据介绍该技术的使用效果不但非常好，而且适用地域广阔，在能源节约上要比传统中央空调节约40%以上。该企业采取合同能源管理模式，无论是新建工程还是旧工程改造，用户不但无须承担任何建设费用，而且所负担的能源用费还比先前少支出20%左右，以后随着时间的增加，能源支付费用还会按比例逐渐减少。对信托财产而言，通过能源节约的高科技成果的市场运用，将资金锁定在此类项目的融资上，既可保证资金的安全，又能实现稳定而长期的融资效果。

综上所述，不难看出，信托财产的投向和养老机构的"必须使用"（即刚需）的设备以及用品有着密切关系，诸如养老机构的安全护理监控平台、助浴、助行设备等等，可通过与前述之融资租赁的方法相结合，笔者相信"以房养老"信托财产将会在养老产业蒸蒸日上的未来市场上发挥更大的金融效用，为受益人创造更大的利益空间。

3. 养老服务供应链。养老服务机构除了必须的硬件设施设备以外，养老服务更是不可或缺的。如果把养老服务机构的硬件设施设备比喻成外部形象的话，那么养老服务就是养老服务机构的心脏。换言之，无论养老机构拥有多么先进和高端的设施设备，外部环境又有多么好，只要服务上不去，就如同观赏用的花瓶，仅具观赏效果而已。于此意义而言，当良好的环境、设施设备等硬件具备以后，服务就是养老服务机构成败的决定因素。

据最新统计，我国现有养老机构护理人员不到30万人，其中只有4万多人持有执业资格证书。2015年在养老机构的失能老人有63.7万人，按照国际3:1的配比，需要20万名护理员。国内养老护理员的需求与现实差距更大，根据2020年老年人口规模预测，养老市场将需要2800万名护理员，我国的养老人才供给与需求处于严重失衡的状态，养老服务人才的培养迫在眉睫（图7-2）。

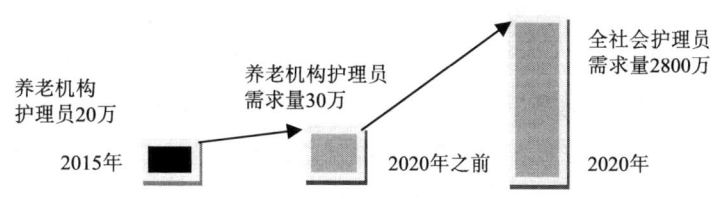

图7-2 养老护理员现实与需求对比图示

面对巨大的人才缺口，截至 2017 年年底，在教育部备案的开设老年服务与管理专业的高职院校约 173 所，老年保健与管理专业 37 所，总计年招生仅为 5000 人左右。除了养老人才教育基础薄弱之外，养老行业就业环境、公共教育内容与养老行业实际需要脱节等因素，直接导致了毕业学生就职意愿低、流失率高等现实问题。虽然国家及各省市的相关利好政策不断出台，但相对于未来 2800 余万人的社会养老护理员的就业缺口来讲，仍然显得杯水车薪。透过这组反映我国养老领域里的专业护理人员极端短缺的数据，让人感到震惊与不安。

根据以上数据，于养老服务机构而言，打造和加强养老服务供应链绝对是个刻不容缓的、势在必行的工程。笔者在此提出的服务供应链，包括专业护理人才的供应和为养老服务机构提供高水平的经营管理团队的供应。

首先谈一下提供养老专业护理人员的服务。民政部对养老机构多次提出在岗人员要持证上岗的要求，实质上强调的就是对就业人员在技能和服务上的要求。然而，就目前养老机构上岗人员年龄结构的现状而言，很多是 40 岁甚至 50 多岁的下岗员工和从农村招上来的妇女（甚至还有的把年龄放大到 60 岁的）。由于养老服务机构对养老就业人员的急切需求，养老护理培训机构就依托政府购买服务，与养老护理服务机构合作，针对以上人员（不具备养老护理技能也无医疗基础知识的人员）进行短期培训（或者采取边上班边培训），解决养老服务机构就业人员急缺的社会问题。

笔者从某人力资源机构了解到，护理人员难招是严重制约上海地区养老服务机构发展的重要因素。培训机构与人力资源机构合作，以精准扶贫的名义，请其从外地偏远农村招募人员来沪接受初级护理培训。之后通过初级护理技能测试，既满足了员工持证上岗的条件，也解决了护理人员紧缺的问题。另外，在北京市养老模式研究及对策建议中也明确指出养老业发展的瓶颈很大程度上表现在人力资源不足。目前北京绝大多数养老机构的护理人员基本上都是来自其他省市来京打工的中年女性，流动性大、专业素质低下，无法为老年人提供医疗、护理、预防保健、健康教育、心理咨询等全方位养老服务，不但影响养老机构服务质量，同时不利于机构建立品牌效应。

笔者还从一个经营公办民营 20 多家养老机构的负责人处了解到，为了解决招工难的问题，他们甚至拿着招工牌到农村集市上去招人。造成这一窘境的有两种原因：一是我国养老护理专业数量有限，毕业生的数量远远满足不了社会的需求；二是从事养老护理工作的人员待遇低廉，没有相应的引力，以至于已有的稀缺专业人才还流向了其他领域。

国家看到稀缺人员的流失，也采取了一些积极的做法旨在维护养老专业人才的稳定，出台多项政策，激发养老服务人才的从业热情。比如，人力资源和社会保障部、民政部会同有关部门积极落实职业培训、职业技能鉴定、社会保险和公益性岗位补贴等就业创业支持政策，完善养老服务人才使用激励机制，加强基层一线养老服务专业技术人才队伍建设。鉴于此，笔者认为政府除应进一步加大在专业养老护理人才培养、岗位培训上的投入以外，还要为留住养老护理专业技能资格获得者提高待遇补贴，使其能获得相应的价值感，同时要求各养老机构在用工上必须满足养老专业护理人员持证上岗的比例要求，从而健全和完善人才培养与使用机制。这种从人才培养、管理到使用的体系建设，将是决定我国养老业提质提标的体系性建设和推动我国养老业健康发展的重要因素，不论是政府主管机关，还是养老经营机构都要积极营造养老产业发展的优良环境。

拥有人才，就等于占领了养老领域的先机。面对社会的急切和大量需求，以及政府不断加大对养老护理人员的培训和资格认定的大环境，一个教育培训与技能考试认定的产业势将应运而生。于此意义而言，笔者认为"以房养老"信托的信托财产有的放矢地将投向锁定在养老服务供应链上，不但风险可控，而且将会获得预期收益，实现"以房养老"信托受益人的稳定而切实的收益目的。

其次是将信托财产的投向锁定于养老服务供应链的第二个方面，即提供养老服务经营管理的输出方面。

所谓养老服务经营的管理输出，是指为养老服务机构提供高水平的经营管理团队。市场的成功，"三分靠硬件，七分靠管理"。一个养老机构建成并成功开业后，能否长久地、持续健康地发展，取决于管理水平的高低。然而，面对来势迅猛的我国老龄化社会，当我们在养老服务管理领域还处于探索阶段，没有多少经验教训时，当然显得有些措手不及，又如何谈得上管理水平。换言之，我们养老服务管理方面尚处于逐渐认识和经验积累的阶段。这对老龄化社会的市场机会有着灵敏嗅觉的金融机构来说，就是一片新的金融蓝海。为了迎接和支持养老产业的发展，不少省市先后成立了养老产业发展基金（大都是百亿级以上的规模），但这些基金长期都处在按兵不动的状态。细问究竟时，皆是因为钱虽有（也好募集），房子也好建，设备也好买，但主要纠结在建好了谁经营的问题。目前全国上下值得称赞的有丰富养老服务管理经验的机构确实少之又少。正因此，作为主管机关的民政部也再三提倡养老服务机构要品牌化和连锁性经营，旨在将公办养老机构的运营托管于有经验的、专业管理程度高的民营养老机构。这里突出表现的就是对专业养老服务管理团队的期待。

关于养老，很多从业人士都知道这样一个普遍的道理，即硬件是支撑、团队是保证、管理是手段、安全是保障、规范是目标、服务是目的。据此，衡量一个合格的养老服务管理团队的标准，则必须是既熟知养老服务机构工作的特点和内容，又要精通企业管理，还要有适切的营销模式。

具体来讲，一个合格的养老服务管理团队应该在以下 10 个（基础）方面拥有过硬的本领：

（1）树立正确而高尚的养老服务理念。让入住的老年人实实在在享受到家的温暖，让"老有所依、老有所养、老有所学、老有所事、老有所乐"成为评价养老服务机构的服务标准。

（2）要从数量和质量上保障拥有各类养老护理专业服务人才。要实现"人尽其才，才尽其用"，做到"唯才是举，任人唯贤"。抓好人才梯队建设是保证老人队伍稳定的基础，是机构建设立足于行业的根本。

（3）准确把握养老行业市场的变化，不断研究和更新营销模式。

（4）让员工有劳有所值的工资待遇。按照国家政策和地方法规的相关规定，鼓励和组织员工积极参加更高级别的技能培训与考试，并根据其技能级别调整合理的工资待遇。只有确保员工待遇与劳动价值的适配性，才能稳定员工队伍。

（5）加强员工的技能培训和职业道德教育。重视员工技能培训，不断提高员工综合素质和服务技能，培养和谐的人文环境。

（6）时刻注意和保障入住老人的精神需求。在满足老人膳食和睡眠的刚性需求以外，更注重老人的精神需求。根据不同老人的特点及兴趣，开展手工、唱歌、保健操、书画等形式多样文体活动。

（7）尽善的服务管理。在满足入住老人共性服务的基础上，满足合理的个性服务。因老年人每个人的情况多有不同，个性化要求比较突出，拓展因人而异的养老服务也是一个必须考虑的内容。

（8）建立健全管理体系，严格实施规范化管理。在养老服务管理上，加强软性服务和建立规范的管理体系对养老服务机构来说是不可或缺的。

（9）遵法守纪，在国家法律法规的框架内，结合养老机构的特殊性，制定和完善院内的各项规章制度。

（10）规范服务流程和标准化服务。严格按照操作程序，杜绝护理风险。

总之，从我国养老机构的现状上来看，迫切需要具备上述条件的养老服务管理团队。好在我国开设养老护理专业的高校，已在课程设置上引进了社会福祉与养老机构经营管理专业，相信在以后养老服务市场上有高校的基础教育，再融入实务上的实践经验，很多优秀养老服务团队将弥补我国养老机构在高端专业团队供应上的空白或不足。

有需求就有市场，有市场就有机会，有机会就有利益的产生。鉴于养老市场的巨大需求，笔者深信将"以房养老"信托的信托财产的投向锁定在该服务供应上，必将在为"公办民营""公建民营"和"民办公助"输出服务上获取巨大利益。

第二节 "以房养老"信托财产的管理与运用

一、"以房养老"信托财产的特征

在谈及信托分类时，我们主张以信托设立时信托财产的形态来作为划分信托种类的标准。如本书第五章第一节中所述，"以房养老"信托的财产形态共有两种形态：一是资金形式，即委托人以通过抵押自己的住房所获得的资金设立信托；二是实体物的形式，即委托人以自己的房产权设立信托。换言之，在我们了解了"以房养老"信托的信托财产的形态之后，笔者认为应进一步探讨"以房养老"信托的信托财产的特征，将从实务角度上对开展"以房养老"信托有帮助作用。

（一）信托财产的单一性

"以房养老"信托，既可以在民事信托下成立，亦可以在商事信托下成立。为此，在受托人多元化的一节里，我们集中论述了民事信托和商事信托的区别,也通过比较两者的区别而得出了,因受托人的不同,所接受调整的法律亦不同。如民事信托的受托人为非信托机构时,当然可不接受《信托公司管理办法》和《信托公司集合资金信托计划管理办法》等法规的调整。与之相反,作为商事信托的受托人一是必须是专事信托业务的信托机构;二是必须接受上述法规的调整。于此意义,我们可以归纳"以房养老"信托的信托财产具有单一性,非缘于信托机构发行的集合资金信托计划,其法律行为体现在单一委托人和受托人之间签订的信托合同。依本书第二章所述,其交付于"以房养老"信托的信托财产或是房屋财产权,或是来自抵押贷款的资金。皆因设立该信托的方式是为了用于或补助养老需求人的养老生活。

(二) 信托财产的长期化管理

在本书第五章中,笔者根据"以房养老"信托的本质属性,认为在信托的设立期限上,只要作为养老需求人的受益人还存在养老需求,即信托目的尚未实现,信托就应存续。换句话说,"以房养老"信托的受托人,在管理信托财产方面并非有具体的时间限定,信托是否结束关键取决于信托目的的实现。藉此,我们说"以房养老"信托的信托财产具有长期化管理的特点,与迄今为止信托机构发行的短期信托计划完全不同,因此无论是自然人还是信托机构,作为信托的受托人,都要求从一开始受理"以房养老"信托业务时就必须有就信托财产长期化管理的规划和准备。虽然信托要求受托人必须按照信托文件的规定行使权利义务,但由于信托存续的长期化,客观现实有可能会发生与信托文件起初规定的管理事项不相适切的情形。受托人则本着为实现受益人养老目的的信托宗旨,变更管理形式,但要求受托人必须事前或事后向受益人(委托人)和信托管理人作出报告。没得到受益人(委托人)和管理人同意的,不得擅自而为,否则将承担违反信托的责任。

(三) 非同一个"以房养老"信托的合并运用

当"以房养老"信托的受托人为信托机构受托人,而且该受托人又受理了若干个不同委托人的"以房养老"信托时,其名下就分散着若干个金额不等,但同一信托目的的资金。虽然每个具体信托文件约定的管理方法可能会有所不同,但是约定通过受托人就信托财产的管理运用而获得收益的方式是基本相同的,所以这种主要目的的同一性决定了若干个单一信托合并的可能性。如果我们把这种彼此独立分散的涓涓细流汇成大海,就会形成一个巨大的资金池。这个资金池并不是向不特定人的社会募集,而是将同一个受托人名下的、同一个信托目的下的、但彼此互为不同的单一信托的信托财产集合在一起而形成的资金池。这种信托合并是大数定律原则的运用。大数定律原则是概率学的主要法则之一,指的是这些"有规律的随机事件"在大量重复出现的条件下,往往呈现几乎必然的统计特性,这个规律就是大数定律。金融行业通常把这一定律作为风险定价的基础,将多个性质相同的资产汇总,数量越多,单个个体的风险就越低,甚至可以忽略不计,由此可以将单个个体风险不可控转变成有规律可循的整体风险评估,有效地降低风险以获得最大利益。日本《信托法》从多年的社会实践经验出发,以专章的形式为信托合并作出了具体规定。此立法经验和立法例使我国将来在《信托法》修改时予以借鉴。

笔者认为不同的"以房养老"信托的合并,是在同一受托人、同一信托目的、信托财产价值不同的信托的合并,从整体合并后更有利于利益最大化的运营上来说,信托当事人的利益一致,符合信托宗旨的要求。信托合并属于信托变更的范畴,我国现行《信托法》和《信托公司集合资金信托计划管理办法》在信托变更方面只规定了信托受益权的变更和转让以及信托终止等事项,并没涉及不同信托之间的合并。我国《信托法》第七十二条规定,一项公益信托终止的,"受托人应将剩余信托财产用于与原公益信托目的近似的目的"。其实,这一规定的实质就是信托的合并。公益信托将其称之为目的近似原则下的合并。这里的目的近似,与各个不同的"以房养老"信托的目的具有一致性(同一性),因为这种信托合并并不涉及受益权人的受益权和信托收益分配上的变动。除去公益信托的规定以外,现行法律法规并没有就信托合并作出任何禁止规定。换言之,我国现行法律法规还处在制度缺失的层面。于此意义,也可以积极认为现行法律法规之所以没有禁止信托合并,其目的就是给以后的法律实践留下可供实践的机会与空间(图7-3)。

综上所述,围绕"以房养老"信托,我们把同一信托受托人、同一"以房养老"的信托目的、价额不同的信托财产称之为以房养老单一信托合并的"三要素"。在法律不禁止信托合并情形下,出于信托合并实务的需要,笔者认为在组织实施同类性的"以房养老"信托的合并时,应从以

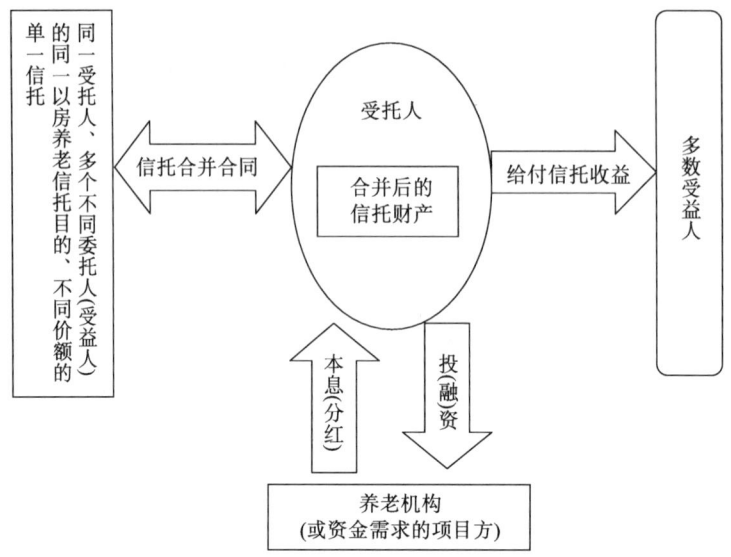

图 7-3 信托合并运营图

下几个非常关键的方面予以考虑：

1. 由受托人以书面形式或电子文档的形式就信托合并向各个不同的"以房养老"信托的当事人作出完整而真实的意思表示。

2. 明确信托合并之信托行为的内容，包括信托合并后信托财产的管理方式、合并后信托的信托财产责任负担债务的范围和权利享有的范围以及承担和享有比例、预期收益分析、生效日期等。

3. 合并前，每一个"以房养老"信托合同签订时间不同所导致信托财产运用时间亦不相同，应向受益人（委托人、管理人）披露信托合并前的财产价额。

4. 对合并提出置疑的受益人（委托人、管理人）应作出相应的解释。对明确表示不愿参加信托合并的，应当维持信托原状。

5. 完善的信托退出和终止机制。订立"以房养老"信托的目的在于对养老需求人提供养老费用的支持。当信托需求人死亡或不愿再继续信托的，合并后的"以房养老"信托的当事人有权选择退出，但应提前一定的时间通知受托人。

6. 合并信托管理的披露义务。除及时、完整、真实的信息披露以外，还包括信托收益报告在内的定期管理报告。

7. 合并信托退出或终止的清算。

二、"以房养老"信托财产管理运用的原则

(一) 诚实信用原则

信托诞生于相互信任的基础,无信任则无信托。诚实信用原则在现代合同法甚至整个民法里都被称为"帝王原则",在信托法中尤为如此。信托的"受人之托、忠人之事、代人理财"就是诚实信用原则的最真实的描述。诚实信用原则在信托中可以具体概括为受托人必须恪尽职守,履行诚实、信用、谨慎、有效管理信托财产的义务。各国信托法都规定信托的受托人应当遵照委托人的意愿为受益人的利益管理信托财产,表明的就是受托人处理信托事务必须严格遵守诚实信用的原则。"以房养老"信托虽与一般信托并无二致,但对受托人管理信托事务有着较高的要求。因为"以房养老"信托本身是一个长期而复杂的管理事务,不但要求受托人忠实于委托人设立信托的意愿,还要为圆满实现委托人的意愿(即信托目的)而恪尽职守地尽到善良管理人的注意义务,同时也要求受托人必须具备管理和处理信托事务的能力。诚实信用原则除去上述内容以外,还要求受托人不得享受信托利益。具体而言,笔者在本书第四章中阐述的"以房养老"信托的受托人所负之各项义务就是判定受托人履行诚实信用原则的标准,也是实现"以房养老"信托目的的关键。

(二) 善良管理人注意原则

在信托法中,受托人有两大义务,即忠实义务和善良管理人注意义务。忠实义务就是要求受托人处理信托事务自始至终都要以忠实于信托目的为检验其行为的标准。善良管理人注意义务包括内容较多,如恪尽职守,履行诚实、信用、谨慎、有效管理义务和给付信托利益义务,信托财产分别管理义务,公平义务,及时报告义务,保存记录与守密义务以及清算报告书制作义务等。所谓善良管理人注意原则,就是要求受托人在管理信托财产时,必须以自己从事的职业和所处的阶层应该达到的注意高度来管理信托财产。日本著名信托法学者四宫和夫先生认为"善良管理人的注意义务是适用于受托人处理信托事务所有情形下的重要义务。"[①] "以房养老"信托与一般信托相比,确实要复杂得多,从信托财产投融方向和具体

---

① [日] 四宫和夫:《信托法》(新版),法律学全集33-Ⅱ,有斐阁1989年版,第248页。

项目的选定，到中后期管理，住房的对外租赁和修缮（当然是根据信托文件的约定），及时地将信托财产的收益与以房抵押贷款的债权人（银行）每年的利息进行结算；为保障受益人利益最大化，还要适时地调整管理方式；还由于时不时地发生因受益人死亡而退出和新的受益人进入合并后的信托计划等等，无不充满着主动管理的色彩。于此意义而言，"以房养老"信托就必须坚持善良管理人注意原则，要求受托人以积极审慎的态度和强大的专业能力负起善良管理人的注意。

（三）风险绝对可控原则

风险管理是指如何在项目或者企业的一个肯定有风险的环境里把风险可能造成的不良影响减至最低的管理过程。风险管理对"以房养老"信托而言十分重要，因为委托人是出于支持养老需求人的养老，拿出自己的"养命钱"来设立"以房养老"信托，委托受托人替自己管理信托财产。面对委托人的托付，受益人的信赖，受托人在管理信托财产上必须将安全作为第一考量要素决定资金的投放。因此，在信托财产管理运用上，应本着风控第一的原则，让信托财产远离管理上的风险区域和风险来源，正确选择"以房养老"信托财产的投融方向，是实现风险控制的重要前提，对确保信托财产的安全和稳定收益极为重要。作为"以房养老"信托的受托人，在信托财产的长期管理中，从风险防范上首先要考虑和做到以下几点：

1. 把握合规性，避免政策性法律风险。信托财产的管理运用必须合法合规。由于"以房养老"信托存续期间较长，当初信托文件中约定的信托财产的投融资方向或者范围是法律鼓励或允许的，但随着经济形势的变化，可能政策会出现一些变化，受托人必须适时作出调整。

2. 信托财产所有权风险。我国《信托法》规定信托财产独立于受托人的财产，受托人死亡或破产时，信托财产不作为受托人遗产或清算财产。信托结束的，信托财产归属最终权利归属受益人。我国《信托法》就信托概念所给出的界定虽在字面上极易与委托相混淆，但在后面的有关信托财产的条款中，却明确了信托财产的独立性。作为"以房养老"信托的受托人必须在信托结束或受托人变更等若干场合负有保障信托财产独立性的义务，不在所有权方面出现任何风险。

3. 管理不善的风险。"以房养老"信托的受托人在信托财产的长期管理运用过程中，必须坚决防范管理不善的风险。因为受托人在实际的投融资操作中，可能会因主观原因出现判断或操作失误，以至于导致经营不利而产生管理风险。如出现由于受托人的原因造成的上述风险，按照信托法的规定，受托人必须承担相应责任。所以，受托人在"以房养老"信托存续期间不能一味地盲目追求高收益而忽略了风险的存在。

4. 信托财产的投向风险。投向风险，换言之就是如何正确选择投融资的方向。笔者在本章第一节中对当下的社会价值洼地做出了客观分析，认为在中国未来社会的发展过程中，养老业是全社会极为关注的朝阳产业，属当然的价值洼地，存在数不清的商业机会。

5. 道德风险。信托以信任为基础，信托受托人应忠实于委托人和受益人，严守职业操守，禁止利用信托财产为自己谋取利益。

三、信托合并后的财产管理与运用

信托财产如何运营，不但关乎受益人能否获取信托收益，也是区别于银行和保险机构的静态化资产管理的"以房养老"模式的重要标志，更是信托作为金融工具亦投亦融所具有较大灵活性的制度优势的证明。笔者在本章第一节通过多个数据阐述了养老产业是现在、更是未来的经济价值洼地，又在此基础上分析了"以房养老"信托财产作为社会资本如何参与到这个经济潮流的某个方面的建议。在此，笔者抛砖引玉地从实务角度略谈一下合并后的"以房养老"信托财产在三个方面的管理与运用。

（一）养老机构建设的资金供应

在本章第一节中，笔者阐述了我国老龄化社会的价值洼地，并提出了对接养老市场的三个供应链作为"以房养老"信托财产的投资管理方向的观点。首当其冲的就是为养老机构建设提供金融支持。

传统模式下的养老机构主要分为"公建公营"和"民建民营"两种形式。前者模式下的公立福利院、养老院和敬老院虽然数量不少，但大都是优先用于服务城乡特殊困难人群的需要，而后者模式下的养老院则主要依靠社会力量，服务人群也相对中高端。在此背景下，"公建民营"的模式定位于标准化经济型，可以有效融合两者的优势，使两者实现互补，为广大群众提供更多的养老选择，不但促进了养老业的健康发展，而且还不失其普惠性。而且通过引入在养老领域有相关经验的私人投资者，让其承担设施的维护和运营成本，会有助于提高项目的设计和施工质量，促使其为项目引入新的技术、专业知识和相关领域的经验，充分发挥民营资本在资源整合与经营管理上的优势，进而降低项目建设、运营等全周期的成本，提高资源使用效率。总而言之，养老机构的公建民营模式的推进，不但给社会资本进入养老领域提供了良好的营商环境，"以房养老"信托财产作为社会资本完全可以助力政府的养老基础建设，节约政府的财政预算，降低或曰减缓政府的财政预算压力，为养老需求人提供更多的养老选择。笔者认为，这是一个多方共赢的发展方向。政府在养老基础设施建设上需要社会资本的助力，而"以房养老"信托财产则可作为优先受益人参与由政府牵头设立的养老产业发展基金，投资优质养老项目，通过PPP、BOT、BOO等模式在支持我国养老业向公建民营改革发展的同时获得应有的收益。

综上，新建或改扩建的公建民营养老机构的建设因系纳入财政预算，收益空间虽不高，但因不存在投资风险，信托财产作为社会资本当然可以参与其中。但是面对全社会的营利性民营养老机构存在的融资难之现状，包括"以房养老"信托财产在内的社会资本能否对民营养老机构提供融资支持，笔者认为，只要风险控制处理好，必将成为大有可为的市场。

与公建民营的养老机构不同的是，多数营利性养老机构拥有土地使用权和房屋产权（除部分租赁场地和房屋的以外），虽然在事前建设上没有来自财政方面的保障，但因拥有不动产之担保物的存在和事后来自政府财政的建设补贴以及后期运营收入等，而具有一定的风险可控性。所谓靠后期运营作为收回投资的重要保障的则是拥有优秀的养老经营管理团队，笔者认为这是民营养老机构获取投（融）资的先决条件，然后才是养老机构的选址。因为老年人的支付能力也是影响养老机构经营的重要因素，所以笔者认为营利性的民营养老机构在选址上如果能以二线以上的省会城市或经济发达的地级市为主并兼顾县级城市，在未来的经营上将会有较好的盈利空间。

又因为营利性民营养老机构灵活的经营优势和与其优质服务相契合的收费定价优势，加之拥有不动产担保优势，便为解决融资难打下了良好的基础。鉴于此，笔者认为结合民营养老机构的上述优势，当可从资产证券化信托的角度为其开辟一条有效融资的通道。

养老领域中的资产支持证券化信托，与一般资产支持证券化的运作模式基本相同。也就是说，所谓资产支持证券化信托，是指原始权益人以拟证券化基础资产设立信托，让与给作为资产证券化的受托机构——信托公司，由该受托机构发行受益权凭证，然后再销售给投资者。具体而言，就是拥有不动产的民营养老机构,将其拥有的包括土地使用权和建筑物所有权等在内的资产作为证券化的基础资产设立信托并转移到受托人名下。受托人对证券化资产享有信托法上的所有权,但此资产既不属于受托人的固有财产,也不属于委托人或受益人的固有财产,而是受托人以自己的名义在信托目的的框架内自主管理的财产。信托成立后,受托人(信托公司)为其出具信托受益权凭证,并按照信托约定的目的(养老设施的建设等)和约定的受益权出售的比例,将受益权销售给资产支持证券化信托的投资人。受托人以销售受益权所获得的资金解决养老机构建设上的融资需求。

当然,实施资产支持证券化信托,对拟证券化资产作为信托财产是有严格要求的,因为该项财产在资产证券化中具有非常重要的地位,是进行资产证券化的基础,也是资产证券化交易成功的前提条件。所以,首先要求资产证券化的资产必须具有价值的预期性,因为可证券化的资产所产生的未来现金流是投资者投资的依赖。无论何种被证券化的资产类型,都必须满足一个共同的需求——能够产生可预期的未来信托利益。只有在证券化信托资产未来收益可预期的情况下,才能确定信托受益权凭证的价值。

为顺利实现资产证券化的目的,除了优选支持证券化的资产,还需要就资产支持证券化信托计划实施信用增级。在资产证券化运作中,信用增级的目的是为了提供信用级别,降低投资者的风险。信用增级又分为内部增级和外部增级两种。受托人按照信托约定的目的(养老设施的建设等),将受益人持有的信托受益权按照受益顺序分割为优先级受益权和劣后级受益权两种类型的受益权。这种受益权的结构性设计称之为内部信用增级。优先级和劣后级受益权的比例应从风控的角度视具体情形而定,并在信托文件中作出明确约定,因为劣后级受益权是作为优先级受益权实现的保障保险而存在的。出于出售方便,受托人将代表优先级信托利益的受益权分割为等额份额,销售给资产支持证券信托计划的投资人。拥有未分割的受益权份额的受益人称为原始受益权人,投资购买资产支持证券信托计划的投资人称为投资收益人。前者为劣后受益人,后者为优先受益人。在信托法中被称为共同受益人[①]。所谓外部信用增级,是指由第三方以其自身的

---

① 依照我国《信托法》第四十五条的规定:共同受益人按照信托文件的规定享受信托利益。信托利益的分配是由信托文件事先约定的,不同种类的受益人可以享受不同的信托受益权,信托受益人按照信托文件对信托利益的分配比例或分配方法享有信托利益。当然,受托人在对受益人实施收益分配时必须履行公平义务。

信用提供的担保。此外，为增加出售证券的可信度和吸引潜在的投资者，受托机构一般会聘请信用评级机构对即将发行的证券进行评级，以减少原始权益人的融资成本。

当我们确认民营养老机构的拟证券化资产的价值具备充分的可预期性和养老机构选址的适当性以及优秀的养老护理专业经营管理团队后，"以房养老"信托的合并信托的受托人就可以和社会上的投资人一样，作为优先级受益权人投资该集合资金信托计划。民营养老机构在充沛的资金支持下，以合理的服务定价、优异的养老服务、高超的管理水平吸引大量老人入住养老院，在信托存续期间，受托人根据养老机构的经营收入和政府的财政补贴，优先偿还资产证券化下的集合资金信托计划的优先级受益权人的本息，民营养老机构通过劣后受偿的形式获取剩余部分的利益。

在资产支持证券化信托法律关系中，原始权益人，即以证券化资产设立信托的民营养老机构为委托人；具有受理资产证券化资格的信托机构为受托机构；拟证券化资产为信托财产；受益权凭证的持有人，即投资者为（投资）受益人。具体操作程序如图7-4所示。

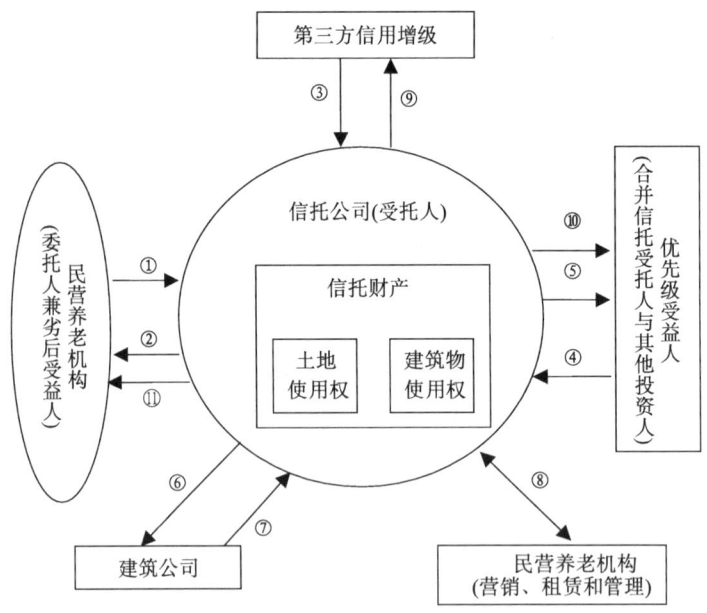

图7-4 资产支持证券化信托图

在图7-4中：

①双方签订资产支持证券化信托合同。

②原始受益人取得受益权（劣后级）。
③第三方提供外部信用增级。
④资产支持证券化信托计划投资人认购（优先级）受益权份额。
⑤受托人向资产支持证券化信托计划投资人出具优先级受益权凭证。
⑥信托公司进行工程招标，中标建筑公司承建养老设施。
⑦工程竣工交付，支付工程款。
⑧养老机构实施经营管理，开展租赁业务，将获得的收入交付受托人。
⑨受托人向信用增级第三方支付相关费用。
⑩向优先级受益人支付本息。
⑪剩余收益分配给劣后级受益人。

（二）设备融资租赁下的"以房养老"信托财产之运用

养老机构在发展过程中普遍存在融资难的问题。除民建民营的养老机构拥有土地房屋的不动产权利以外，很多公建民营的养老机构都因无不动产抵押物而无法解决发展中的融资问题。但是养老机构为了改善经营环境，提高服务质量，适应社会的需求，吸引更多的老人来机构养老，就不得不适时地更新和引进智能化的管理软件和护理设备。当然，把社会的高科技产品及时引入养老机构是需要资金支持的。这对当下我国大多数养老机构来说都是一个可望不可及的梦想。我国的养老机构大大小小数量虽然不少，但由于养老机构建设初期基本上都是靠自有资金投资（政府的财政补助不但不多，而且还是事后才给，还不见得能彻底落实，即便给到手也与整个投资金额相比少得可怜）。因此作为民营养老机构的投资人，皆因资金供应的原因，一般都本着能运转为原则，尽可能地能省就省，以至于用于养老护理的设施设备大都质量一般，除此之外，还不舍得在专业护理人员的待遇上投入更多等诸多原因，导致大部分养老机构限于自身的状况，只能以低廉的价格（优势）争取入住的老人（此情形下，当然不可能提高入住老人的收费标准）[①]。我国多数的养老机构在这一现状下，经营自然就陷入了薄利或微利之状态，从而寄希望于争取到的政府补助作为经营

---

① 在日本，对社会资本建设养老机构，政府会补助到土地加建设成本的35%，其他资金通过银行或其他金融机构筹措。

利润的恶性循环局面（不包括像上海等一线城市入住老人支付能力强，且财政补助及时到位和补助标准高的养老环境）。养老机构不注重自身环境建设的，在未来的养老机构评级评标中将处于不利地位，因为养老机构的收费标准是依照自身级别来确定的。于此意义，养老机构的入住环境和收费标准有着密切的关系。

养老机构的入住环境包括硬件环境和软环境（指服务环境）。一般来讲，改善硬件环境和提高软环境必须有一定的资金实力支持才行。但是，在养老业发达的日本，养老机构在建设上所需的硬件设备，除了政府的补助外，一般都是从建设当初，或是在设备用到一定年数后，由租赁公司以租赁形式提供的。租赁介入养老机构的建设，对投资人来说不但减少了巨大的一次性投资压力，而且能让养老机构的投资建设者把更多的精力用于养老机构的经营。在我国，社会资本参与养老机构投资建设的，虽然可以申请建设补贴，但申请只能是事后申请，不是事前补贴，是建成后才具备向当地政府主管机关提交书面申请的资格，在审验核准后才能获得补贴。

我国来自政府的财政补贴力度远不如日本。在日本，对社会资本建设养老机构的，政府会补助到土地加建设成本的35%，其他资金则通过银行或其他金融机构来筹措。而在我国，社会资本建设养老机构却必须事前准备好所有资金。在此社会背景下，设备租赁事业更能适合我国养老机构的建设与发展，借鉴日本租赁业介入养老机构的开发和建设的经验，对促进我国养老业的发展发挥巨大的作用。

对养老机构开展设备的融资租赁可分为新建购进和老旧设备改进更换两种情形。不管哪种情形，虽然都可在购进前申请政府专项补贴资金，但多数不是事前一次性将全部补贴款项划拨到项目单位，而且补贴款额也无法涵盖购进全款。换言之，养老机构仍存在融资需求。我国专事融资租赁业务的通行做法是要求有融资租赁需求的机构提供一定的抵押或担保物，但如前述，除了为数不多的民建公助的养老机构外，多数养老机构都不具备不动产抵押物。于此情形，实务界首先考虑的是如何开展融资租赁业务和风险如何控制等。笔者之所以主张"以房养老"信托的信托财产可介入养老机构的融租租赁业务，系考虑到一家经营稳定的养老机构不但有其自身的经营利润，还有事后的政府资金补贴。如果采取分期付款的融资租赁方式，完全可以得出其具有接受融资租赁的还款能力和充足的还款来源的结论。而且养老护理设备具有易损易耗的特点，存在一定的使用期限，每隔几年就需更换，所以该市场不但巨大而且还是个持续性的存在。从理论上讲，这是一片刚性需求的浩瀚的蓝海。在这片蓝海上应该是呈百舸争流之势，而不应是不见片帆之状。究其原因，我国的金融机构之所以未涉足这一领域，应在于多数养老机构本身经营规模小，融资需求体量小，接受的资金价格也不高，还不具有不动产抵押物，对小利经营的养老机构的股权更无兴趣，加之操作人力成本高等等。当然以上列举的原因都是受信托公司等在内的金融机构长期以来业务观念的所累，才"留住"了这片浩瀚的蓝海，也形成了养老机构融资难的局面。当我们界定这是一片蓝海时，关键就是如何在这片蓝海上航行。即改变不以小而不为，不以大而障目的业务理念，让信托通过受托人的智慧和能力真正成为代人理财的工具。

当然，在给出"以房养老"信托的信托财产可以介入养老机构的设备融资租赁时，还要从风控的角度出发，要求接受融资租赁的养老机构配合进行财务上的风险监管。融资租赁下的"以房养老"信托财产运用如图7-5所示。

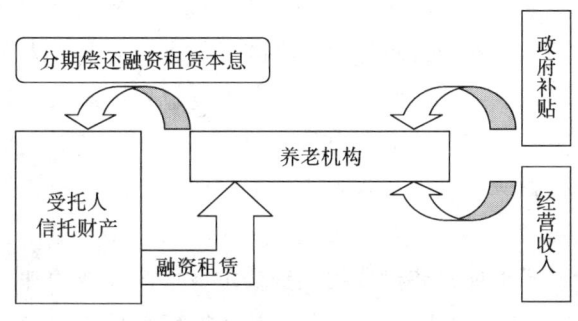

图7-5　信托财产运用图

（三）专业护理人才培训市场之"以房养老"信托的运用

1. 老年人口激增与养老专业护理人员供需之间的矛盾与巨大市场。让老年人能"老有所养、老有所依、老有所乐、老有所安"是全社会的共识，而完善的养老服务是实现这一共识不可或缺的重要因素。然而，当今我们近年来一直深深地陷进了迅猛扑来的老龄化社会与养老服务极不相协调的深刻矛盾之中，对实现上述社会共识的内容，可谓形势极其严峻。

2017年11月12日中国新闻网刊文对我国养老服务与当今老龄化社会的现状极不协调的现象作了报道。该文指出，我国现在千万名失智老人才有10万名专业护理人员。全国政协社会和法制委员会副主任张世平表示失智症老年人的照护人员存在巨大缺口,而具备专业的医学、心理学、生理学、社会学等知识的专业人才更是奇缺。与全国上千万的失智症老年人相对应的是只有60万名左右的养老护理人员,其中持证上岗的不足10万人,而其他的50万人,甚至年龄阶层偏大,文化偏低,专业护理水平差,专业高级护士和专业社会工作者奇缺。如前述全国2020年前后老年人口规模的预测,养老市场将需要2800万名有专业护理技能的人员。面对养老人才的供给与需求的严重失衡,刻不容缓地解决养老护理需求和养老专业护理人员供需之间的矛盾已成为包括政府在内的全社会的问题。

我国借鉴发达国家的经验教训,根据自身情况,设置有养老护理人员的专项培训财政补贴,不断地加大着这方面的财政投入,用以缓解养老护理人员的不足。与此呼应的是,政府在如何把接受过教育和培训的专业养老护理人才留在养老领域从事工作,也在以各种形式推进相关方面的发展。如为了促进养老机构的护理服务和整体环境的提高与完善,一方面国家在打造养老服务体系上面通过不断对养老机构在提质提标方面给予引进智能化的养老护理设备的财政补贴,来减轻从事养老服务人员的工作强度和改善工作环境以及各地政府除了对入住养老机构的老人提高护理补贴标准以外,还对不同级别的持证上岗的专业护理人员,从财政上给予一定的工资补贴等,使得养老机构在收入增加的同时,就可按照技能级别提高从事养老护理人员的待遇,解决稳定在岗护理人员的问题①。另一方面,一些地方政府对接受培训并获得技能级别认定证书的养老护理人员全部承担培训费用②。在国家不断并逐步加大向养老护理人员的技能培训的财政投入的社会背景下,不利于养老护理人员安心就业的"苦、累、收入低、压

---

① 导致养老护理行业人才流失严重的主要原因是:(1)工作累;(2)工作强度高;(3)工资待遇低;(4)心理压力大;(5)社会地位低。

② 参见沪就促〔2017〕30号《上海市社会化职业技能培训补贴操作办法(试行)》:经认定的本市养老护理行业和家庭服务行业60岁以下从业人员,参加养老护理、家政服务、健康照护、母婴护理等相关职业(工种)的职业资格、职业技能、专项职业能力或岗位培训,可参照农民工享受培训补贴(1.本市户籍的失业人员、协保人员和原农村富余劳动力(以下简称三类人员),可按规定的补贴标准享受100%培训补贴);还如长沙市规定经认定的养老护理从业人员参加养老护理相关职业岗位培训,培训后鉴定考核合格,按当年度补贴目录内岗位培训项目的课时补贴标准和实际课时,核定培训补贴经费。经认定的养老护理从业人员,通过养老护理相关职业专项能力或国家职业资格培训,参加鉴定考核合格取得专项能力或国家职业资格证书的,按照规定标准给予80%培训费补贴。

力大、地位低"等问题也正在逐步得到改善。

除此之外，还对养老机构从业人员作出了持证上岗的规定，从制度层面上用以规范养老服务业市场，提高养老服务机构的服务质量。

需求形成市场并引导市场的发展方向。与生俱来的资本逐利性使得养老金融的弄潮儿早已嗅到了养老专业护理人员教育和培训的极为庞大的市场，他们很清楚教育培训是输送养老护理专业人员的惟一渠道，也是养老机构提高养老服务质量和经营收入且赖以生存的重要因素，因此养老金融必然在此形成你争我赶的局面。

2. 社会资本助力养老护理专业人员教育培训市场。造成我国养老护理人才短缺还有一个重要原因就是教育培训机构的数量也严重不足。如前述，截至2017年年底在教育部备案的、开设老年服务与管理专业的高职院校约173所，老年保健与管理专业37所，总计年招生仅为5000人左右。但相对于上千万的养老护理员缺口，其所带来的就业人数仍然显杯水车薪。因此国务院办公厅、人力资源社会保障部、国家发展和改革委员会、财政部、民政部等部委，就养老护理人员的教育培训在多个文件上再三强调要充分发挥现有教育培训资源的作用，依托大型骨干企业（集团）、重点职业院校和培训机构，建设一批示范性国家级高技能人才培训基地。为加快促进养老专业护理人才教育培训落到实地，早日实现养老机构从业人员的持证上岗的目标，笔者认为，应按照2020年所预测的养老机构从业人员的数量倒算每年的培训目标（人员数量）和为实现培训目标而采取相应的财政投入以及出台养老机构用工待遇的政策指引。另外，笔者认为，在当地财政不太富余的情况下可借助社会资本的力量，通过设立基金的形式参与投入养老护理培训，实现政府和社会资本的共赢。

在培训方面：

首先，可针对性地就当地备案登记的各种养老机构进行信息收集，对工作年龄段的非持证从业人员进行分批次、分层次的在岗培训。这样一可确保养老培训专项费用实实在在地用到实处；二可利于养老从业人员数据库的建立；三更利于对养老机构的行业监管。

其次，以民政职业院校和培训机构为主要实施主体。当前民政职业院校是为学历性教育而开设的老年服务、老年保健与管理专业的，并非是为承担社会培训任务而进行师资队伍建设的。如前述之总计每年招生的总量才5000人左右，无论如何也承担不了2020年的900万的总任务。因为学历教育和职业培训是两个不同的概念,所以尤为重要的是依托和发挥高职院校在职业教育和培训两方面的潜能和优势,加速加强专业培训教师队伍的建设。于此意义,在促进专业培训教师队伍的建设方面,社会资本所具有的资金优势和院校所拥有的教育资源和教学设施设备上的优势就形成了绝佳的组合。两者通过校企结合的方式,把学术界和实务界的资源整合起来建设培训机构,不但能有效地在短期内扩大教育培训规模,而且还可以加大加快专业培训教师队伍的建设与成长,确保与社会需要相匹配的教育培训的数量和质量。

庞大的市场需求和财政不断加大投入力度下的养老体系的逐渐完善,使得养老护理人员培训的经费来源有了可靠保障,加之养老护理人员的工资待遇和地位的不断提高以及工作环境的改善,养老领域的就业情况将会取得好转,养老护理人员的职业培训必将迎来可持续发展的美好春天。"以房养老"信托财产存续期限长,作为社会资本的一员,选择民政类的高职院校和优秀的专业培训机构,通过校企合作必将会获得可观而长久的利润空间。

参考文献

著作类

1. 王小平著：《保险支持以房养老》，中国金融出版社 2014 年版。
2. ［日］吴文炳：《信托论》，日本评论社 1935 年。
3. 何宝玉：《信托法原理研究》，中国中国政法大学出版社 2005 年版。
4. 张军建：《信托法基础理论研究》，中国财政经济出版社 2009 年版。
5. ［日］能见善久：《现代信托法》，有斐阁 2004 年版。
6. 方嘉麟：《信托法之理论与实务》，中国政法大学出版社 2004 年版。
7. 中国社会经济系统研究会、中泰信托有限责任公司：《中国信托业：应对人口老龄化挑战》，中国财政经济出版社 2011 年版。
8. 范子文：《以房养老：住房反向抵押贷款的国际经验与我国的现实选择》，中国金融出版社 2006 年版。
9. 柴效武、潘惠红：《以房养老模式》，浙江大学出版社 2008 年版。
10. ［日］永田俊一：《信託改革——金融ビジネスはこう變わる》，日本經濟新聞社 2005 年。
11. ［日］田中实、山田昭著，雨宫孝子补订：《新版信托法》，学阳书房 1998 年版。
12. ［日］四宫和夫：《信托法》（新版），法律学全集 33 - Ⅱ，有斐阁 1989 年版。
13. ［日］中野正俊：《信托法讲义》，2005 年。
14. ［日］新井诚：《信托法》，有斐阁 2002 年版。
15. ［日］神田秀树：《商事信托的展望》，新井 = 神田 = 木南：《信托法制的展望》，日本评论社，2011 年。
16. ［日］新井诚：《高龄社会下信托制度的理论与实务》，日本加除出版株式会社 2017 年版。

17. [日] 寺本振透:《解说新信托法》,弘文堂 2007 年版。

18. 方国辉:《公益信托与现代福利社会之发展》,私立中国文化大学博士论文,1992 年。

19. 赖河源、王志诚:《现代信托法》,中国政法大学出版社 2002 年版。

20. 赵磊:《公益信托法律研究》,法律出版社 2008 年版。

21. 周玉华主编:《信托法学》,中国政法大学出版社 2001 年版。

22. 全国人大《信托法》起草工作组编:《〈中华人民共和国信托法〉释义》,中国金融出版社 2001 年 9 月版。

23. [日] 别册 NBL 编集部:《信託法改正要綱試案と解説》,株式会社商事法務 2005 年版。

24. 刘继虎:《法律视觉下的信托所得税制》,北京大学出版社 2012 年版。

25. 吴玉韶、党俊武主编:《中国老龄产业发展报告》,社会科学文献出版社 2014 年版。

26. 税利士法人山田与帕特纳斯、TEP 咨询服务集团株式会社、株式会社 TEP 业主企业综合研究所、山田经济咨询株式会社、TMI 综合法律事务所编著:《信托实务的法务与税务》,2008 年。

27. 三菱日联信托银行著、张军建译:《信托法务与实务》第五版,中国财政经济出版社 2010 年版。

28. 吴玉韶、党俊武主编:《中国老龄产业发展报告》,中国社会科学出版社 2014 年版。

29. 中国人民大学信托与基金研究所:《中国信托业发展报告 2010》,中国经济出版社 2010 年版。

30. 周小明:《信托制度比较法研究》,法律出版社 1996 年版。

期刊类及其他

1. 李志娟:"以房养老,为何应者寥寥",河北新闻网,2016 年 7 月 12 日。

2. [日] 西泽俊雄:中央大学经济研究所年报第 45 号,2014 年。

3. 管克江:"美国——政府推动'住房梦'",载于《人民日报》,2010 年 5 月 6 日;"管窥国外住房政策:引导与保障是重点",引自中国新闻网房产新闻，2016年11月9日。

4.［日］折原诚："新信托法下的信托新发展：以住房反向抵押贷款信托为中心"，《法与经济学研究》，法与经济学会2007年第3卷4号。

5.张军建："信托连续受益人制度"，《湖南大学社会科学版》2011年第4期。

6.［日］佐久间毅："新信托法下的信托新发展：以住房反向抵押贷款信托为中心"，《法与经济学研究》，法与经济学会2007年第3卷4号。

7.［日］中野正俊、長岐郁也："信托における差し押さえの可否"，韓国：《韩日商事法和信托法的诸问题》"経営法律"第10集（洪裕硕教授退职纪念论文集）1999年。

8.［日］荒井俊行："リバース・モーゲージの現段階"，一般财团法人土地综合研究所2013年9月30日。

9.［日］江西俊介："リバースモーゲージと信託の活用について"，《土地総合研究》2016年夏号43第45页。

10.［日］喜多绫子："信托课税中的所得计算规则的课题与理论探讨"，《立命館法学》2010年3号。

11.葛克昌、李礼仲："遗产赠与税规划与信托行为遗产赠与税制规划之研究"，载信托业商业同业公会编：《信托法治学术研讨会信托税制相关议题论文集》，2002年。

12.郑俊仁："信托税制与实质课税原则"，《月旦法学》2002年第80期。

13.［日］植田淳："高龄社会的到来与信托的活用"，《神户外国语大学论丛》2005年第56卷第3号。

14.苏丽蓉："试论以房养老信托于返乡抵押贷款的比较"，《时代金融》2014年第21期。

15.［日］荒井俊行："信托法概观（1）"，［日］《土地综合研究》2016年夏号。

16.［日］长岐郁也："信托设立的三大要件——关于三大确定性的思考"，《法学研究论集》第23号。

17.中华人民共和国人力资源和社会保障部官网："让广大人民群众更多更好地共享发展成果——党的十八大以来劳动就业和社会保障事业发展的主要成就"，发布日期：2017-07-19。

18. ［日］中野正俊："Peter Thellussonの遺言と永久蓄積禁止の原則について",《信託》1964年111号。

19. ［日］井土嘉弘："私益信託における信託終了の効果",《信託法研究》第21号1997年。

20. 谢哲胜："不动产信托受益人的权利义务及责任",《南京大学法律评论》2009年春季卷。

21. 胡继晔："金融服务养老需要创新",财新网,2018年1月3日。

后 记

经过五年的忙碌，往返于中日两国之间，调查走访了两国多个养老机构，不同年龄段的人和信托公司、银行等多个金融机构，在很多专家学者的帮助下，我们终于完成了教育部的人文社会科学研究规划基金项目《"以房养老"信托法律制度研究》（项目编号：13YJA820066）的研究。本书是课题的最终研究成果。我们首先感谢教育部人文社会科学研究规划基金将我们的课题批准为立项资助项目，同时感谢为完成课题研究提供过很大帮助的中外学术界和实务界的专家和学者朋友们。感谢上海陆家嘴金融发展有限公司和陆家嘴国际信托有限公司与中南大学信托与信托法研究中心在上海召开的第八届中国信托国际论坛暨首届"养老信托国际论坛"，给本课题在养老金融和养老产业的融合上提供了高端学术交流平台。感谢原信托法起草工作小组组长信托法著名专家王连洲教授、原中国银监会非银部主任高传捷先生、中国信托法起草小组成员及中国信托业协会首席经济学家蔡概还博士、信托法起草小组成员何宝玉博士等在课题研究过程中给予的指导和帮助。课题组负责人几年来多次往返于中日之间得到了日本著名信托法学专家新井诚教授、东京福祉大学副校长喜多村教授、日本国学院大学富田仁教授、三菱日联信托银行前驻中国首席代表陈志成先生、NPO法人日中文化交流协会理事长伊势田政员先生、日本千叶养老协会理事广野有美女士、日本淑德大学和东京福祉大学各位专家教授给予的指导和帮助。另外在课题研究过程中，湖南省信托有限责任公司、中泰信托有限责任公司、长安国际信托有限公司长沙部、长沙民政学院院长李斌教授和该校医学院院长黄岩松教授等给予了多方面的支持与帮助；中植企业集团富嘉租赁公司执行总裁张翼先生在对河北邯郸地区所做的包括民政养老院和医院以及其他部门的社会调查中给予了很大的帮助，在此一并表示衷心的感谢。在本课题研究过程当中，中南大学法学院民商法博士研究生王湘平、胡思静、梁翊芳、何迎健等三十多人参与了课题的社会调查，并对采集的数据做了认真的统计和分析。课题组的其他成员余卫明教授、李勇博士、汪其昌教授等组织和参与了若干次学术讨论会，在整个课题研究和本书的写作及全书的通稿和定稿方面给予了大力支持和无私的奉献，在此一并表示诚挚的谢意。

张军建
2019 年 6 月